盛世中国

汉武盛世

第1卷

窦学欣 著

中国华侨出版社

前言

汉武帝是一位伟大的皇帝，他缔造了中华帝国的基本轮廓，实现了一个国家前所未有的兴盛，树立了一个民族彪炳千秋的自信，是中国历史上最重要的皇帝之一。

他是中国历史上第一位倡导尊儒的帝王，他崇信方术，巫蛊之祸，轮台罪己。这让他的一生充满了传奇，也充满了争议。他是中国历史上集明君与暴君于一体的帝王。

本书以基本历史事实为蓝本，北击匈奴，凿通西域，经营东南，开拓辽东……不仅生动而真实地再现了汉武帝叱咤风云，有功有过的一生，而且全景式地、多侧面地再现了武帝一朝政治、军事、经济、文化、宫廷斗争的几乎所有重大事件，平定闽越、盐铁官营、几次重大的巫蛊案、废太子刘据、立刘弗陵而杀其母钩弋夫人等，皆一一再现。

本书场景生动，线条清晰，时而金戈铁马、惊心动魄、跌宕起伏；时而君臣相知、和风细雨、一派祥和；时而君王变脸、形势突变、好人蒙冤……勾画出专制王朝之下的多姿多彩的社会政治生态图景，不仅给人以丰富的历史知识，也让人品味出政治的无常与专制本质。

同时，本书在结构和人物塑造的着笔深浅上，力图以史实为依据，尽可能多维度地去理解和还原这些故事和人物的真相。如与政治、经济、军事、民族有关的人物有窦太后、窦婴、田蚡、卫绾、董仲舒、公孙弘、周亚夫、卫青、霍去病、李广、李陵、金日磾等；与文化艺术有关的有司马相如、东方朔等；与皇帝后宫生活有关的有长公主、陈阿娇、平阳公主、卫子夫、王夫人、李夫人、钩弋夫人等。这些人物或有不世之才，为武帝所重，升官拜将，立下不世之功；或忠贞为国，但因性格耿介，最终得罪权势，铸成悲剧人生；或因嫉贤妒能，贪赃受贿，搜刮民脂民膏，陷害忠良，滥杀无辜而留臭名于今；或因相貌倾城倾国，而为帝所宠，但命运无常，曲终人散之后，只留下一片凄凉……所有与这些人物命运相连接的故事，如金屋藏娇、骑奴掌军、马踏匈奴、李广难封、司马相如与《长门赋》、张骞通西域、司马迁腐刑、公主和亲、霍光辅政、传子杀母、酷吏张汤、后庭巫蛊、刘据之死、董仲舒与独尊儒术、武帝封禅求仙，等等，都在本书中一一表现，并融入情节结构中，大大增加了它的知识性和可读性。

  本书在对历史人物和历史事件的评价上，一方面客观严谨，表现在对主人公的评价中，并没有否定他作为一代英主的伟大成就；另一方面又颇具高度，没有忽视他在取得重大成绩之后心态的变化及各种劳民伤财之行为。作者尊重历史又不拘泥于历史，用一种演义诙谐的语言，展示一代帝王的内心世界和那个时代的风云变幻。

  读史使人明智。因为历史是全息的，事事相通，因果相连，它既可以以古鉴今，也可以以今知古。一句话，历史并不是过去的风景、斑驳的履痕和发黄的陈迹，而是今人永远也学不完读不尽的教科书。

  仔细阅读本书，让我们感受汉武帝及那个时代的胸怀、理想、信念及情操，让我们从历史事实中以古鉴今，从历史经验中以今知古。相信本书会带给你不一样的感受！

目录
Contents

第一章　冥冥中自有天注定

做吉梦取孬名，"金屋藏娇"讨欢心　　003

景帝最怕的女人　　010

朝登天子堂，诏举贤良策问治道　　017

儒学扶正之路坎坷崎岖　　027

大隐于朝的睿智小丑　　032

暮为上林郎，韬光养晦静待时机　　039

第二章　继承治世，汉武准备反戈

一场极具历史意义的战争　　045

狼烟再起，勾起陈年旧恨　　049

地主聂壹策划的马邑闹剧　　054

灌夫骂座牵扯出外戚党争　　067

陈阿娇被废　　083

西汉著名文学家建功西南　　089

会稽愚妇轻买臣，不知并非蓬蒿人　　100

目录
Contents

第三章　驱逐匈奴，西汉实现了前所未有的成功

小舅子不是等闲人　　　　　　　　　　　107

整治豪强，布衣游侠终于落马　　　　　112

失之东隅收之桑榆，西汉发现了西域　　117

英雄不问出身，卫霍叔侄屡立奇功　　　124

淮南反乱，刘安的梦想与痴狂　　　　　138

匈奴未灭，何以家为　　　　　　　　　142

心比天高，命比纸薄，李广的委屈　　　155

第四章　居功自傲，王朝在穷兵黩武中迷失

江湖骗子成为东床驸马　　　　　　　　171

面对自大的夜郎，西汉只会用行动来表示　178

安国少季与南越太后的风流秘事　　　　181

"涉何事件"始末　　　　　　　　　　195

汉武盛世与妇人裙带的关系　　　　　　201

第五章　荣辱交织，盛世中的光影浮沉

贰师将军让妹夫丢尽了脸　　　　　215

李陵与千古《史记》　　　　　　　224

江充炮制"巫蛊案"　　　　　　　232

将军国舅降敌，太监国舅遭殃　　　251

第六章　曲终人散，极盛之世走到了尽头

马何罗行刺惊醒了老糊涂　　　　　259

杀妻立子，武皇帝果然心狠手辣　　264

遗诏托孤，一代骄子在悔恨中死去　269

茂陵，千古一帝的最后归宿　　　　277

第一章
冥冥中自有天注定

猗兰殿里，汉景帝就着宫灯仔细地端详着他的儿子，王美人带着产后的虚弱，对景帝说："臣妾在怀上这个孩子的时候，梦见一轮红日直入怀中。当时就觉得是个喜兆，今日果然为皇上生了个皇子。"一听说王美人怀孕时梦见红日入怀，景帝不由得心中一愣：难道是天上的太阳投胎到我家了？这么说，这个孩子以后一定贵不可言！

做吉梦取孬名,"金屋藏娇"讨欢心

公元前 156 年(西汉景帝前元元年)的七月初七,西汉国都长安城汉宫中的猗兰殿里灯火通明,服侍嫔妃王美人的宫女们显得格外地忙乱。

王美人,是一个具有传奇色彩的女性,她的血缘关系可以上溯到汉初的燕王臧荼。

王美人的母亲臧儿是臧荼的孙女。臧儿先是嫁给了一个名叫王仲的人,生下一子二女,不久丈夫王仲病死,臧儿只好带着 3 个孩子改嫁到长陵附近的一个姓田的人家,又给田家生了 2 个儿子——田蚡和田胜。王美人是臧儿与前夫所生的长女。

臧儿原是大家闺秀,但燕王臧荼因为谋反,被汉高祖除掉了。家道败落,昔日侯家女沦为村野鄙夫之妻,臧儿总希望有一天能重享富贵,而这个希望就寄托在她的两个女儿身上。

开始时,王美人嫁给了家境一般的金王孙,给金家生了个女儿叫金俗。后来,臧儿坚持让女儿离开丈夫,抛弃孩子,又不知采用了什么手段，蒙骗了选秀女的内监，使王美人被选入太子刘启（即后来的汉景帝）的宫中。进入太子宫后，王美人凭借自己的手段，使太子刘启迷恋上了她。一年后，王美人为刘启生了个女儿。此后，她又给刘启生了两个孩子，都是女孩。虽然生了3个宝贝丫头，但是没有一个儿子，王美人的地位在宫中也始终提高不起来。

这一次，王美人又即将临盆，是儿是女她自己心里也没底。眼看就要人老珠黄了，在忍受着生产的痛苦的同时，王美人的心里真是七上八下。她的未来，用一句歇后语来说，正是老乌龟过门槛——看此一番（翻）了。

很快，猗兰殿里传出婴儿响亮的啼哭声——王美人生了一位皇子！这个好消息很快被秉奏给了新生儿的父亲——汉景帝。

七月初七，正是从汉代开始盛行的乞巧节，也就是我们今天所说的七夕。佳节喜得贵子，汉景帝自然是非常高兴。而且，这一年也是他刚从父亲汉文帝手里继承皇位的第一年，这个新生儿虽然不是正宫所生，甚至算不上是庶出，出身不显贵，但却是景帝第一个刚出生就带着皇子身份的儿子，比他的9个哥哥幸运多了。

猗兰殿里，汉景帝就着宫灯仔细地端详着他的儿子，王美人带着产后的虚弱，对景帝说："臣妾在怀上这个孩子的时候，梦见一轮红日直入怀中。当时就觉得是个喜兆，今日果然为皇上生了个皇子。"一听说王美人怀孕时梦见红日入怀，景帝不由得心中一愣：难道是天上的太阳投胎到我家了？这么说，这个孩子以后一定贵不可言！

但凡史书上有名的皇帝，据说降生之前或者降生之时，都有祥瑞出现。譬如黄帝，传说黄帝的母亲在野外看见有像闪电的东西缠绕北斗星——估计是看到了北极极光——感而怀孕，两年后生下黄帝；譬如汉高祖刘邦，据说他的老娘不知怎么跑到大泽边睡觉，自称做梦和神巫山云雨，而他爹刘老爷做证说，当时雷电交加，天昏地暗，他跑去找老婆，依稀见到一条蛟龙伏在他妻子身上，刘夫人就这样莫名其妙地怀孕了，生出刘邦；譬如后来的朱元璋，传说这小子出生时满屋红光……仔细想一想，这些祥瑞纯属无稽之谈，无非是人们认为帝王是天子，出生都不能与普通人一样。王美人称梦见红日入怀，也许确实是无意间的一个梦，也许是早有蓄谋，用谎言为儿子增添一层神秘的光环。

生了孩子就要取名字。对于新生儿的名字，汉景帝早已心中有数。原来，可巧在孩子出生前一天夜里，景帝也做了一个梦，梦见一只红色的猪从天而降，直落宫中，紧接着汉高祖刘邦又在梦里吩咐他，说王美人所生之子应起名叫"彘"。

红日入怀，高祖托梦，这两事凑到一起，景帝一拍巴掌："得，那就叫刘彘吧！"在古代，猪不叫猪，叫"彘"。刘彘，按现在的白话文来说，就是刘猪。这名字确实不怎么样。如果对汉景帝带点不怀好意的猜测：莫非当时景帝憋不出好名字，胡乱给儿子起了个名？不过，自古民间就有个传统：起个孬名好养活，诸如"狗剩""栓柱"之类。老百姓认为，起个不好听的贱名，孩子不会夭折，能够健康、富贵。没准景帝也是受了民俗的影响。

一般人看来，起名叫"猪"，实在是太难听了。但是，很多人不知道，古人还有个说法，道是"猪有龙像"，并且也有不少猪化为龙的传说。当时很多人都没有想到，刘彘日后还真的从"猪"变成了"龙"。

冥冥中似有天定，我辈无神论者则只能摇头叹息说：真是无巧不成书啊！

刘彻降生的时候，景帝早已奉太皇太后薄氏之命，娶了薄氏的内侄孙女为皇后。薄皇后有太皇太后撑腰，皇后的地位本来应该是不可动摇的。谁料想，薄皇后的命实在不好，一直没能给汉景帝生个一儿半女。从其他嫔妃生育了子女看，问题显然出在薄皇后身上。不孝有三，无后为大。薄皇后不能生育，在过去来说，就是女子失德，皇后的位子也就不那么稳当了。好在太皇太后健在，谁敢对老人家的内侄孙女开刀呢？

景帝宫中妃嫔虽多，但能作为王美人的对手的却没有几个，唯独栗姬，是王美人最强劲的对手。

栗姬是汉景帝做太子时的妃子，人长得漂亮，而且给景帝生了3个儿子，其中刘荣就是景帝的长子。所以，栗姬很受汉景帝的宠爱。

模样俊俏，又能生养，还得汉景帝专宠，本来执掌后宫的皇后之位可以说肯定是栗姬的了。可是，栗姬却在性格、品质上有着严重缺陷。她因为自己拥有众多有利条件，一向目中无人，而且心胸狭窄，久而久之，让景帝开始讨厌她了。

景帝即位时已经32岁，立太子已经刻不容缓了。起初，在栗姬的软磨硬泡之下，景帝私下答应栗姬立刘荣为太子。而刘彻降生后，景帝因为所谓的"祥瑞"之事，又想毁约，改立刘彻为皇太子，却怕栗姬知道了大闹，犹豫了两年也没有立储。栗姬见景帝犹豫不决，怕夜长梦多，急急催逼。景帝一想，立长子是惯例，没有立幼不立长的道理，所以下了决心，于公元前153年（前元四年）立刘荣为皇太子，同时封刘彘为胶东王。公元前151年,薄太皇太后死了,薄皇后失去了靠山。很快,因为膝下无子的她就被废掉了皇后的称号。既然立刘荣为太子,那么立其生母栗姬为皇后也就是板上钉钉的事了。不过,景帝觉得栗姬太小心眼,没有皇后的风范,因此也没有立即下旨。正因为如此,王美人与刘彘有了反戈一击的机会。

这个机会来自一个叫刘嫖的女人。

刘嫖是西汉馆陶公主。她与景帝同是窦太后所生,是汉景帝的亲姐姐,大汉长公主。刘嫖成年后,被下嫁到功臣陈婴家,做了陈婴的孙子堂邑侯陈午的妻子。

刘嫖是窦太后的独生女,深得窦太后宠爱,又与景帝打小一起长大,关系一向亲密。颇具优势的刘嫖很有势力,后宫的姬妾们都巴结她,企求她在汉景帝面前为自己美言引荐。长公主看她们这样奉承自己,心中很是得意,所以常常帮助这些姬妾去接近汉景帝。然而生性善妒的栗姬对此却怀恨在心。她认为,若不是刘嫖从中作梗,弄来这么多狐狸精迷惑皇上,自己被封为皇后的事也不至于一拖再拖。

刘嫖和丈夫有一个女儿,取名阿娇。刘嫖对阿娇宠爱异常,一心想让阿娇做皇后。她见景帝已经立刘荣为太子,便想将阿娇许配给刘荣,这样阿娇将来就可以顺理成章地做皇后了。所以,刘嫖打着如意算盘托人去向栗姬提亲。

栗姬正记恨刘嫖帮助后宫诸妃来瓜分自己的恩宠,早想找机会出这口恶气。因此,对刘嫖的提亲,栗姬干脆地一口回绝,还把前去提亲的人羞辱了一顿。

刘嫖哪里吃过这种亏。她恼羞成怒,心想,好你个栗姬,还没当上皇后呢，就敢不把我放在眼里！你以为皇后之位必定是你的了，我偏要让你空欢喜一场！

就在刘嫖窝了一肚子火的时候，王美人乘虚而入，将刘嫖请到宫中好言劝慰。刘嫖恨恨地说："她那宝贝太子儿子，我还不稀罕呢。我看，彘儿比太子强百倍，阿娇许配给彘儿最合适。"

王美人早有此意，嘴上却谦逊地说："彘儿不是太子，恐怕委屈了阿娇。"

刘嫖一听这话，心里舒坦多了，笑骂着说："栗姬以为儿子当了太子，自己将来必定能当皇太后了，却不把我放在眼里。想得倒挺美，她却不知道废立是常事。我敢教她儿子立储不成，到那时，她才知道我的手段如何！"

王美人听了心中暗爽，表面上却假装劝刘嫖别这么做。刘嫖恨恨地说："她既无情，我也无暇多顾了！咱们两家的亲事就这么定了，别的你就不要管了！"王美人以退为进，激得刘嫖与她当场订下了婚约。

皇子订婚，别人说了都不算，得皇帝拍板。王美人见了景帝，说起长公主愿结儿女姻亲的事。可是阿娇比刘彘大好几岁。且古代皇家没有童养媳这一说，也很忌讳娶比自己大的老婆。因此，景帝觉得这门亲事不合适，没有答应。王美人急了，立即找来刘嫖，让她赶紧亲自去向景帝求亲。刘嫖索性趁景帝与王美人母子在一起的时候同女儿一起入宫，顺手抱住刘彘，放在膝上，开玩笑似的问："彘儿想不想娶媳妇啊？"刘彘咧嘴笑着说："想。"刘嫖故意指着一边的一个宫女，说："把她给你做媳妇，你愿意吗？"刘彘连连摇头。宫女都指遍了，刘彘都说不要。最后，刘嫖指着阿娇说："让阿娇给你做媳妇可好吗？"刘彘立即笑着说："若能娶阿娇做我的媳妇，我要盖一座金屋给她住。"此言一出，非但长公主、王美人听了笑不可抑，连景帝也笑骂说："小孩子脸皮也太厚了！"笑骂归笑骂，景帝一想：孩子小小年纪，只喜欢阿娇，大概是前生注定姻缘。再说，姐姐有意要嫁，不好推辞，不如就答应下来。于是，小子刘彘成了大汉长公主的乘龙快婿。这就是成语"金屋藏娇"的来历。

　　刘彘小小年纪说出"金屋藏娇"的话来，无疑让刘嫖大为开心。这一开心不要紧，景帝朝后宫的一场剧变就此拉开了帷幕。

景帝最怕的女人

栗姬心胸狭窄，使气任性，其子刘荣却是个沉稳、谨慎之人。虽然年纪不大，可是刘荣却目光长远，心思缜密，行事也中规中矩。所以，虽然对栗姬有些反感，但景帝对太子刘荣还是很满意的。刘彘要想等哥哥犯了什么大错被废，然后自己当太子，希望是非常渺茫的。幸运的是，不需要他自己花费心思，未来的丈母娘刘嫖是不会让自己的女儿做不成皇后的。

历史上提到西汉，经常会提到"文景之治"，其中的"景"就是指汉景帝。作为治世明君，汉景帝算是一个贤明的皇帝，并不软弱。然而，景帝有个最大的毛病——怕女人。

景帝不堪栗姬的吵闹，立刘荣为太子，这就是他怕女人的一种表现。若换作是秦始皇，给栗姬十个胆子，怕也不敢在秦始皇面前哭哭啼啼。

景帝一生最怕最爱的女人有两个，这两个女人也都因为景帝的怕而对朝政产生了重大影响，其中一个就是馆陶公主刘嫖。

刘嫖在汉景帝在位期间相当活跃，目的就是要让准女婿刘彻当上太子。她手中最大的优势，就是景帝对他这位姐姐有求必应、言听计从。阿娇与刘彻订婚不久，刘嫖就跑去向弟弟提意见了。她说："皇上，听说你要册封栗姬做皇后？这可万万使不得！"

景帝挺纳闷，说："立栗姬做皇后怎么就不行呢？"

刘嫖说："栗姬是个两面三刀的女人，满怀恶毒，而且奇妒。她对皇帝你喜欢宠幸的美人们都恨之入骨，不但没有姐妹之爱，而且还时常诅咒她们，向她们吐唾沫。她现在不过是个姬妾，就敢仗着太子这样嚣张跋扈，一旦做了皇后，日后成为太后，我看'人彘'惨象就又要重现，皇上心爱的姬妾、儿女们恐怕都难逃一劫！如果你真是一个圣明天子的话，就不要再被这个狐媚子蒙骗下去了！"

所谓"人彘"，也就是"人猪"，是发生在汉高祖刘邦之后吕雉掌权时的惨事。

西汉初，高祖刘邦得了天下后，独宠戚夫人，还要废太子刘盈，立戚夫人所生的儿子赵王刘如意为太子。但是吕后为儿子刘盈请来了刘邦都请不来的"商山四皓"——当时天下最有名的四个老隐士。刘邦因此认为太子羽翼已成，最终没有将其废掉。

刘邦死后不久，吕后把戚夫人抓起来，先当下人使用。她让人剃光戚姬的头发，用铁链锁住她的双脚，又给她穿了一身破烂的衣服，关在一间潮湿、阴暗、破陋的屋子里。让她一天到晚舂米，舂不到一定数量的米就不给饭吃。接着，吕后又把戚夫人的儿子刘如意从封地召到京城，准备杀他。新即位的汉惠帝刘盈知道后，因为与刘如意感情很好，赶紧派人把弟弟接到宫里，与自己待在一起，使吕后没机会下手。直到一天惠帝清早出去打猎，刘如意睡懒觉没去，吕后乘机派人送去毒酒，把刘如意毒死了。汉惠帝打猎回来，见弟弟口鼻流血而死，正在悲痛，忽然有太监奉太后之命来带惠帝去看"人彘"。惠帝跟着太监来到一间厕所前，太监说："厕内就是'人彘'。"惠帝向厕内一望，只见一个人无手无足，眼内没了眼珠，只剩下两个血肉模糊的窟窿，身子还稍能活动，嘴张开得很大，却听不见有说什么。惠帝又惊又怕，一再问太监那到底是什么。太监压低了声音，只说出"戚夫人"三个字。惠帝当场吓得晕倒，再问详情，原来吕后命人将戚夫人手足砍断、眼珠挖出、两耳熏聋、喉咙药哑，又命人将其投入厕中折磨。惠帝自此大病一场，卧床不起达一年多，痊愈后不敢再得罪他心狠手辣的母亲，日夜饮酒作乐，不久就死了。

"人彘"是吕后首创，后来曾被武则天发扬光大。这种惨事，比得上纣王的炮烙，听起来让人毛骨悚然。景帝被姐姐一说，惊得直流冷汗。他与栗姬多年夫妻，对其性情自然了解，很担心姐姐所说最终变成事实。与刘嫖见面之后，景帝特意来到栗姬宫中，试探地说："朕已立刘荣为太子，爱姬不久也就要成为皇后。如今朕身体日见不济，万一有个什么好歹，大汉朝和朕的妻子、儿女就都要托付给你了。后宫中的嫔妃们都年轻，朕的儿女又都年幼，朝廷后宫诸事纷扰，处处有危险，到那时候你可千万要帮我好生维护他们啊。"

栗姬心胸狭窄，脑子也不聪明。就算吕后那样心狠手辣的人，若是刘邦这样去问她，她也一定会赶紧应承下来，总不能心里怎么想嘴上怎么说吧？栗姬没有这样。她认为，景帝念念不忘那些狐狸精，实在是太气人了，于是立刻变了脸色，大发雷霆，不但不肯答应照顾诸姬和儿女，更连句好话都不肯说，当面就顶撞起来。景帝一看栗姬连当着自己的面说两句好话都不肯，心想自己要真死了，那些爱姬和儿女还能有好果子吃？当即勃然大怒，起身拂袖而去。

这栗姬的情商也不是一般的低。她见景帝甩袖子怒气冲冲走了，怒火中烧，再加上宫女们都看着，脸上挂不住了，冲着景帝的背影又哭又骂，口出不逊。景帝一字不落，全听在了耳朵里，又不便发作，憋气又窝火，心里这个疙瘩就这么结下了。不看妻子还得看儿子，再怎么说儿子刘荣没什么过错，因此景帝仍然没有考虑要废太子的事情。

景帝自己忍气吞声不要紧，王娡心里着急，她决定一鼓作气、火上浇油，促使景帝狠下心来废掉太子。

那么，怎么个火上浇油呢？王娡是个很有心计的人，一直表现得很与人为善，在朝廷内外享有仁德贤淑的美名册立皇后正好是礼部该管的事，由礼部主管大行官来出头再合适不过了。王娡巧妙地安排自己的亲信去见大行官，向他转达自己的心意。亲信说："大人，现在太子已经立了好几个月，可是太子的母亲栗姬却还是姬妾。这样下去怎么妥当呢？太子的母亲没有皇后的名分，那太子本人不是要受世人议论吗？其实，皇上心里也想册立栗姬为皇后，但是又怕后宫其他人争风吃醋，所以不好自己提出来。这个时候，您不该观望啊！如果您提出请皇上册立栗姬为皇后，皇上对后宫也就有了交代，一定非常高兴，而太子将来登基，也一定会感激您，您的前途不就一片光明了？再说，尽快册立皇后，也是稳定后宫、稳定太子的皇储之位，您这时站出来说句话，对国家来讲也是忠诚之举啊！"

大行官听了这番话，一琢磨：是这个理儿啊！皇上都立了刘荣为太子了，太子的亲娘不久定是要当皇后了？但到现在还没下旨，那肯定是有为难之处，我这时候说句话，不论现在的皇上还是将来的新皇上，肯定亏待不了我。于是，公元前150年（前元七年），不知已被利用的大行官向景帝上了一道奏章，说："子以母贵，母以子贵，这是人之常情。现在太子都立了，他的母亲却还没有名号，这太不合适了。应该马上立栗姬为皇后。"

大行官上了这道奏折，还美美地等皇上夸他呢，没有想到景帝一看这道奏折顿时就火冒三丈，心说：外臣怎么就敢管起朕的家事来了？这不是逼朕册立那个德行不端的栗姬吗？大行官一向不敢乱说乱动，怎么多起事来了？肯定是被人挑唆的！谁挑唆的？当然是栗姬！不用说，肯定是这个贱人私交大臣、为自己谋取利益！好你个大行官，竟然跟栗姬勾结起来谋求册立。看来你是被企图干政的贱人收买了，不杀你难消我心头之恨！于是，景帝怒骂道："这是朕的家务事，轮得着你来管吗？！来人，把大行官拉下去砍了！"大行官就这样被打入天牢，不久就被杀了。

杀了大行官还不算完，景帝又想了：栗姬现在可是无法无天了，不仅顶撞朕、辱骂朕，还要仗着儿子把手从后宫伸到朝堂上来！刘荣还是个孩子，要是朕突然有个不测，这胆大妄为的栗姬岂不是要葬送刘家的天下吗？为了避免"吕雉第二"出现的可能，刘启一狠心，下了一道圣旨：废太子刘荣为临江王。

有些大臣不赞成汉景帝的这种做法，可谁也不敢去找麻烦。栗姬的兄弟栗卿倒是站出来表示反对了，结果却是被景帝送到监狱里办成死罪。

一听说儿子被废,栗姬又悔又恨,一下子就病倒了。本来虽然病了,好歹还是在宫里,好好养着就算不好也能拖几年,结果偏偏有人来她床前,说皇帝今儿临幸了谁,明儿又要陪谁赏花。栗姬重病之下又加上怒气攻心,没几天就一命呜呼了。

接下来的时间里,刘嫖没少在景帝面前赞扬刘彘,而且刘彘本身也确实聪明、可爱。景帝对刘彘打心眼里喜欢,怎么看这孩子都有型有款,简直跟自己是一个模子刻出来的。再说,有"红日入怀"的异梦,又有先帝的托梦,景帝开始打算立这个小儿子做太子了。

刘彘比较早熟,聪明,懂事,有心机,身体倍儿棒,做事仔细,大人小孩都喜欢他。再加上王美人的努力、刘嫖的帮助,就在太子刘荣被废的当年四月,经窦太后点头批准,景帝册立王美人为皇后。又过了12天,经过窦太后点头批准,刚满7岁的刘彘被立为皇太子。

刘彘成了太子,地位上升了,"彘"这个名字再用也就不合适了。《庄子·外物篇》里有一句"心知为彻"的话。"彘"和"知"又是同音字,所以景帝将刘彘改名为刘彻,希望这个皇太子能聪明圣彻。汉武帝刘彻就此登上了历史舞台。

而被废的刘荣就倒霉了。他黜居临江的时候,做事一直谨慎小心,唯独在修宅子的时候惹了祸。刘荣因为王宫比较狭小,起居不便,便想要扩建——虽然是废太子,可毕竟还是皇子,还是王爷,总得摆摆谱不是?可问题就在于偏偏王宫旁边就是他爷爷汉文帝的祭庙。刘荣修宅子本来没干祭庙什么事,可偏有刘嫖安插的奸细,牵强附会地说刘荣要"侵占祖庙",行那忤逆不道之举,一纸诉状递到了景帝面前。景帝一想:这事得问啊!就命令中尉郅都审理此案。刘荣被抓到长安,都吓坏了。一个孩子，无缘无故被贬了，母亲又死了，好不容易修个宅子，又说侵占祖庙了，搁到谁身上谁也怕。刘荣也聪明，知道这事得跟老爹透个信，好好说说，自己兴许就能留条命，于是就请求郅都给他刀笔（古代在竹简上刻字记事用笔，有错字则用刀刮去，故称刀笔），好给老爹写信。偏偏郅都是个不怕权贵的主。你刘荣是皇子又怎么样？皇上让我审你呢，有什么话跟我说吧。郅都不仅不许刘荣写信，还把刘荣与普通囚犯一视同仁。还是窦太后的堂侄魏其侯窦婴后来知道了这事，派人悄悄送给刘荣刀笔。刘荣拿了刀笔，开始想不开了：郅都这么糟践我，没有父皇的授意他敢吗？而且，后宫里那些钩心斗角的滥事，刘荣虽然年纪不大也都清楚。他知道这件事的背后，肯定是有人要整死自己。看来这一次是必死无疑了。刘荣一犯糊涂，给老爹写信谢罪后，在中尉府上吊自杀了。

朝登天子堂，诏举贤良策问治道

公元前141年（景帝后元三年）正月的一个早晨，年仅48岁的汉景帝在重病中撒手归西。国不可一日无君。老皇上死了，赶紧拥戴新主子登基才是要紧事。在大臣们的扶立下，16岁的刘彻立即登上皇帝的宝座，是为汉武帝。

刘彻先将父亲的灵柩发葬到长安东北45里处的阳陵，然后在高祖刘邦时所建的未央宫正殿里举行了隆重的登基大典。

一朝天子一朝臣，登上皇位之后，刘彻首先要感谢他的妈妈、感谢他的姑姑，感谢亲人不遗余力的支持。于是，汉武帝的第一份诏书就成了委任状。他封母亲为皇太后，窦太后为太皇太后，封姑妈刘嫖的女儿阿娇为皇后，入主中宫，实现了姑妈让女儿做皇后的愿望。

西汉皇帝最信任娘家人。为了稳固自己的位置，汉武帝封自己的舅舅田蚡为武安侯、田胜为周阳侯，外祖母臧儿被封为平原君。这么一来，皆大欢喜，为刘彻即位出了力的人都暂时得到了他们想要的东西。大家也就该死心塌地地帮刘彻当好这个皇帝了。

汉武帝这个皇帝当得很舒心。高祖刘邦建国之初，正是多年战乱之后，民生凋敝，百废待兴，国力薄弱，刘邦出门找不到清一色的四匹马来拉车，官至丞相的大臣们上朝都只能坐牛车。老百姓兜里没钱，皇上想刮地皮也刮不出钱来。想吃猪肉，就得把猪养肥了，想让国库充盈、锦衣玉食，那就得让老百姓有钱。因为这个缘故，汉初几位皇帝都讲究无为而治，实行休养生息政策。

那时候，战乱刚刚止息，许多农民因为战乱而离开土地，转而成为了倒买倒卖的生意人。农业社会，根基在农业，商人多了，种地的农民就不够了。从刘邦那时起，就采取一些恢复农业的措施，下令对不务农的商人严厉打击，不准他们穿绸缎衣服，不准他们乘坐车辆，并且加重对商人的赋税。商人们一看这架势，立马扔掉算盘，扛起锄头垦荒去了。

此外，为了不加重百姓负担，汉高祖还减少军事行动，节省支出，发展国内经济。

吕后掌权后，虽然在朝廷上弄得乌烟瘴气，但在民间还延续刘邦的政策，限制商人，不许工商业者及其子孙做官，地税实行十五税一，也就是百姓的生产成果按照十五分之一的比例缴税，例如某人这一年挣了 15 文钱，只需要交 1 文钱税。这就比秦朝时规定的农民要缴纳收获的三分之二做赋税低了许多，同样是一年挣了 15 文钱，在秦朝就要上缴 10 文做赋税。农民减轻了负担，有了土地，日子好过了，朝廷和各级官府财政的收支也平衡了。

到文帝、景帝时期，两代皇帝继续实行与民休戚的休养生息政策，文帝和景帝首先起带头模范作用，省吃俭用。当官的节俭，花销就少了，赋税劳役也就少，百姓免受过分的赋役之苦，如果不遇上大的天灾，家家可以自给自足，官府的仓库里也因此满满地装着钱粮。当时，长安城内国库中的钱因为堆放时间太长，穿钱的绳子都烂断了，铜钱散乱在一起，多得无法计算；粮仓里的粟米因为堆得太高，许多粮食从仓中流到外面烂掉。

田野里牛马成群，连平民百姓都能有供自己骑乘的马匹。当时百姓的生活，就相当于今天的中国家家至少有辆别克。由此可以想象当时的富裕程度。

衣食足而知礼节，仓廪实而知荣辱。因为生活富裕，文景时期人人自爱，把犯法看成是一件严重的坏事，互相之间劝勉多做好事，不愿因为做坏事而受到朝廷的羞辱。而汉朝政府为了不影响休养生息，为了革除秦朝酷刑的弊端，法律也比较宽松。在这两种因素作用下，文景时期，每年官方处决的犯人全国只不过有几十人，天下一片太平景象，史称"文景之治"。

面对先帝们留下的丰富遗产，汉武帝为自己的幸运庆幸不已。同时，初生牛犊不怕虎，刚刚即位的汉武帝干劲十足。他早就有自己的远大抱负，不想守着先帝留下的丰富遗产混日子，不想做个守成之君。他想干出一番大事业来，做个比历代先帝更了不起的皇帝。

当时，汉武帝只有16岁，尽管人很聪明，但缺乏统治臣民的经验，朝中军国大事都是由他母亲王太后和舅舅田蚡做主，而在他们之上，还有祖母窦太后，窦太后几乎掌控了当时西汉的一切。

武帝做太子时有两个老师——卫绾和王臧，都是儒家弟子。受老师的影响，武帝对儒学就比较偏爱，所以在即位之后就打造了一套以儒者为宫廷、军政辅弼的高级领导班子：老师卫绾当了丞相，而舅舅田蚡之所以被重用，也是因为其喜欢儒术。

公元前 140 年（建元元年六月），卫绾被免官，窦婴担任了丞相一职，田蚡则被封为主管全国军队的太尉。

窦婴也是好儒学的。他和田蚡认为应该加强儒家子弟在朝廷官员中的比例，于是竭力向武帝推荐儒家人才，武帝基本上都采纳了。例如《诗经》专家申公的徒弟赵绾被拜为御史大夫，武帝的另一位老师王臧担任了郎中令一职。

儒家思想被统治者采纳，这在以前是没有过的。春秋时期，有些诸侯国曾经聘请了孔子，但没有哪个诸侯把儒家思想定为治国方略；到了战国时期以及后来的秦朝，法家思想占据了主导地位，秦朝的严刑、酷法正是在法家思想统治下的产物；汉高祖推翻了暴秦，把黄老之学请了出来，实行的是清静无为的统治。所谓黄老之学，是战国时形成的哲学、政治思想流派。这个流派尊传说中的黄帝和老子为创始人，因此名为黄老之学。黄老之学实际上就是道家和法家思想的结合，并兼采阴阳、儒、墨等诸家观点而成，在政治领域强调君主应无为而治，不要扰民。

武帝刚登基不久，就发诏书策问天下，询问治国之道，其中儒生董仲舒的对策最让武帝满意，获得了在未央宫面见武帝的荣耀。武帝跟董仲舒寒暄了两句，互相吹捧了一会儿，然后武帝就问了："朕有些问题百思不得其解，想请先生赐教。从前三皇五帝的时候，天下那么太平，可到后来，王道衰弱了，许多国家先后灭亡了，这是上天的安排吗？朕想效法上古，学习尧舜好榜样，不知道这样做对当下有没有用？夏、商、周三代受天命而兴起，那么上天给它们降下的祥兆是什么呢？为什么总会闹天灾呢？人有长寿、短命，性格有好有坏，这是怎么回事呢？还有，朕现在希望淳朴的风气在社会上流行，希望法令能执行下去，希望刑罚减轻，希望奸佞改过，也希望百姓和乐、政治清明，还希望通过修正整饬，使雨露滋润、五谷丰登，国家享受天的保佑和鬼神的阴骘，泽被四海。怎样才能实现这些愿望呢？"

董仲舒也真是有两把刷子，略加思索后开始侃侃而谈："陛下问到天命和情性，草民不敢妄言能够知悉，但根据圣人孔子编著的《春秋》的记载，我看到了些天人相应的情况，使人敬畏。书上说，国家如果有大乱要发生，上天会先用灾害怪异来进行警告，但只要那个世道不是太离谱，老天爷还是愿意扶持和成全的。当然，人自己也要努力才行。努力求知识，那就见识广博，越来越聪明；努力追求道，那德行就越来越高尚，功绩也就越来越大。这些都是立竿见影的事。"

说到这里，董仲舒偷眼一瞧，见武帝频频点头。于是，他又接着说："那么，什么是道呢？道就是国家走向大治的途径。如何推行道？就要靠仁义礼乐。古代的圣王死了多少年，他们的子孙都能得到几百年的安稳日子，这都是礼乐教化的功效。从前，周厉王、周幽王的时候，周道衰败了，这不是说道没有了，是厉王、幽王不遵循周朝的道。到周宣王那会儿，想起老祖宗的德政了，推行教化，周道又回来了。所以说，国家治乱兴衰，在于皇上本人，天命是可以挽回的，厉王、幽王失道，那是他们自己掌握不当，使道统失去。"

这一通大道理讲下来，武帝一时反应不过，低头咂摸滋味。董仲舒说了半天，终于回到正题上来了。他说："草民按照《春秋》的本义，找到了王道的出发点，那就是个'正'字。作为一个帝王，要上承天意，纠正自己的所作所为；要任用德教，不要专用刑罚，秦朝讲刑罚，结果两代就完蛋了。《春秋》上讲过'一元'的问题。一是万物之始，元是大。一元就是万物开始于大，只有开始于大，才能正本清源。所以，做君主的要正心以正朝廷，正朝廷以正百官，正百官以正万民，正万民以正四海。四海都正了，那就远近臣服，也就能实现王道了。皇上现在贵为天子，富有四海，行高恩厚，智明意美，爱民好士，可以称为很好的君主，但为什么天地没降祥瑞来呼应您呢？因为教化制度没有确立，思想没统一，万民不正。秦代的遗毒到现在还没有完全清除，虽然有法令，但依然奸佞横生，无为而治的思路得改改了。咱汉朝建立七十多年了，先帝们常想稳定天下，到现在都没有成功，主要原因就在于应该变更教化而没有变更。到皇上您这里，可不能再犯这个糊涂。"

董仲舒的观点当然是为了给儒学谋求地位。但他这些话好就好在说到点子上了。过去汉朝讲究无为而治，皇上若真的什么都不做，那么，皇权的尊严和地位便很难得以体现。这些话很合武帝的心思，因为他早就对无为而治的思想看不顺眼了。想想自己的老爹景帝，头一个怕窦太后，再一个怕刘嫖，就连栗姬这样一个泼皮破落户也能搅得后宫鸡飞狗跳。当皇上就得大权独揽，一言九鼎，不能任由他人指手画脚。所以，武帝听了董仲舒的回答，觉得有些相见恨晚。他赶紧命董仲舒将自己的政见写成文章，告诉他："你刚才说得有点乱。把条理理顺了写给朕看。"

董仲舒受宠若惊，连忙赶写第二道对策。在这道对策中，他进一步总结了上古历史经验教训，特别指出秦朝以刑法治天下，赋敛无度，导致因触犯刑律而被处死的人比比皆是，犯奸作乱的人也遍地横生。他认为应以德治天下，为了培养一批德治人才，应该设立太学，作为教化的根本场所。最后，董仲舒还说，如果能通过考试和策问的方式招揽到天下的英才，就可以实现三皇五帝的治世局面，武帝的英名也就能和古代的明君尧、舜媲美了。

　　武帝接过对策一看，觉得不错，但是天人感应的道理还是没说透。他又告诉董仲舒："听说你们这些喜欢谈天的，都能拿人间的事实作为证据；喜欢说古的人，也肯定能在当世找到验证。朕想知道天人到底是怎么相应的，以便于接受历史的教训，改正以往的所作所为。先生既然讲了一大篇治国的大道理，分析了历史上大治和大乱的原因，那就再讲得透彻一些，朕看着也方便思考。"

　　董仲舒于是写了第三道对策，提出自己的观点和思想。

　　董仲舒认为，治国之道出于上天。天不变，道也不变，希望武帝坚持不变的天道。在这个前提条件下，让君臣、父子、夫妇、兄弟之间遵守严格有序的上下尊卑关系，使贵贱有等，着装有别，朝廷有位，乡党有序，以保持永恒的封建秩序。

　　董仲舒说："大一统是天地间正常的轨道，是从古到今通畅无阻的大义。所以，我们应该全方位地大一统。但现在我们在治国思想上不是大一统——负责教化的人派别不同，每人的见解也差异很大。百家争鸣，就有一百种治理国家的方法，结论也不相同。这么多乱七八糟的治国思想冒出来，做皇上的今天觉得这个对，明天觉得那个对，法令制度也是朝令夕改。而且，源于一种学说的政令发布下来，下边的人也许就是另一学派的,根本不知道怎么去执行其他学派的思想。这样下去不行,得统一。臣以为该这样统一:凡是不在儒家的经典六经《易经》《礼经》《乐经》《诗经》《书经》和《春秋》之内的其他各家学派的学说,以及与儒学相违背的学说,全部罢黜,不许这些思想、言论与儒学并存。只有这样,道统和纲纪才可以统一,法令才可以明白,人民才知道遵从正道。这样百姓也就好统治了。"

董仲舒所倡导的,几乎与秦始皇"焚书坑儒"的本意一样,中心意思就是"罢黜百家,独尊儒术",把其他思想通通消灭,只留下儒家思想。这个"大一统"的论调正对武帝的心思。武帝很高兴,把董仲舒大大地称赞了一番。

采纳了董仲舒的建议之后,武帝立即实行,将策问天下行动中发现的优秀儒生提拔上来。会稽吴县的严助被提升为中大夫,董仲舒被委任为江都国的国相,辅佐同父异母的哥哥江都王刘非。刘非一向骄傲凶暴,董仲舒用礼教辅佐,不时规劝几句,刘非后来很敬重他。

不过,董仲舒在江都虽然说话刘非还听,但在其他地方,董仲舒根本说不上话。怎么才能让自己的话句句被重视呢?董仲舒又提出"天人感应"说来了。

公元前135年(建元六年),辽东的高庙和长陵的高园便殿相继遭受火灾。董仲舒抓住了这个机会。他写了篇《灾异论》,用自己的灾异学说加以分析:为什么高庙和长陵失火了呢?这是因为汉武帝失道了,是上天对你的警告。文章写完还没等上奏呢,先被主父偃探听到了。

这个主父偃是谁呢?他原本是临淄(今山东临淄)人,出身贫寒。最初,他学的是纵横之术,擅长辩论,后来也学了《易》《春秋》和百家之言。在故乡，他广泛结交各个学派的人物，但非但没能得到赏识，还受到当地儒生的排挤，根本没有施展抱负的机会。为了步入仕途，主父偃费尽了心机，甚至跑去托人向齐王说媒，想把自己闺女送给齐王做妃嫔。齐王的老妈纪太后根本就看不上，还羞辱了他一番。主父偃又气又恨，索性于公元前134年（建元五年）跑到长安去碰运气。当时不论是官宦还是草民，都可以上书给皇上。主父偃就写了一份点评天下时事的意见书递了上去。武帝一瞧，说得还真不错，当即传旨接见。见面后再一谈，武帝高呼："主父偃，人才啊！"马上让他做了郎中，并且一年之中四次提拔他，让他担任了谒者、中大夫等要职。

且说主父偃得知董仲舒写了《灾异论》，其中有攻击武帝的言论，乐坏了。他早年受儒生排挤，最恨的就是儒生，总想着算计他们，现在机会就来了。主父偃把《灾异论》偷去呈送武帝。武帝一看，里边竟然指责他失道，这还了得？他马上召集群儒，命他们审议此文。董仲舒的弟子吕步舒也在其中。他不知这文章是自己老师写的，大骂文章狗屁不通，说写文章的人欺君罔上、十恶不赦。这时，武帝才告诉他那是董仲舒的大作，吕步舒当时就傻眼了。随后，武帝以诽谤朝廷的罪名将董仲舒投入大狱，定成了死罪，但念他以前上对策有功，才最终下诏赦免。

董仲舒的这些遭遇都是武帝即位很久以后的事。而在武帝即位的当下，董仲舒的意见使儒家的地位水涨船高，还使儒家思想成了汉武帝治国的主要依据。儒家势力蒸蒸日上之际，御史大夫赵绾和郎中令王臧开始准备实行儒家的一些礼仪制度。他们请武帝在长安城外设立明堂，以召见诸侯。武帝早就有改革的想法，马上就吩咐赵绾、王臧按照古代礼仪制度去起草和设计明堂。赵绾、王臧并不知道该怎么设计明堂，就向武帝推荐他们的老师申公。申公是当时数一数二的儒学泰斗，武帝对他早有耳闻，马上吩咐使者用驷马安车聘请申公入朝。

驷马安车是一种高规格的待遇。一般安车都只用一匹马，而汉武帝命使者用四匹马，并且用蒲草包裹好安车的轮子，防止颠簸。这样做主要表示对德高望重的申公的尊崇。

申公见皇上对自己这么重视，不便推辞，应召入朝。武帝以隆重的礼节迎接了这位远道而来的老人。他尊敬地询问申公如何治理天下。申公恐怕这位年轻的君主好高骛远，能说不能做，就回答说："治理国家，不在多说话，而在多做事。"武帝此时正喜欢文学辞藻，申公这咸不咸、淡不淡的一句话，既没有高雅的修饰，也没有华丽的辞藻，毫无诗意，似乎也没哲理，让武帝觉得扫兴。武帝没插嘴，等着听下文。却没想到申公也不说话了。两人你看着我，我看着你，很是无趣，尤其是汉武帝。不过，大老远的已经把人给请来了，要是没个结果，等于自打嘴巴了。于是，汉武帝任命申公为太中大夫，作为明堂、巡狩、改历法、易服饰的顾问。

申公退下来之后，赵绾和王臧赶紧跑去询问明堂该怎么弄。申公毕竟是有经验阅历的人，刚跟武帝打了个照面，就知道儒生们现在高兴得太早了。因此，两个学生跑来请教，申公仍旧一言不发。

果不其然，没过几天，儒生们大祸临头了。

儒学扶正之路坎坷崎岖

统治思想是为统治阶级服务的，秦朝的法家思想也好，汉初的无为思想也好，都是统治者用来统治民众的工具。

汉朝建立以来，几代皇帝坚持无为的黄老思想，虽然没有全面排挤儒家思想，但儒家思想的身份不过是像偏妃一样。统治者高兴了就拿来用用，可是地位、待遇仍然是偏妃的标准。

汉武帝一上台，大张旗鼓地支持儒学。儒生们以为无为思想要倒台了，儒家思想要扶正了，就像当年的栗姬一样，觉得"正宫娘娘"的位子是自己的了，一朝权在手，便要把令来行了。然而，正当儒生们热热闹闹地准备要实行一系列新政措施的时候，兜头一盆凉水把他们泼成了落汤鸡——窦太后不喜欢这些儒生，而且很生气。

这是为什么呢？也许是受了丈夫文帝的影响，窦太后极其信奉黄老之学，认为皇帝治国就应该像那样。早在她还是皇后的时候，就曾命令诸位皇子、王子以及窦家的子弟都要读黄老之书。现在说要把黄老之学驱除，那不是乱了祖宗家法了！因此，早在听说汉武帝重用儒生时，窦太后心里面已经很不高兴了。

同时,武帝开始独尊儒家思想的时候,黄老无为的思想还没有完全消失,有一定社会阶层的支持。那些健在的老臣们都是黄老思想的忠实信徒,让他们突然改尊儒学,等于要他们的老命。忍无可忍之下,他们就都向窦太后哭诉去了。

窦太后从立为皇后开始到武帝推行儒学,四十多年了,而且,她与这些在宫中地位高,权势大的老臣都沾亲带故。看到这些亲朋故友因为孙子要尊什么儒学而遭到排挤,老太太这心里很不是滋味:"从建汉以来,多年尊奉黄老之学,国库充盈、百姓富裕,哪里不好了,非要改尊儒学?我看新皇上这是翅膀硬了,嫌我这老婆子没用了。我还没死呢,这些个亲戚朋友就这么受挤对,这是要活活气死我啊!"愤怒的窦太后决定给自己不懂事的孙子敲敲警钟。

窦太后虽然不是皇帝,可自从文帝当皇帝那一天起,她做了23年皇后,16年皇太后,2年太皇太后,在宫里宫外的权势和影响远非当时的武帝所能及。从她儿子刘启当皇帝开始,只要她愿意,皇上刚下达的圣旨她也能使之作废。

早在景帝在位的时候,就有一个叫辕固生的儒学博士,总爱驳斥黄老之徒。窦太后就把辕固生找来,准备责难此人一番,出出气。偏偏辕固生是个生性狂傲的人,瞧不起黄老之学,完全是个酸儒。这也是黄老之学与儒学的鲜明区别。黄老之学讲究唾面自干,你往我脸上吐唾沫,我都不擦,省得你生气,反正唾沫一会儿自己就干了;儒学就不一样,讲究杀身成仁、舍生取义、狂放、顽固而且倔强。辕固生区区一介儒生,当着窦氏的面就敢鄙视地说:"老子书写的尽是些普通人的话。"

窦太后一听就火了,气得脸色铁青,反唇相讥道:"那你又是从哪里得到这些刑徒们所看的儒家的书呢?"骂一顿还不解气,为了给辕固生一个教训,窦太后命人把他关到御苑的野猪圈里去,声称看他除了会耍嘴皮子吹牛之外还有什么本事。

不管怎么说,窦太后就是看不上儒生,认为说得太虚,不干实事。现在武帝让儒生卫绾做丞相,卫绾又招来一批儒生,把别的学派的贤良都打发回家去了,窦太后觉得该说话了。公元前140年(建元元年六月),窦太后说:"卫绾年纪太大了,回家养老去吧。"老太太说话真就好使,武帝二话没敢说,就遵照执行了。

卫绾一除,儒家在董仲舒对策之后迅猛发展的势头被遏止了。但武帝认准儒家了,老太太赶走个卫绾,他把窦婴、田蚡、赵绾和王臧等人封为公卿,相权、兵权和监察权仍然控制在自己手上,并兴致勃勃地规划起了明堂,起草巡狩、封禅、改历数和易服饰等方面的新政事宜。这个计划一开始就遭到了黄老派大臣的抵制。儒生的一系列活动都遭到了黄老派的牵制,以至于一件事也没做成。儒生们不干了,仗着有汉武帝的支持,想给黄老派一点颜色看看。他们实行了一系列新政措施,矛头直接指背后有窦太后撑腰的窦家,连本身属于窦家却尊奉儒学的窦婴都和田蚡、赵绾、王臧等人都联合起来对自己的亲戚发动凌厉攻势。他们检举和贬谪行为不轨的皇亲国戚,要求留住京城的王侯回封地去。窦太后马上就找来武帝,让他告诉那帮儒生安生一些。赵绾对太皇太后屡次阻挠儒生很反感,他干脆直接向武帝上了个奏折,建议以后朝中大事小情别向太皇太后报告,皇上已经亲政了,应该有自行决断的权力。窦太后一听，赵绾这小子收拾不了大臣和我的亲戚，竟胆敢直接对我下手了，气不打一处来。她大发雷霆地说："这不是想做新垣平（汉文帝时赵国人，以谎言迷惑文帝，还曾请汉文帝改换年号，进行祭祀天地的封禅大礼，后被揭穿，被杀。）第二吗？"在窦太后看来，赵绾等人要皇上建立新的礼仪制度，跟骗子新垣平没什么区别。她把汉武帝叫来痛骂一顿，说："你看看你用的什么人！赵绾和王臧是什么东西？他们只懂得挑拨离间，自己目无长辈还不够，还要诱惑你藐视孝道。你这个不孝的东西对此无动于衷，是打算包庇他们吗？"

汉武帝吓得当时就跪下了："孙儿不敢。因为窦丞相（窦婴）和田太尉（田蚡）都说他们有才能，所以我才用了他们。"

窦太后冷笑了一声："窦婴、田蚡说的？他们也不是什么好东西！你要还承认是我的孙子，就把赵绾、王臧下狱治罪，将窦婴、田蚡马上免职！"

汉武帝一看这架势，哪里敢说别的，只能急忙点头答应。

窦太后知道自己这个孙子心眼多，怕他包庇赵绾、王臧，马上亲自派人调查、告发两人贪污受贿等行为，然后又亲自将这些证据交到汉武帝手里。

武帝知道自己羽翼未丰，很清楚其中的利害关系，只好革去赵绾和王臧的官职，把他们关进大牢，打算等到太皇太后火气下去了再把这两人放出来。可窦太后不糊涂，根本就没打算给这两个人留活路，非要汉武帝将他们杀了不可。赵绾和王臧一看，活着硬气一回，死了也仗义一把吧，别让皇上为难，咱们自己了断。两人就在狱中上吊自杀了。窦婴和田蚡好歹是皇亲，免职了事。赵绾和王臧的老师申公没跟皇上说什么，也没对如何修明堂、改礼仪发表看法，因此逃过一劫，回家养老去了。

经过窦太后的阻挠，汉武帝实行的一系列新政措施被迫中断了。继任的新丞相是许昌，新御史大夫是庄青翟，新郎中令是石建。他们三人全是顺从窦太后的，而且都不是儒生。主管全国军事的太尉一职空缺下来，没有委任，实际上也掌握在窦太后手里。这样一来，武帝还没焐热乎的朝政大权完全操纵在了窦太后的手中了。

大隐于朝的睿智小丑

自打窦太后一动手,满朝的儒生杀的杀、关的关、贬的贬,全都被清洗掉了,唯独有一个儒生留在了朝堂之上。这位奇人就是东方朔。他之所以没被赶走,是因为他是一个不像儒生的儒生,是儒生中的另类。

东方朔字曼倩,是平原厌次(今山东陵县神头)人。自小父母双亡,是哥哥嫂子把他拉扯大的。

公元前140年(建元元年),武帝下诏,要求各地举荐贤良方正之士。东方朔应诏而来。他写了封《应诏上书》,说:"草民东方朔,爹娘死得早,是由哥哥嫂子养大的。草民13岁开始读书,三年下来所读的文史书籍已经完全够用;15岁学击剑;16岁学《诗》《书》,读了二十二万字;19岁学兵法,也读了二十二万字。现在,草民22岁了,身高九尺开外,眼睛亮得像珍珠,牙齿像贝壳一样整齐洁白,兼有孟贲(古代卫国勇士)之勇,庆忌(先秦以敏捷著称的人)之敏捷,鲍叔(齐国大夫,与管仲分财,自取其少者)之廉洁,尾生(先秦人名,与女友约于桥下，女友不至，河水上涨，尾生坚守不离，抱着桥墩被淹死）之诚信。草民真是文武兼备、才貌双全，完全够资格做天子的大臣啦！"

东方朔自我标榜把自己好一顿夸奖，但从头至尾，唯独不谈治国，没有一句经纬之论。东方朔如此自夸，着实标新立异，武帝一看就乐了，说："东方朔，奇人啊！"不过，武帝虽然欣赏他，但毕竟东方朔没说出什么有用的东西，他也不能立即给予重用。他给了东方朔一个待诏"公车署"的待遇，让他"公车署"等待皇上的诏令。这个位置上，很难见到皇上，俸禄也很低。

东方朔刚刚做待诏还挺高兴，毕竟好歹也算公务员。可时间一长，东方朔心里不是滋味了。同期入朝的董仲舒、公孙弘，一个个高官厚禄，可他自己还蹲在公车署等着皇上哪天心里想起他来，无权无利，没名没分。这么等下去可不行，得想辙！

想什么辙呢？当时，皇宫里有一批侏儒，皇上养着他们，平时让他们喂喂御马。东方朔就把主意打到这些侏儒身上了。他找来那些侏儒，声色俱厉地对他们说："你们这些家伙听着，皇上说了，你们耕田没有力气，当官不能治理百姓，打仗又不勇敢，一点用处也没有，还白白消耗国家的粮食。因此，皇上准备把你们这些白吃白喝的家伙通通杀掉！"

侏儒们一听，吓得号啕大哭，连忙求东方朔帮忙指条生路。东方朔假装想了一会儿，然后说："唉，我这人啊，就是心太善。看你们怪可怜的，不忍心不管。要想让我帮你们，你们就得听我的。假如哪天皇上路过这里，你们全体就跪下来求饶。皇上问起来，你们就推在我身上，剩下的事由我来解决。"

没多久，武帝真就路过御马苑，侏儒们齐刷刷、黑压压跪了一大片，哭天抹泪，高呼"皇上饶命"。武帝一看："出了什么事？叫朕饶什么命，朕怎么着你们了？"侏儒们一边哭一边说："东方朔说了，皇上您觉得我们没用，要把我们这些人全杀了！"

汉武帝恍然大悟，知道是东方朔捣的鬼。他找来东方朔，训斥他："你没事吓唬他们干什么？"

东方朔一点都不害怕，反倒有理了，委委屈屈地说："皇上，他们身高不过三尺，俸禄是一袋米和二百四十钱；臣身高九尺三，俸禄也是一袋米和二百四十钱。他们吃得肚皮都要撑破，臣却饿得前心贴后背。臣吓唬他们就是给皇上您找个乐子。如果皇上觉得臣还有用，就先让臣吃饱饭。如果觉得臣没用，您就把臣给罢免了，免得浪费皇上的粮食。"

汉武帝一听，乐了。再一寻思，东方朔说得在理。于是，他立即让东方朔转到金马门待诏。东方朔收入提高了，和武帝接触的机会也明显多了。

东方朔戏弄侏儒，向武帝明目张胆提待遇要求，没有不切实际的要求，一不要高官，二不要封地，只要求武帝让他吃饱穿暖，还采用了非常诙谐的形式，达到了自己的目的。

俗话说，伴君如伴虎。一般人在皇上跟前，说话做事都万分小心，毕恭毕敬。但唯独东方朔，他就敢不像其他人那样对武帝毕恭毕敬。

有一年，三伏天里的祭祀日，武帝下诏赏赐诸大臣猪肉。各位大臣们早早来到宫中等着领肉——倒不是缺那点钱买肉，皇上赏赐下来了，不来领那就是大不敬。可是大家一直等到太阳都快西沉了，主持分肉的官员也不来。别人都在那儿干等，东方朔可不管那些。他拔出剑来就割肉，一边割还一边说："各位大人，实在是不好意思，天儿太热了，瞧我这一脑门子汗。那什么，我先走一步了，诸位大人慢慢儿等！"说着，一大块肉揣在怀里，东方朔大摇大摆地走了。在场的大臣在旁边都看傻了，有心也自己割一块走人，却不敢。分肉的官姗姗来迟，听说东方朔自己割肉跑了，有些不乐意了。我这儿刚打算摆摆架子，结果你东方朔就敢不把我放在眼里！第二天一上朝，分肉的官就把东方朔告了。武帝就问东方朔："你怎么就这么没羞没臊？不等分肉的官来就自己切下肉跑了？"东方朔立即摘掉帽子请罪，当众深刻地检讨自己："东方朔啊东方朔，你不等皇上分赏，擅自拿走赐物，真是无礼至极呀！你拔出剑割肉，又是多么壮观呀！你只切了一小块，是多么廉洁呀！切下的肉你自己一点不吃，全部带给老婆，是多么疼爱老婆呀！"武帝一听这样的检讨，笑得都直不起腰了，结果，他又赏了东方朔1石酒和100斤肉，让他回家送给老婆。换一个人学东方朔这样做，还真学不来，闹不好脑袋还得搬家。东方朔无礼，皇上偏偏就看他顺眼，不仅不处分，还有赏赐。

这样无礼的事不只一次。

有一天，长安的建章宫跑出来一个怪物，外形很像麋鹿，但又不是麋鹿。武帝听说了，就带着东方朔去看。武帝也看不出这是什么玩意儿，就问东方朔。换作旁的大臣，不知道就赶紧请罪说不知道，知道的就赶紧回答那是什么。东方朔没有，反倒跟皇上讲起价钱来了。他胸有成竹地说："臣知道它是什么东西。但是臣不能白告诉皇上。

您得赐臣美酒、佳肴,让臣饱餐一顿,然后臣才说。"武帝立即同意。东方朔喝完酒,吃完饭,又说了:"光这点东西不行,这是打发要饭的呢。臣看中一块地方,有公田、鱼溏、蒲苇,加起来好几顷,皇上把这块地方赏给臣,臣就回答您的问题。"武帝心急火燎的,马上传旨:"准了。"东方朔这才慢条斯理地说:"这个东西叫驺(zōu)牙。它满嘴的牙齿完全相同,排列得又像驾驭车马的骑士一样整齐,所以叫作驺牙。如果远方有人前来归降大汉,'驺牙'就会提前出现。"这番话说完了,一年多之后,果然有匈奴浑邪王带领10万之众前来归降。武帝想起东方朔的话,觉得真灵验,再次重赏了东方朔。

遇到皇上请教,臣子一般都是毕恭毕敬,只有回答问题的份儿。答完了,皇上说赏,你领着,皇上不赏,也得受着,谁也不敢说"皇上您要问问题,先把咨询费付了"。东方朔就敢!

东方朔对皇上的赏赐也表现得不那么在乎。比如说皇上赐饭,别的大臣都是弯着腰、低着头,细嚼慢咽,不敢往饱里吃,毕恭毕敬,诚惶诚恐。东方朔就不这样,当着武帝的面狼吞虎咽,不顾吃相,吃完要是看有剩饭剩菜,还脱下衣服把饭菜兜起来,打包带走。别的大臣的官服穿多长时间都跟新的一样,东方朔的官服上面总是一层油——因为经常用来打包。武帝赏赐绢帛,东方朔如数照收,挑起来就走,从来不说推辞、客气几句。这在别的大臣看来,真是太无礼了,成何体统?东方朔不在乎,武帝也不介意。

最失礼的一次,东方朔在御宴上喝醉了酒,竟然跑到朝堂上撒了一泡尿。哪个大臣敢在皇宫里随意便溺?这一次武帝真火了,下令把东方朔的官撤了,贬为庶人,只留他待诏宦者署。还不错,没以大不敬的罪过砍东方朔的脑袋。但不久之后，东方朔又运用自己的谋略官复原职。

原来，汉武帝有个外甥，叫昭平君。昭平君娶了汉武帝的女儿，所以他既是武帝的亲外甥，又是武帝的亲女婿。有了这个双重身份，昭平君非常蛮横，经常犯法，但谁也不敢办他。昭平君的母亲，也就是汉武帝的亲妹妹隆虑公主知道她的这个儿子将来必犯死罪，临死之前拿出了钱千万交给汉武帝，预先给她的儿子赎死罪。她跟武帝说："我交了这么多钱，万一我死了以后我的儿子犯了罪，我先给他交了赎罪钱了。你免他一死。"汉武帝答应了。

果然不出其母所料。隆虑公主死后不久，昭平君酒醉之后，竟然把老婆的傅母（公主的保姆，负责照料、教导公主的妇女）杀了。按律，杀人者死。廷尉把这个案子上报给武帝。武帝召集大臣廷议。大臣们都说，隆虑公主临死之前已经交了赎罪钱，武帝又答应了，所以不能处死。武帝则说："国家的法令是先皇定的。我如果因为妹妹而违背先皇的法令，就没脸见我的祖宗了，也没法向天下老百姓交代。"所以，武帝痛下决心，下令把昭平君杀了，随后在朝堂上大哭起来。武帝一哭，大臣们都跟着哭，东方朔却不知从哪里弄来一杯酒，跑出来给武帝敬酒，说皇上赏罚不避亲人，是天下百姓的福分，自己要敬皇上一杯。武帝退朝以后就把东方朔召进来了，狠狠斥责东方朔，说："一个人说话，总得有个眼色，才不让人讨厌。你今天在朝堂上给朕敬酒，这不是让朕难堪吗？"东方朔先谢罪，然后说："臣这个人就是一根筋，没想太多。臣就想到，皇上迫于国法，斩了妹妹的儿子，心里非常悲痛。臣知道，天下最能够解决忧愁、悲痛的就是酒。所以我找借口给皇上敬酒,希望用酒来化解皇上的悲痛。"武帝听了,心里这个感动,啥也别说了,赏吧!当即赏东方朔绢100匹,官复原职。

正所谓大隐隐于朝,中隐隐于市,小隐隐于野。东方朔确实有才能,可他要是表现自己,早被窦太后给除掉了。不必在荒山野岭忍饥挨饿,不必在城市里为生计奔波,能在朝中有吃有喝,还不用操心费力,何乐而不为呢?

东方朔是个有大智慧的人,是武帝朝最有传奇色彩的儒生。

暮为上林郎，韬光养晦静待时机

老祖母窦太后干涉朝政，武帝无力反抗，只好默默承受。但是一个二十多岁的青年，什么事都不能做肯定也是受不了。既然正事不让做，武帝就把多余的时间用在游猎上去。

这一点，武帝就比他太爷爷强。吕后干政的时候，刘盈沉湎于酒色之中，结果体质日差。同样是面对老太太干政，武帝也喜欢美女，可他没有沉湎酒色，而选择了游猎。

游猎当然也不算皇上的政绩，还有一定的危险，说不定还遇上老虎、黑熊、野猪。而武帝偏又不喜欢带太多随从，所以时常会面对危险。所谓"君子不处危地"，武帝这样做，一是因为精力无法发泄，二是韬光养晦。

公元前 138 年（建元三年），武帝 19 岁，在皇家御苑里狩猎的日子觉得腻了，就开始私自出游。皇上溜达出来了，要是让大臣认出来，肯定玩不痛快。为防止被臣下认出，武帝就与随从打扮成一般贵族，自称平阳侯，趁着夜色在皇宫大门外秘密集合，跑到终南山来了。

武帝打小儿也没出过长安，到了终南山，看什么都新鲜，兴致特别高。那时候野生动物也多，别说山里了，就是田间地头也经常有兔子、狐狸出没。这帮纨绔子弟策马张弓，追着猎物四处乱跑，把百姓辛辛苦苦种的庄稼踩坏了一大片。农夫们心疼坏了，再看这帮败家子虽然不像平民，但也似乎不是当官的，忍不住就骂开了。武帝也许是脾气好，也许是没听明白，照样追赶猎物，根本没理会。农夫们一看，这些人油盐不进，骂不听，打不过，赶紧找县长（秦至唐朝，万户以上之县的长官为县令，不足万户则称县长）求救。县长马上带领手下前去围捕，农夫们也挥舞着菜刀、锄头助阵。

人多力量大，武帝和侍从们一个也没跑掉，全被围住。武帝没怎么慌张，侍从们可害怕了：武帝要是被蹭破了点皮，甚至被划出一道口子，自己的脑袋肯定搬家。担心、害怕又没办法，随从们只好把皇帝的信物亮出来。县长一看，如假包换的真货，吓得腿一软，跪在地上叩头请罪。武帝觉着不好意思，毕竟是把百姓的庄家踩了。他要是打算做个昏君，倒不妨把这些人全宰了。可武帝一心要做千古一帝，是有心效仿尧舜的人，自然就没深究此事。

武帝也只能在长安周围转悠，而长安作为都城，周边也比较繁荣，到处是农田，使武帝不能尽情奔跑、射猎。而不管那些农田，就会影响自己的形象。怎么能让自己玩得更舒坦呢？武帝冥思苦想，终于想到一个主意：把终南山和皇家御苑之间的农田全部划为御苑，起名为上林苑。这样就可以直接从皇宫向南出猎，又可以避免落个骚扰百姓的骂名。

武帝下令让太中大夫吾丘寿王负责这项计划，登记造册，估计价格，并令长安官吏呈报辖区内的荒田数，准备给拆迁移民居住、耕种。可就在大兴土木修建御苑的这一年，黄河决口，山东的庄稼被淹，很多老百姓饿死了。武帝觉得粮仓充实，小小的水灾不值一提，修上林苑要紧。他也是跟奶奶斗气：既然不让我管，我什么都不管。

大臣们觉得事不能这么办，东方朔更是带头持反对意见。

东方朔说："终南山是屏障关中的天险，秦朝就是利用了这里的地利统一天下，怎么能将其变为皇上私人的游乐场所呢？而且，终南山是座宝山，出产木材、金、银、铜、铁和玉石，工匠们靠这些原材料制作器物，百姓也靠开采这些材料维持生计。划定的地区还有不少粮食、水果的产区，有捕鱼的水塘，放牧的草场。穷苦人家就靠着这些生活呢。现在皇上把终南山和附近的土地一股脑地圈在上林苑里，让百姓失去了林产渔业的利益，又使百姓离开肥沃的土地，减少了税收，这怎么可以呢？将开辟好的农田留给杂草野兽、毁坏百姓的祖墓、拆去百姓的房屋，有多少百姓会思念故土对皇上不满啊，这怎么可以呢？这么大的上林苑，工程浩大，而且没有畅通的平道，遍地是乱石和深沟，很好的军事要地被破坏了，这怎么可以呢？当初，殷纣王造酒池肉林，诸侯起兵讨伐；楚灵王盖章华台，豪华甲天下，而民心离散；秦朝兴筑阿房宫，天下大乱。皇上现在要建上林苑，难道不怕重蹈覆辙吗？"

东方朔滔滔不绝地一阵教导，武帝听了，连连点头，觉得说得太对了。可武帝的态度是虚心接受，坚决不改。他把东方朔夸奖了一番，升他为太中大夫，赏了许多钱，可前脚打发走东方朔，后脚就让人找来吾丘寿王，吩咐他安心主持上林苑工程，马上动工。

上林苑工程其实并不复杂，主要就两项工作：拆除民宅，修建围墙。所以，上林苑扩建工程在公元前138年（建元三年）开始，没用多长时间就竣工了。

扩建之后，上林苑周长有300多里长，有离宫70多座，果木茂盛，花草丛生，野兽杂集，禽鸟群栖，确实是度假休闲的好去处。从此之后，年轻的汉武帝在这个属于自己的上林苑里驰骋、休憩，研读和创作文学作品。

第二章

继承治世,
汉武准备反戈

武帝心里没主意了，跟大臣们商量对策。大臣们基本上都不赞成用兵，讨论来讨论去，终究还是选了一个民间女子，装扮成公主送去给浑邪王和亲。

事情就这样了结了，可武帝心里堵得慌。难道自己这一辈子就这么屈辱地活着？绝对不行。反击匈奴的计划开始在武帝心中酝酿了。

一场极具历史意义的战争

武帝在上林苑韬光养晦，外边却不太平。在汉朝疆域的东南边，两个邻近的汉朝附属小国打了起来——闽越国大举进攻东瓯国。东瓯国抵御不住，数次派使者到长安求救。东瓯和闽越国的战争，使得长安城又震动起来。19岁的汉武帝面临着一个颇为棘手的问题。

那么，闽越国为什么要进攻东瓯国呢？这事还要从汉景帝时期的七国之乱说起。

公元前154年（景帝前元三年），借口"诛晁错，清君侧"，吴王刘濞牵头，与其他六国同时发兵反叛，并且鼓动了东瓯国一起造反。景帝派周亚夫领军讨伐，用疲兵之计很快平定了叛乱。吴王刘濞见大势已去，率数千人跑到东瓯国。

斩草要除根，景帝自然不想放过刘濞。他派大臣带着赦免东瓯王骆望的诏令及金银财宝，悄悄到东瓯国中交涉。

使者告诉骆望："吴王刘濞比东瓯国实力强大得多，最终还是败在朝廷大军手中，小小的东瓯国更是不可能挡得住汉军的脚步。皇上不会放过叛乱首恶，但也知大王是受人所迫。所以，皇上对大王既往不咎，赐给大王丰厚的礼物。希望大王将功赎罪，将吴王刘濞除掉。"

骆望表示感谢朝廷的宽恕，一定遵旨办理，并立即借口让刘濞来阅军，刺杀了刘濞，将其首级交给汉军。

刘濞的儿子刘驹当时也在东瓯国，得知父亲被诱杀，知道自己待在这里也难逃一死，连忙投奔闽越国，被闽越王骆郢收留。刘驹痛恨骆望背信弃义，一直想杀掉骆望，给父亲报仇雪恨。他在闽越国待了16年，等到景帝驾崩，武帝即位，大权被窦太后掌握，无心顾及边陲，觉得机会来了，就鼓动闽越国进攻东瓯国。

闽越王骆郢被说动了，于公元前138年（建元三年）派兵侵略东瓯，发动了战争。

当时闽越在东南算得上是大国。东瓯王一看闽越军队攻势旺盛，知道打不过，忙派使者向武帝求救。

武帝的舅舅田蚡认为越人是蛮夷之族，不值得派兵相救，而且出兵到蛮夷之地，风险也很大。中大夫严助则认为，东瓯是大汉的臣国，大汉对东瓯的安全负有不可推卸的责任，即使有风险，也应该出兵帮助东瓯国，否则，汉朝将不能安抚其他臣国。

武帝本人也认为，汉朝应该在这件事上做出一个大国的样子，给闹事的小国一个教训。所以，这次召集大臣朝议，武帝心中早已决定要出兵，只是因为没有用兵经验，才想在朝堂上找几个靠得住的支持者。听了严助的一番话，武帝很高兴，把严助夸奖了一番。

但是，征调大军的虎符（古代的兵符，用金属铸成虎形，剖分两半，执掌双方将两半相合，方可发兵）掌握在窦太后手中。而用兵违反了无为而治的传统，肯定会遭到窦太后的反对。武帝决定小规模用兵，来解决这场小战争。他派严助拿着使者的节杖赶到会稽郡，调会稽郡的地方部队对付闽越国。

严助领命而去，要求会稽郡守马上发兵。会稽郡守没有见到虎符，当场拒绝。严助当机立断，命随从杀掉会稽郡司马（负责军事的官员），杀鸡儆猴。会稽郡守果然怕了，交出本郡军队。严助又令会稽郡守准备了船只，带上会稽郡的军队走海路直扑闽越。

严助兵不血刃，解除了闽越国对东瓯的围困，算是完成使命，马上要回长安交差。闽越王虽然撤走军队，却把重兵集结在自己与东瓯的国境线上。东瓯王害怕汉军一走，闽越王再来攻击，就请求严助说："朝廷救命之恩，我们东瓯举国上下没齿难忘。只是闽越心怀贪欲，一直窥视我国。恐怕汉军一走，闽越王又马上发兵攻打过来，到那时我们又无安宁之日了。请将军代为奏告大汉皇帝，我愿意把整个国家迁到汉朝的境内，做大汉朝的臣子。只要能安定地生活，我就非常满足了，宁可不做东瓯王。"

严助回到长安，把东瓯王的请求上奏给了汉武帝。一个独立于外的臣国自愿内属，化为汉朝直接统治的臣民，这是好事。武帝立即批准。

公元前138年（建元三年）秋，4万东瓯居民离开故土，全部迁移到长江和淮河之间，取消了外臣国的地位，和当地汉族人民一起生活，共同开发长江和淮河的下游地区，两族人民逐渐融合在了一起。

妥善处理了东瓯和闽越之间的战争，成功维护了汉朝的尊严，武帝在朝中树立起了威信，令朝臣刮目相看。这是武帝自即位以来第一次获得的彻底成功。

  自继帝位以来，武帝一直生活在窦太后的阴影中，做什么事都受到牵制、阻挠，因此有些心灰意冷。但成功解决了东南地区冲突后，武帝又找回了自信，他对自己独掌大权的那一天充满了期待。终于，公元前 135 年（建元六年），71 岁历经四朝的窦太后去世了。汉武帝迎来了他执政生涯的春天。

狼烟再起，勾起陈年旧恨

公元前134年（元光元年）秋，几个衣着、面貌与中原人极为不同的人来到长安，带来了北方草原上匈奴浑邪王的亲笔信。浑邪是汉代匈奴的一支，其首领被匈奴最高统治者单于封为浑邪王。浑邪王在信中提出要迎娶武帝的一位女儿为妃。浑邪王不过是匈奴族的一个首长，武帝的女儿则是堂堂大汉的公主。金枝玉叶怎能下嫁衣毛卧毡、膻气熏人的匈奴人呢？武帝收到这封信，勃然大怒。可是，他深深知道，匈奴人是不好惹的。

匈奴对西汉来说，是一个梦魇，是一个耻辱。

匈奴的首领叫作单于，相当于中原的国王，在单于之下，则有左、右贤王，左、右谷蠡王，左、右大将，左、右大都尉，左、右大当户，左、右骨都侯，共24个首领，大的统率数万骑，小的统率数千骑，都是单于的直接臣属，各率领一大部落，每一个大部落由若干小部落组成。在中原人眼里，这些匈奴人原本是一群落后的蛮夷，在夹缝中求生存，处境艰难。但就是这么一群化外之民，在一个被称为冒顿单于的领袖手中成了一个强大的存在。

冒顿的父亲是匈奴人的单于，叫作头曼。头曼单于曾经趁秦灭六国时攻击中原，后被秦始皇派大将军蒙恬击败，实力大衰。头曼单于好色无情，在原配死后又娶了个年轻貌美的阏氏（yānzhī，匈奴称其君主的妻妾为阏氏），生了个小儿子。因为喜欢新娶的老婆，头曼就想把新生的小儿子立为接班人。可这时候法定的接班人是大儿子冒顿。要改继承人，只能把冒顿除掉。无缘无故地，当爹的要杀儿子，肯定惹人笑话。头曼单于想了个借刀杀人的办法，派冒顿到邻近强国月氏当人质，然后故意派兵攻打月氏。其实以当时匈奴人的实力，根本打不过月氏，头曼为的就是激怒月氏，借月氏人之手除掉大儿子。

头曼算盘打得好，可他没想到他儿子有本事。冒顿一听说匈奴人来打月氏，抢了匹马逃回来了。头曼不仅没害到儿子，反而得罪了月氏，花了不少钱才算把这事摆平。

经过这事，冒顿心里清楚父亲要加害自己，心想：这次是我命大，下次可就不一定有这么好的运气了，干脆我先把你杀了吧。就这样，父子两人开始成天琢磨怎么整死对方。

冒顿比他爹聪明。他发明了一种响箭，射出去会发出尖厉的声音。冒顿告诉自己的属下，自己把响箭射到哪儿，大家就必须一起向哪里射，谁不射就砍谁脑袋。他先在狩猎时将响箭射向猎物，没射的人当即处死；后来，他又将响箭射向自己的爱马，有人不敢射，同样被杀了；再后来，冒顿竟然将响箭射向自己的老婆，有手下不敢射，又被杀了。大家一看，主子这是玩真的了，再也不敢含糊。最后，冒顿将响箭射向父亲头曼的坐骑，那匹马顷刻之间被射成了蜂窝。冒顿一看，手下没问题了，就在一次同头曼游猎的时候将响箭射向头曼。理所当然地，头曼就被儿子的手下乱箭射死。冒顿杀了父亲，成为新一代单于。

在头曼的折腾下，匈奴当时的状况是一天不如一天。冒顿成了单于后，立即开始致力于振兴匈奴。匈奴人的生活大大改变了。

只是好日子没有持续多久。冒顿新娶的老婆当时是漠北有名的美女。在匈奴的北边有一个当时最强大的游牧族群——东胡。东胡王听说冒顿的老婆漂亮，就派使者来要。冒顿问自己手下的大臣："东胡人要娶我老婆，咱能答应吗？"手下人都说："阏氏是单于的妻子，怎么能送给别人呢？东胡人太混账了，咱们应该去报复他们！"冒顿笑笑，说："不过是一个女人而已，怎么能为了女人伤了两国的和气？从今天起，我老婆就是东胡王的了！"匈奴人的王后就这样被送给了东胡。后来，东胡国王听说冒顿有匹千里马，又派使者来要。马对于游牧民族来说，意义是非常重大的，更何况东胡人要的这匹马是匈奴最好的马。冒顿又问大伙："我这马日行千里，夜走八百，我对它比对我老子还好。现在东胡来要，我给不给？"众人又都说不能给，可冒顿说了："再好的马也不过是个畜生。为了个畜生坏了两国的友谊，不值得。给了！"东胡人经过这两件事，觉得匈奴人太窝囊了，根本成不了气候，也就没想消灭匈奴。冒顿就借着这个机会休养生息、厉兵秣马，使匈奴逐渐强大起来。东胡人没注意到形势的变化，还以为匈奴好欺负呢，又找匈奴提要求来了。匈奴境内挨着东胡的地方有一块非常荒芜的土地，没人居住。东胡看上了，派使者来要，说反正这地方你们也不用，闲着怪可惜的，给我算了。冒顿就问大伙："这块地挺荒的，一直也没什么用处，现在东胡来要，你们说给不给？"冒顿的一些手下有缺心眼的，就说："您把老婆和好马都给人家了，那么块破地方，东胡要就送给他们好了。"冒顿一听就火了："老婆算不了什么，我可以给他们，马我也可以不要。土地是咱们的根本，绝不能给他们。今天凡是说可以给的，都给我杀了！"之后，他立即发动大军攻打东胡。东胡轻敌大意，被匈奴杀了个措手不及，就这样灭亡了。消灭东胡之后，冒顿单于又率大军西逐月氏，南并楼烦，北降丁零、浑庾，一统大漠南北。匈奴人在中国历史上第一次统一了蒙古大草原。

统一草原之后，匈奴强大得不可一世了。这时候，楚、汉之争也刚刚结束，汉高祖刚刚统一中原，建立了汉王朝。冒顿趁西汉根基还没稳固，带领匈奴人杀过来了。他们先入侵山西，围攻驻扎在马邑（今山西北部的雁门一带）的韩王信（名韩信，为免与同时期淮阴侯韩信混淆，故称韩王信）。韩王信打不过，未经请示就与匈奴议和。签订合约之后，韩王信又开始害怕了。打从消灭项羽之后，跟着刘邦打天下的这些弟兄们没几个有好下场的。自己因为怕延误时间，没请示刘邦就跟匈奴议和，正好给刘邦一个除掉自己的借口啊！干脆，我投降匈奴算了。韩王信就这么投降匈奴了。刘邦知道后气坏了。他觉得自己南征北战，连项羽都败给自己，天下无敌了，根本就没听说过匈奴有多厉害，不知深浅地率领大军赶赴山西，要讨伐匈奴。结果，肉包子打狗，差点有去无回。刘邦被匈奴人围困在平城附近的白登山上，困了七天七夜，饿得眼睛都蓝了。多亏用了谋士陈平出的主意，刘邦派人给匈奴阏氏送礼，说匈奴再不退兵，自己就把闺女嫁给冒顿做老婆。中原的美女长得水灵，阏氏怕刘邦真把公主嫁过来，自己失宠，冒顿是连老婆都能送给东胡人的人，还能指望他看重夫妻情意？阏氏赶紧劝冒顿退兵。刘邦这才从白登之围的危险境地中逃脱。为防匈奴人再来，他急忙与匈奴签订互不侵犯的协议，还把一个宫女假扮成公主嫁给单于，并定期赠送大量财物。也就是从这时候开始，匈奴人时不时带着大军跑到边境向汉朝要姑娘和财务，汉朝皇帝每到这时就找个姑娘，冒充大汉公主，带着财物送去匈奴和亲。

事到这里还不算完。汉军不堪一击，刘邦卑词求和，使匈奴人认定汉朝软弱可欺，从此对汉朝呼来喝去。

到了武帝这一代，匈奴那边是冒顿的孙子军臣单于在位，匈奴人仍然屡屡对汉朝北部进行侵扰。现在，匈奴人又来要老婆来了，浑邪王要娶公主。武帝不高兴——我大汉朝也不是专门给你们匈奴培养老婆的呀！可是要拒绝和亲，就等于拒绝了浑邪王的"友好情意"，浑邪王可能就不高兴，浑邪王不高兴就可能引发战争。真要同匈奴开战，能打胜吗？

武帝心里没主意了，跟大臣们商量对策。大臣们基本上都不赞成用兵，讨论来讨论去，终究还是选择同意和亲。

事情就这样了结了，可武帝心里堵得慌。难道自己这一辈子就这么屈辱地活着？绝对不行。反击匈奴的计划开始在武帝心中酝酿了。

地主聂壹策划的马邑闹剧

汉朝初期采取和亲政策，那是无奈之举。打不过人家，又怕人家来打，只能多送点甜头。一味地送钱物给匈奴，汉朝觉得别扭——就好像做儿子的每年孝敬父母一样。如果再嫁个公主过去，名义上匈奴王就成了自己的女婿，名声就好听多了，实际上做的还是亏本买卖。匈奴人倒也不计较。历史上只有夷狄献美女给中原统治者，哪有中原统治者把自己闺女嫁给夷狄的？既有钱拿，又有美女，这种好事放在谁身上谁不乐意呢？

到了汉武帝这里，就不一样了。钱也有了，粮也足了，武帝不想受这窝囊气了。尤其是在他继续奉行和亲政策之后，匈奴没有按照约定不再侵扰汉朝。匈奴人什么时候想要东西要女人了，就会到汉朝境内溜达一圈，然后就会得到自己想要的。对于这百试不爽的事，匈奴人自然不会因为武帝当了皇上而不去做。不给东西要挨打，给了还挨打，武帝这样一个年轻气盛的小伙子怎么受得了！

但是，武帝忍下来了。因为眼下用武力抗争的条件并不成熟。景帝刚刚驾崩，国内尚不稳定，窦太后把持了数年朝政，刚死没几天，武帝乍一全面接手大权，缺乏决断军政大事的经验，而且主和派的呼声也很高，很少有人支持汉武帝反击匈奴。换句话说，武帝缺个主心骨。

匈奴浑邪王请求和亲后第二年，也就是公元前133年（元光二年），这个主心骨出现了。谁？大行王恢！

大行是秦汉时期的官名，当时叫大行令，公元前104年（太初元年），武帝才把大行令改称为大鸿胪。这个官，是专门掌管少数民族事务的。从天朝上国的角度来说，王恢当时是管理汉朝周边少数民族的头儿。可匈奴偏偏没把这个头儿放在眼里。王恢很不高兴，因此积极提倡对匈奴动武。就在浑邪王遣使来求亲的时候，武帝在朝堂上与大臣商议，主战的王恢就曾经与主和派的御史大夫韩安国进行了一场辩论。

王恢说："汉同匈奴和亲，一般看来，保持友好的时间不过几年，并没有彻底解决问题，所以臣以为不如不允许和亲，而且最好是能够派兵以武力反击匈奴。"

韩安国反驳说："在千里沙漠中作战是匈奴人的拿手好戏，对汉军来说却是非常困难的。现在，匈奴的统治者自恃他们骑兵的威力，怀着不易满足的贪婪心理四处侵掠。他们的骑兵移动、集结的速度非常迅速，不是咱们能用武力轻易解决的。如果派大军反击，必须先驰驱数千里的路程，就是不打仗，人马也会很疲惫。匈奴人觉得能打赢的话，就会调动全部的力量来攻击我们疲惫不堪的远征军；即使觉得难以取胜，也会逃得无影无踪，咱们的大军就会往返徒劳。所以，还是同匈奴和亲为上策,免得大军远征无功,劳民伤财。"

韩安国的意见得到了朝中许多大臣的赞同,武帝也就批准了浑邪王的"讨老婆申请"。

这一次和战辩论之后,主战派没能如愿以偿,但得到了老百姓的支持。边区的百姓常年受匈奴人的祸害,苦不堪言,早就盼着朝廷能帮他们解决这个问题了。有主战派站出来请战,老百姓的积极性也被调动起来了。雁门马邑有个地主叫聂壹,也是反击匈奴的积极支持者。他听说主战派在第一次辩论中受挫,就自己琢磨了个主意,跑到京城来找王恢。

聂壹对王恢说:"匈奴人虽然总来侵扰咱汉朝的北边,但一直还是和咱大汉和亲。他们不会怀疑我们有突然反击的军事计划。我们只要把他们的主力引诱进来,用精壮的伏兵袭击,一定能打他个措手不及。现在我手里有个计划,希望能得到王大人的采纳。"

王恢听聂壹详细叙说自己的计划后,很高兴。但这个计划要实施,得有钱粮、兵马支持。王恢做不了主,赶紧向汉武帝汇报。武帝一听,想了想,觉得可以实行,又把群臣召到宫中,进行和战的第二次辩论。

武帝知道主和派大臣多。为了鼓励主战派大臣,顺便敲打下主和派大臣,他一开始就给会议定下了反击的调子,说:"朕同匈奴单于和亲,嫁给他公主,虽然说是假的吧,但名义上也是公主。这还不算,还得赠送给他大量的钱币、丝帛、锦绣。朕很关心百姓疾苦,不希望让战争打搅他们的生活,真要能用女人、财物换来和平,朕也忍了。可是,匈奴得寸进尺,更加地傲慢无礼,对咱们侵略不休,北部边郡多年来一直受到骚扰。北方边郡的老百姓也是朕的子民哪！内地百姓过上好日子了，可北边的老百姓过的是什么日子？一样是朕的子民，朕不管他们，如何向他们交代？朕心疼他们，所以打算出兵反击匈奴。各位爱卿说说自己的看法吧！"

王恢率先站了出来，说："臣听说，战国时曾经有个代国，东北有强大的东胡虎视眈眈，西南面有中原国家的攻击，是个处在前后夹击中的小国。可就是这样的代国，能够养老抚幼，及时耕种不误农时，而且百姓勤劳，仓库充实，外敌不敢轻易侵犯。现在以陛下的神威，四海统一，天下归心，国力与代国不可同日而语。陛下又遣子弟率兵防守边城和要塞，粮食运输的车队不绝于道，防御的能力也不是代国所能比拟的，可匈奴的侵略却无休无止。为什么会这样？原因只有一个，匈奴不怕咱大汉，以为咱大汉好欺负。所以，必须反击匈奴，让他们尝尝害怕的滋味。"

王恢刚说完，韩安国又出来唱对台戏了。他说："王恢这话并非完全正确。高皇帝在平城白登山被围的那个时候，一连七天都没饭吃。解围回京之后，高皇帝都没有愤怒。为啥？高皇帝是圣人。圣人以整个天下衡量事情，不会因为个人的愤怒而伤害天下的百姓。就是因为考虑到这一点，所以高皇帝同匈奴结成和亲。因为和亲，到现在已有五代人受益，这是不可否认的事情。孝文帝（汉文帝刘恒）也曾经调动天下的精兵，想一举歼灭入侵的匈奴，结果重兵北调，内部空虚，济北王刘兴居趁机发兵袭击荥阳，企图谋朝篡位。孝文皇帝只得匆忙收兵，无功而返，由此觉悟到对外用兵不能持久的道理，所以又同匈奴和亲。两位圣人的事足以为陛下效法。所以，还是不要反击为好。"

韩安国的话有理有据，武帝听了，一时间沉吟不语。

王恢怕武帝改变主意，马上反驳说："韩安国的话大错特错。'五帝不同礼，三王不同乐'，三皇五帝都是圣人，可他们的礼乐还彼此不同呢。不是他们有意不同，而是时代不同。高皇帝从事战争几十年，是文武兼备的圣人。那高皇帝为何还要忍辱负重，不报复被围的屈辱呢？不是力量不够，而是战乱刚结束，要休养生息，顺应百姓的愿望，解决老百姓的温饱问题。现在不一样了，国家强大了，边境仍受到威胁，士兵伤亡惨重，运回来的棺材前后相连，这是令所有大汉臣民痛心的事。所以，必须出击匈奴，避免这种悲剧继续演下去。"

韩安国立即反驳道："没有十倍的好处不能轻易地改变旧业，没有百倍的利益不能随便地改变常规。古代君王考虑国家大事之前要先祭问祖庙，改变大政之前要先占算龟筮，以表示慎重。夏、商、周三代盛世，不要求夷狄归顺中国，不是说他们的威力不能制伏夷狄，而是因为夷狄的地方太偏远，民智太落后，没有这个必要。况且，匈奴的军队非常轻快、凶悍，来如疾风，去如闪电，还总搬家。想制伏他们可太难了。一旦发动战争，边郡人民就长期不能耕种纺织，还要支援打仗，能办到吗？所以，还是不要轻易与匈奴刀剑相见。"

韩安国话音刚落，王恢提高声音反驳说："凤鸟乘风，圣人乘时，做事要善于借助时机。从前秦穆公在雍地（今甘肃东南部）时，只有方圆三百里的一块小地方。他借助时势的变化攻占了西戎的土地，得地千里，吞并了十四个小国。后来蒙恬率军侵占了东胡，开辟土地几千里，又以黄河为界，垒石为长城，种树为险塞，使得匈奴不敢南下。秦的强大与兴盛，是以武力换来的。匈奴生性剽悍，只可威服，不可以用仁义感化。咱们现在很强盛，物资比秦穆公时多了万倍，只要用百分之一的力量去攻击匈奴，那还不是手到擒来吗？所以，还是应该以武力还击，慑服匈奴，保证北部边郡的安宁。"

王恢说话的工夫，韩安国在旁边琢磨了半天，觉得武帝有心抗击匈奴，自己还是别太坚持反对意见，免得让皇上看着不顺眼。想到这儿，韩安国马上把话往回拉，说："臣只是反对出动大军去追逐匈奴。因为大军长驱深入，很难立功，还容易被敌人抓住弱点。如果还有别的妙计可以擒住敌人，臣倒也不反对。在出击匈奴的问题上，臣的意思是必须慎重考虑。"

韩安国做出了让步，王恢很高兴。他趁机进一步说："韩安国的担心不是没有道理的。确实，咱们要跑到匈奴人生活的地方去打匈奴，那肯定变成睁眼瞎，抓不住匈奴的尾巴，反被匈奴人咬一口。可臣所说的进击匈奴不是深入敌境，而是把单于引诱到边境上来，我们选择精锐的骑兵和强健的士兵，设置埋伏，做好准备，利用险要地形，加强警戒。阵势一旦确定下来，左右前后都有大军，一定可以生擒匈奴单于。"

韩安国这一让步，再加上王恢说得头头是道，汉武帝觉得出兵反击匈奴的理论依据很充分了，所以当场拍板，通过"马邑之谋"。

王恢取得了武帝的支持，马上就开始忙活上了。

匈奴的军臣单于当然不是想让人家来打一场人家就肯来的。怎么办呢？王恢把聂壹找来了："主意不是你出的吗？朝廷现在采纳了。组织交给你个光荣而又艰巨的任务，由你负责把军臣单于勾引来。"

聂壹作为马邑的大户，平时也没少遭匈奴抢劫，索性豁出一条命去，带着货物到长城外，假装与匈奴交易，寻机拜见了军臣单于。聂壹对军臣单于说："大单于是最伟大的英雄，鄙人我平时也多仰仗大单于的关照。为了表示尊敬和感谢，我愿意把马邑献给大单于。"

军臣单于很纳闷，问："你没撑糊涂吧？你不过是个做买卖的，马邑又不是你家开的，你说送给我就能送给我？"

聂壹马上说："我虽然只是个生意人，可我有一计，可以让大单于不费吹灰之力获得马邑的财物。"

军臣单于一听，眼睛都绿了，立马精神起来，急忙问："你有什么好办法，赶快详细地告诉我。"

聂壹装作受宠若惊的样子说："因为生意上的关系，我收买了一些人，现在都混在马邑城里。人无头不行，只要杀掉汉朝守城的官吏，马邑不就是大单于您的了？大单于只要火速派兵接应，事情一定能成功。到时候，不求多大好处，只要大王赏赐一些给我就足够了。"

军臣单于一听，有内应，当然好。可他也不是笨蛋，怕聂壹是来骗他的，就先派几个心腹跟聂壹到马邑去，说等聂壹一动手，自己马上就发兵接应。

聂壹回到马邑，暗地里让马邑的官员杀死几个囚犯，把人头挂在城门上，哄骗匈奴的使者说："我已经杀了汉朝官吏。你看，脑袋在那儿挂着呢。你们快去请大单于进城，要是来迟了，那黄花菜都凉了。"

匈奴使者立即颠颠地跑去向军臣单于报信。军臣单于接到汇报，兴冲冲地带领着10万匈奴骑兵前来接收马邑城。

匈奴人虽然狡猾，但这次也没想那么多。简简单单的一个骗局，军臣单于心眼挺实在，自己往包围圈里扑进来了。他哪里知道，汉武帝已经在马邑旁边的山谷里埋伏了30多万大军，将军分别是李广、公孙贺、韩安国、王恢和李息五人，韩安国称护军将军，执行统一指挥的任务，王恢和李息则负责战斗打响后袭击敌后运输辎重的任务。所有军队全都准备就绪，就等军臣单于自己送货上门。

按说聂壹给王恢献的这计策，在当时也算是天衣无缝了。可他聪明反被聪明误，在实施计划的过程中留了个尾巴。为了让军臣单于上当，聂壹在城外百余里的地方散放牲畜，想营造一个当地人毫不知情、汉朝毫无准备的假象。这本来是对的。可放牧的牲畜总得有牧人看管。大家都知道匈奴要来，便没有人去看管。聂壹也怕走漏了消息，不敢强派人去，寻思没人放牧也不打紧，匈奴人急着来马邑敛财，不会注意到这样的细节。

聂壹小瞧了匈奴。军臣单于本来高高兴兴带着大军进入汉朝边界，到了武州（今山西左云县南）地区。可他突然发现在草地上有许多牛马在安闲地吃草，却看不到一个放牧的人。匈奴人本来就是靠放牧为生的，自然知道没有牧人看管是很不合情理的。军臣单于起了疑心，立即命令大军停止前进，并决定抓几个汉人打探消息。他带兵突然扑向不远处的一个汉朝用来瞭望敌情、联络消息的亭堡，抓住了管理亭堡的亭尉，逼问详细情况。

那亭尉是个贪生怕死的主儿，以为军臣单于已经知道了伏击计划，马上就把汉军的计划和布置和盘托出。军臣单于一听，吓出一身冷汗，立刻下令全军火速撤退。匈奴10万大军策马狂奔，一口气逃回匈奴境内，军臣单于这才松了口气，对众人说："上天照应我，让我得到了这个亭尉。这亭尉对我说了实话，救了咱们一命，我得赏他。"于是，那个贪生怕死的亭尉就被封为"天王"。

当时，王恢已经把大军埋伏在马邑附近，自己带两三万人抄出代郡，想从北边迂回截断匈奴的退路。忽然有人禀报，说匈奴刚进到武州就退回去了。王恢气了个半死，心也凉了半截。朝廷出动30万大军，这是多大的手笔，耗费了多少钱粮？结果却一无所获，这不要命吗？他有心迅速突击，截住匈奴打一架。可手里就两三万人马，万一全军覆灭，自己的小命不就当场玩完了？反复考虑，他没敢动弹，率军直接退回来了。

韩安国那边还带着30万人马在马邑周围傻等，大半天连匈奴的影子都没见着。他派士兵打探，这才知道匈奴早逃走了。韩安国一跺脚，连忙率领大军追击。可匈奴跑得又早又快，等韩安国追到边界，匈奴人都已经跑回家睡了一觉了，哪里还追得上！虽然之前反对出兵，可韩安国毕竟现在负责主持这次行动，自知空着手回去无法向皇上交代，就派使者去找军臣单于，说："你们匈奴人不是挺厉害的吗？今天一趟明天一趟总往我们这儿跑。这回怎么连个面都没露就跑了？有本事咱们在马邑当面锣对面鼓较量一下，你敢不敢？"军臣单于才不上当呢，一口回绝了韩安国的要求："要玩你们自己玩，打死我也不去。"实在没招了，韩安国只好带领大军空手而还。

汉武帝多少年一直想在匈奴身上出一口气，总被人横拦竖挡，这回好不容易压制住主和派出动了大军，做了这么大一次军事行动，可匈奴人连头发都没少一根，汉武帝非常窝火。更让他生气的是，这次一无所获，一定会成为主和派的把柄，以后再要出兵就更加难了。火冒三丈的汉武帝立即追究这件事的责任。他首先责问王恢："你去抄匈奴后路，匈奴人从你眼皮底下溜掉，你连追都没追，连匈奴的运输部队你都不敢打。朕是派你出国旅游去了？"

王恢跪在地上解释："臣带的兵马不多，原计划是等匈奴的大军进入马邑与我军交战后，我率领这一部分人再攻击他的运输部队。可匈奴识破了我们的计划，10万大军一起回兵，前队变后队，后队变前队，运输部队在前面，后面跟着勇猛的战士，我手里这点人冲上去，不等于羊入虎口吗？肯定全军覆灭。我也知道，我不追击，回来是死罪，去追了没准还能活下来，可这两万多士兵是咱自己的子弟兵，我不能让他们白白送死。我虽然有罪，可我完整地向陛下交还了这些士兵。希望皇上看在这一点上准许臣戴罪立功。"

武帝根本听不进去。出战无功，总得找个替罪羊，把王恢杀了自己才能挽回一点面子。他下令把王恢押入大牢，等待处决。韩安国和其他将领虽劳而无功，但也没有什么过错，况且韩安国曾反对过这次用兵，所以汉武帝也就没有追究他们的责任。

王恢入狱后听说皇上想要他的脑袋，又恨又悔。恨的是聂壹这小子跑来游说自己却行事不密，汉武帝那边又卸磨杀驴；悔的是自己怎么那么糊涂，鬼迷心窍就听信了聂壹的胡言乱语？王恢觉得自己还没活够，急忙让家里人准备重金贿赂田蚡，让田蚡帮忙说几句好话。

田蚡看着成箱的金银财宝，口水都流成河了，收了钱一口应承下来。拿人钱财，替人消灾。可田蚡刚收完钱，心里又犯嘀咕了。田蚡是汉武帝的娘舅，武帝对自己的舅舅也不错，提拔舅舅做了丞相。可武帝随着全面掌握朝政，越来越不好说话，田蚡很怕敢做敢说的皇帝外甥，不敢直接跟武帝讨人情，就找他姐姐王太后帮忙。

田蚡对王太后说："马邑设围本来是对江山社稷有好处的一件事。王恢主张这么做也是为了汉家江山永固，是忠心耿耿啊。现在皇上想把他杀了，这不是给匈奴报仇吗？王恢要是被杀，军臣单于一定高兴得不得了。皇上现在在气头上，犯了糊涂，大臣们也不敢劝，姐姐你可不能让皇上铸成大错。"

姐姐哪有不疼弟弟的？王太后当然也知道弟弟不是个高风亮节的人，肯定拿了人家的好处，不然不会跑宫里来替人说情。既然如此，就不能让弟弟为难。王太后就对武帝说起了王恢这件案子，希望儿子给自己这个当妈的一点面子，饶王恢一命。不巧，汉武帝正在为另外一件事跟自己的母亲有了矛盾。

武帝有一个发小，名叫韩嫣，两人关系非常好。好到白天在一张桌子上吃饭，晚上盖一床被子睡觉。两人可谓青梅竹马、两小无猜。武帝因为宠爱韩嫣，给韩嫣的待遇非常高。连韩嫣出行的车驾都是高规格。一次，江都王把韩嫣的车驾当成了汉武帝的御驾，稀里糊涂在地上跪了半天，后来才知道跪的是韩嫣，心里别扭死了——这么大个王爷，跪了那么久，成何体统！他十分生气，哭天抹泪地向王太后告了韩嫣一状。韩嫣这人情商很低，平日里仗着汉武帝宠爱，在宫中胡作非为。韩嫣和宫女发生不正当男女关系，被王太后听闻，王太后早看韩嫣这小子不顺眼了，将秽乱宫廷、越礼逾制两大罪合并办理，勒令韩嫣自杀。武帝舍不得，就替韩嫣求情。王太后不仅不答应，还把儿子臭骂了一顿。武帝一看，实在不行了，只好让韩嫣服毒自杀。这件事让武帝对自己的母亲心怀怨恨。现在王太后来求儿子看在她和田蚡的面上饶了王恢，武帝有些高兴。他可能在想：风水轮流转啊，你也有求我的时候啊！我当初求你，你一万个不答应，你可没想到你也有今天！他要趁此机会给王太后一个难堪。

武帝对王太后说："首先主张在马邑设围、攻击匈奴的是王恢吧？我发兵30万，派了几位将军依照他的话行事。这次行动没成功，这我不怪他，不是他的责任。但单于逃跑的时候，如果王恢在后面包抄，总会有一点收获吧？这样儿子我也能安慰下士大夫和国人的心。可王恢眼睁睁地放单于逃回去了！不杀王恢，儿子怎么向天下人交代？你也别求我，天王老子来，我也得把王恢杀了。"

王太后碰了钉子，也没办法了。宫里的事她能管，宫外的事她想管也管不了。王恢在狱中知道这件事，知道自己肯定活不了了，在狱中自己了断了。

马邑之围虽然没有能取得成功，但这是汉武帝抗击匈奴的一个前奏。因为这件事，匈奴军臣单于又惊又怒，不再跟汉朝和亲，而且不断派兵南下侵夺汉朝的边境城邑，践踏庄稼，掠夺财物和人口，汉朝边境一直没有安定之日。

武帝为了争取备战时间，没有立即进攻匈奴，也没有中断和匈奴的边市贸易，而且利用贸易从匈奴购进一部分马匹。他还积极修建防御工事，筹备军费，征调大量劳力开凿漕渠。还进行了针对匈奴骑兵的一系列军事演习，从各地招募和提拔了一大批有能力的青年，作为军队的将领。

总之，此时的汉朝，举国上下都在为即将开始的讨伐匈奴行动而紧张忙碌着。不过，武帝自己的算盘打得挺好，却不能避免意外事件的发生。朝局的纷扰使得他讨伐匈奴的计划一拖再拖。

灌夫骂座牵扯出外戚党争

在窦太后死后，汉武帝罢免了信奉黄老的官员，以田蚡为丞相，封韩安国为御史大夫。窦太后的侄子魏其侯窦婴因为自己与窦太后有亲戚关系，一直没有得到任用。

其实，窦婴对刘氏王朝很忠心。他虽然是窦皇后的侄子，但性格豪爽，心直口快，喜欢结交三教九流。之前汉景帝在的时候，在一次酒宴上说愿意在死后传位给弟弟，就是窦婴站出来把这话挡回去的。窦太后觉得这个侄子成心拆台，就给侄子穿小鞋。窦婴当时也嫌弃官职太小，索性甩袖子不干。窦太后觉得不解气，下旨除去窦婴的门籍，不许侄子来给自己请安。这就相当于现在的脱离父子关系、母子关系。打这以后，窦婴就不算是窦太后这一支的族人了。要没有窦婴，武帝可能永远也当不了皇上；要不是为了刘氏江山，窦婴也不能这么不招窦太后待见。

这事过去后没几年，吴楚发动了七国之乱，叛军来势汹汹，朝中无人可用。景帝愁得揪头发，忽然想起窦婴，马上派人去召窦婴。窦婴心里生姑姑的气,坚决谢绝了景帝的任命。窦太后这时也傻眼了,立即"赐予"窦婴可以向太后请安的荣耀,间接收回了开除窦婴门籍的命令,窦婴这才领命上朝。

窦婴交的朋友多,其中爱盎、乐郁等人都是些名将、贤士。窦婴把这些哥们儿推荐给景帝。景帝用了之后感觉还真不错,立即重赏窦婴。窦婴直接把赏钱放到自己府邸门房的走廊上,说有军士或者是军官路过,可以随意按自己的需要取用,自己一分钱都没要。窦婴轻财重义,看得起军人,将士们很感动,打仗也就卖力气。经过窦婴与周亚夫的努力,七国之乱很快平定了,窦婴因为有功,被封为魏其侯。这段时间,窦婴权势极大,其他大臣都争相巴结。

田蚡那时还是一个小小的郎官,是景帝的侍卫。他一心想往上爬,所以殷勤讨好窦婴,总找机会伺候窦婴,每天给窦婴请安、奉食、侍寝,就好像窦婴的干儿子,十足一个好奴才相。别人觉得田蚡太低三下四,可就这样,田蚡自己还觉着做得不够到位,只恨自己不是窦婴的亲儿子。

后来,景帝立刘荣为皇太子,让窦婴做刘荣的老师。窦婴忠心耿耿辅佐太子,把刘荣教育得很好。可刘荣的母亲栗姬争风吃醋,心胸狭窄,没半点尊贵样,连累儿子刘荣先是被废,后来又被逼死。窦婴当时为自己的学生据理力争,却于事无补,相当受打击,一赌气跑到南山做隐士去了。后来还是一个叫高遂的人劝窦婴,说:"你的富贵是皇上给的,而你之所以这么富贵,其中也有太后疼爱你的关系。现在,你因为太子被废不服气跑到这儿隐居,这样能有什么好结果?太子被废已经是板上钉钉了,你这样做只能表示你心怀不满。这个样子是很危险的！假如有一天太后和皇上都怪罪下来，那你还能活命吗？"

窦婴一听，惊出了一身冷汗，连忙跑到京城，向太后和景帝示好，景帝也依然重用了他。

这时候，景帝已经立王美人为皇后，田蚡当上了太中大夫，也就是负责给朝廷大事出主意、提意见和建议的官。他觉着自己有靠山了，身价上来了，派头也就摆起来了，对窦婴也不再像儿子似的伺候了。

后来赶上丞相卫绾因窦太后的旨意被罢官，田蚡上蹿下跳，四处活动，想争夺相位。有窦太后撑腰的窦婴成了田蚡最强劲的对手。

武帝即位之后，王太后常在儿子面前称赞田蚡这个同母异父的弟弟爱读书，有旷世之才。武帝马上就把舅舅田蚡封为武安侯。

田蚡刚被封侯的时候，故作谦虚，广招宾客，对门客们以礼相待，就像时下某些在选秀活动中花钱拉票的明星们一样，致力于积攒人气指数。而汉武帝所采用的一些计谋，大多也确实是田蚡从他的门客那里讨教来的。因此，田蚡更得武帝的宠信。

田蚡手下养了不少门客，其中有个叫藉福的给田蚡出了个主意。藉福说："魏其侯窦婴一直官高位尊，而且有不少名士在其门下。现在将军刚刚得到宠信，势力还不如窦婴大。即使皇上让将军为丞相，你也一定要让给魏其侯。现在有丞相和太尉两个空缺。魏其侯做了丞相，那么太尉一职就非你莫属了。况且丞相、太尉的尊贵都是同一个等级的，但你却落一个让贤的美名。"田蚡觉得有道理，就通过王太后给武帝透了个口风。武帝正为立丞相和太尉的事犯愁呢，窦婴和田蚡都是外戚，一个是奶奶的亲侄子，一个是妈妈的亲弟弟，两边都得罪不起，一听说田蚡愿意让贤，马上就立窦婴为丞相，田蚡为太尉。这件事使武帝对田蚡又多了一分好感。

藉福见自己计谋成功，在田蚡这儿站住了脚，又想去讨好窦婴。俗话说狡兔三窟，聪明人可不能在一棵树上吊死。他先给窦婴贺喜，接着又说："君侯性格是喜善疾恶，所以有不少好心人都替君侯说好话。这次皇上能让您做丞相，是我劝田蚡谦让的，要不，您还真不一定能得到这个相位呢。"言下之意，藉福是想让窦婴感谢自己，将来给自己点好处。窦婴听出了藉福的意思，可是一声不吭。藉福原本也是窦婴的门客，后来趋炎附势跟了田蚡。窦婴讨厌藉福这样的势利小人，根本就不觉得应该感谢这种人。

藉福见窦婴连声谢都不说，心中不太高兴，又进一步点醒窦婴说："如果恶人多的话，像君侯这种性格也会毁了自己。君侯如果能宽容，不疾恶如仇令人怨恨，就会永远受到宠幸，否则的话，定会有杀身之祸。"他这话说得倒是有道理，可惜热脸贴了个冷屁股，几句掏心窝子的话，窦婴左耳朵听，右耳朵冒，根本就听不进去。

建元二年（前139年），窦婴和田蚡都因为在任用儒生问题上采取支持态度，得罪了窦太后，被免了官，在家当侯爷。田蚡虽然不任职，但因为王太后在朝中的地位，加上皇帝又是他的外甥，所以还是失官不失势，很受武帝的信任，势力逐渐地超过了窦婴。追逐势力的士人、官吏和门客们也敏感地察觉到了这一变化。窦婴失势之后，连在他家蹭饭吃白食的门客都开始狗眼看人低，见了窦婴只是稍稍欠欠身子就算行礼了。他们也知道窦婴的势力已经是日薄西山了，只要窦太后一死，窦婴的势力必然也会因失去靠山而江河日下。田蚡却是大有前途，他是皇上的舅舅，而且王太后一直在给他撑腰，将来必定贵不可言。

这些官吏和门客们都纷纷离开窦婴的门下，投到田蚡的怀抱中。田蚡见自己成了众望所归的人物，心中不免得意。唯独有一个人，对窦婴一如既往地尊重、恭敬。这个人就是灌夫。锦上添花不稀奇，雪中送炭的人才是真君子。窦婴觉得灌夫这个人不错，对灌夫格外厚待。

灌夫可不是在窦婴家吃白食的人。他是行伍出身。他的父亲叫灌孟，也是位小有名气的武将。吴楚七国之乱的时候，灌孟已经年过半百，眼看着就要进棺材的人了。颖阴侯灌何当时也受命抵抗叛乱，手下缺人，就强行征召灌孟。老头没办法，只好跟儿子灌夫领了一千多人到军中效力。在战场上，不要命地进攻，终于死在乱军之中。

灌夫失去父亲，心中悲痛至极。按汉代法律，父子同在军中的，只要有一方死了，另一方可以护送死者回乡归葬。实际上就是说活着的那一个不必在战场上送死了。灌夫死活不肯回去送葬，一定要给父亲报仇雪恨。他披甲持戟，花重金在军中招募了愿意跟随他的几十个壮士一同去找叛军拼命，被潮水般涌来的叛军拦住了去路，其又杀开一条血路奔回汉军大营。这一仗，灌夫被叛军砍得体无完肤，大伤十多处。幸亏有疗伤的良药，灌夫才保住了一条命。七国之乱的最后阶段，吴军被断了粮草，军心大乱，灌夫以一当十，冲在最前面。

七国之乱平定之后，颖阴侯灌何把灌夫的事迹报告了景帝。景帝立即拜灌夫为中郎将，号召全国武将向灌夫同志学习。可没几个月，灌夫就触犯汉律，被免了官。后来，灌夫把家迁到长安城。因为他为人豪爽，长安城里认识他的人都说他是个君子。

灌夫为人刚直，不喜欢当面奉承别人，最看不起那些势利小人。他从来不去巴结高官显贵，有时反而想办法出他们的丑。可他对自己手下人或是比自己官位低的士人却相当看重，而且越贫贱他越敬重，赢得了人心。灌夫是一介武夫，不通文墨，喜欢交结些侠客之流，只要一答应别人什么事，想尽办法一定办到。他所交往密切的都是一些侠客、游士。在他的老家颍川，他的亲戚们就借着灌夫的权势横行乡里，为灌夫的悲惨结局埋下隐患。

武帝即位后，考虑到灌夫为人耿直，讲义气，就把灌夫派到淮阳做了太守。不到半年，又把他调到京城中，担任太仆一职，负责管理皇帝的车驾和全国的马政。灌夫官运亨通，日子过得不错，积蓄了不少钱，养了一百多号吃白食的门客。

作为行伍出身，灌夫有个大毛病，就是常常酗酒，酒后还闹事。有一天，他去找长乐卫尉（守卫长乐宫的警卫）窦甫喝酒，喝得高兴，又喝多了，竟然借着酒劲打了窦甫一个耳光。窦甫不干了，揪着灌夫闹到汉武帝面前。武帝欣赏灌夫的耿直，而窦甫的这个"窦"姓也不是巧合，他正是窦太后的亲戚。窦家在宫中很有势力，武帝对此很不满。所以，灌夫打了窦甫，武帝差点没鼓掌喊好。可窦甫是窦太后的族弟，要是让窦太后知道这件事，灌夫准得玩完。武帝就明里把灌夫训斥一顿，打发他到北边的燕国做国相，暗中保护起来了，并不许两人再提此事。灌夫又捡回一条命，在燕地待了几年，竟然又犯法丢官了，回长安闲居。

灌夫没权没势了，以前的一些吃白食的门客也就都跑去巴结别人了。自己富贵的时候，那些家伙围前围后的恭维，现在却都一个个拍屁股走人，灌夫心中很生气。古人养门客，一个是营造礼贤下士的好名声，一个就是为了养兵千日用在一时。门客们一般也会受主人滴水之恩涌泉相报，这才有了平原君门下的毛遂自荐、孟尝君门下的鸡鸣狗盗等典故。可到了西汉，门客们吃着主人的饭，拿着主人的钱，一旦主人遇难，则大多是树倒猢狲散，没有一点古人遗风。谁遇到这种事都会愤怒。

灌夫失宠之后，遇到了门前冷落车马稀的情况，觉得与窦婴是同病相怜，想通过结交失势之后的窦婴来羞辱那些见异思迁的门客。窦婴在感慨人情淡薄之余，也对灌夫另眼相看。两人互相推崇，相见恨晚，关系处得非常好。

后来，窦婴门下只剩下了一个灌夫，其余的人差不多都被田蚡拉过去了。窦婴心灰意冷，也不打算与田蚡争斗了。

窦太后死后不久，窦氏势力左右朝政的时代结束了。武帝任命田蚡为丞相，田蚡从此位尊势大，连各地的诸侯王们也都来结交他，唯恐巴结不上。

窦家势力衰败，可窦家的人却还在，他们看不上暴发户田蚡一朝权在手就颐指气使的嘴脸。尤其是窦婴，对这个新丞相十分不服气。他不愿生事，倒也罢了。偏偏他门下的灌夫不惧权贵，像堂·吉诃德一样骑着瘦马，以孱弱的身躯向田蚡发起了冲锋。

田蚡和灌夫之间本来没有利害冲突。田蚡根本就没把灌夫这样连个最小的官职都没有的人放在眼里。那为什么田蚡要找灌夫的麻烦呢？原来有一次，灌夫家中有丧事，正在服孝期间。他穿着孝服去拜访田蚡。田蚡故作姿态，对灌夫说："本来我还想和你一块去拜访魏其侯呢，不巧赶上你正在服孝，所以也就没去。唉，真是可惜啊。"灌夫听田蚡说肯去拜访窦婴，觉得这是好事，立即说："丞相要去拜访魏其侯，我怎么能因戴孝而推辞呢？我这就去通知魏其侯一声，丞相明天可要早点来。"田蚡一看灌夫当了真，心里直说："倒霉，我怎么忘了这家伙是个实心眼！"可泼出去的水也收不回来，他只好含含糊糊地答应下来。灌夫马上跑去告诉窦婴，说田蚡明天要来拜见。这可不是小事。当朝丞相要来，马虎不得。窦婴和夫人马上派人连夜打扫院子，摆设桌椅，准备酒菜，一直忙活到第二天天亮。一大早他就派手下人在门口迎候，可全府人眼巴巴地一直等到中午也没见田蚡露面。窦婴等得心中焦急，对灌夫说："是不是丞相把这事给忘了？"灌夫脸上挂不住了，说："我戴着孝跟他定好的，他不应该忘啊！我去看看怎么回事！"

　　田蚡根本就没有想去拜访窦婴的意思。灌夫找上门来时，他还在家里睡懒觉呢。灌夫大怒，对田蚡说："丞相昨天答应今天一早去拜访魏其侯。魏其侯夫妻二人忙碌准备了整整一夜，到现在还没敢吃一口饭，就等丞相的大驾光临，丞相怎么能言而无信呢？"田蚡被问得无言以对，只好说："我昨天喝多了，把这事给忘了。我马上去。"这才磨磨蹭蹭地叫人准备车马，与灌夫一同去窦婴府中赴宴。

　　灌夫心里非常窝火，等到酒喝得差不多的时候，就借酒劲逼田蚡喝酒，田蚡却不肯喝。灌夫趁机指桑骂槐地把田蚡骂了一顿。窦婴一看闹得不像样子，就把灌夫扶了出去，回头替灌夫向田蚡道歉。田蚡嘴上说无所谓，心里对灌夫恨得要命，连带着恨上了窦婴，一心要收拾两人。

　　应该说，作为丞相，想收拾两个穷途末路的人不是什么问题。可田蚡要这样做并不容易。因为他太过小人得志，太过得意忘形，已经让武帝非常不满了。

那么，田蚡是如何得意忘形的呢？

田蚡每次入宫奏事，自己总是喋喋不休一个人说个没完，一说就是大半天。武帝很给舅舅面子，总是耐心地听他说，并对他的建议一一采纳。田蚡以为外甥好摆弄，就有点肆无忌惮了。他手下有不少趋炎附势的门客。俗话说，一人得道，鸡犬升天，田蚡就把自己的门客推荐给武帝，朝中的官职让这些人占了一半还多。经田蚡的推荐，有的人甚至从一介平民一下子升到每月俸禄两千石的国家高级官员。一来二去，田蚡不断替手下要官的行为终于让武帝忍无可忍了。一次，田蚡又从袖子里掏出一大串名单，向武帝要官。武帝瞧了瞧田蚡，说："丞相想任命的人推荐完没有？要没推荐完，朕想求你留几个位置，朕也想安排几个人，丞相能给朕这个面子不？"田蚡也不是傻子，知道外甥怒了，连忙灰溜溜地收起那份名单，消停了好几天。

可没过多久，田蚡又开始不知收敛了。

这天，田蚡又跑到宫中，对武帝说："回禀皇上，臣想扩建一下臣的府宅。不知道可不可以？"

田蚡自从做了丞相，骄奢淫逸，住宅不仅很大，而且很豪华，名下的田产也都是肥沃的地方。他为了布置自己的府宅，派往各郡县购买物品的专使都快连成一条线了。四方的诸侯和官吏们也都给他贿赂，田蚡家中金玉、美女、犬马以及各种娱乐设施不可胜数。现在听说他又要扩建府宅，武帝有些不高兴。可田蚡毕竟是武帝的亲舅舅，多少还要给点面子。而且，武帝以为田蚡可能是家中的妻妾太多。听别的大臣讲，田蚡家中有上百个妻妾，人多难免住不开，扩建一下也情有可原。于是,武帝当即点头说:"准了。"

田蚡又说了:"臣扩建府宅,需要一块地方,就是皇城内兵工厂的那块地方。请皇上把那块地赏给臣。"

武帝听后勃然大怒,脸色变得很难看。他冷笑着对田蚡说:"光兵工厂那块地还不够吧?你干脆把武库也占了算了。"武库是国家的军械库,自然不可能赏人。武帝是以此讥刺田蚡得寸进尺,不如占了武库谋反算了。田蚡吓得脸色死灰,说不出话来。

经过这两件事,田蚡在武帝面前说话就不大好使了。前边提到田蚡收了王恢的钱想替王恢求情,又不敢亲自出面,就是这个缘故。

兵工厂要不下来,可田蚡扩建府宅的欲望却更加强烈。他想到了窦婴。窦婴以前多次任要职,仗着身份地位占了不少田地。田蚡听说窦婴在城南的田特别肥沃,想要过来,就派藉福给窦婴传话,让窦婴把地让给他。窦婴一听,很不高兴,对藉福说:"我这个老头子虽说没什么用处,可丞相这个贵人怎么能以势相压,硬要人家的田地呢?"藉福不气馁,跟窦婴一通啰唆,刚巧灌夫来拜见窦婴,知道了事情的来龙去脉之后当场就火了,把藉福痛骂了一顿。

藉福这人虽然势利了一点,但对旧主人窦婴还有些感激之情,不想因为这事让田窦两家闹矛盾,所以挨了骂之后自己忍了。回报田蚡时,他只说:"窦婴都是半截入土的人了,还能活几年?硬要他的地,传出去好说不好听。咱们还是先忍着等几年再说。"田蚡觉得有理,也就不提此事。可没过多长时间,田蚡从别人那儿得知窦婴和灌夫两人把藉福骂了一顿,还把自己也骂了,这火可就压不住了,当即大骂:"窦婴这老儿一点也不会办事。想当年,他儿子杀人犯法,是我田蚡从中斡旋才得以活命。我对窦婴也算是够意思了吧？更何况我还那么恭敬地伺候他。这个忘恩负义的老东西竟然还如此羞辱我！窦婴倒不说了，这一丁点土地也不放在我眼里，他不愿意给我，我也不去计较。可这事跟灌夫那家伙有什么关系？他俩骂我的使者，是成心要跟我作对！这事不能就这么完了。从今以后，他们主动来巴结我都不行。我倒要让他们知道我的厉害！"田蚡也就是从这时开始有了把灌夫置于死地的想法。

事情过去了几个月，田蚡听别人说燕王的女儿长得漂亮，就派人去说亲。燕王虽然贵为皇族，可也不敢得罪田蚡，只好答应了这门亲事。田蚡立即开始准备盛大的结婚宴会。王太后为了给弟弟撑场面，下诏要求诸侯、宗室和大臣们都到丞相家里去贺喜。窦婴接到旨意，就约灌夫同去。灌夫立即推辞，说："我以前得罪过那厮，积怨太深。虽说有人出面调解扯平了，到底是面和心不和的，还不如不去。"

窦婴则说："冤家宜解不宜结。这回正好趁着贺喜的机会彼此见见面。要不然，他还以为你跟他闹别扭呢。"灌夫觉得也是这个道理，就跟窦婴一起到丞相府去了。

酒席上，田蚡首先向来的各路宾朋一个个地敬酒，每个人都离开位子趴在地上，表示不敢劳动大人敬酒。轮到窦婴去敬酒，只有几个人离席而立表示尊重，剩下的仅仅把屁股挪动一下，就算回礼了。窦婴虽然不高兴，但没说什么。灌夫有些看不下去。轮到灌夫向田蚡敬酒的时候，田蚡的屁股动都没动，还说："我喝多了，实在是不能再喝了。要不我喝半杯。"当时席面上敬酒，双方都要满杯，以表示尊重，没有喝半杯的道理。田蚡明显是瞧不起灌夫。灌夫心里火气更大了，表面上却嬉皮笑脸地说："丞相是当今贵人，自然是瞧不起我这个没权没势的人。请丞相赏个脸，一定喝个满杯。"按灌夫的性子，算是忍耐到家了，可田蚡就是不答应，只勉强喝了一口。灌夫心里有气，可也不敢和丞相再翻脸，压着火给别人敬酒。敬到临汝侯灌贤面前的时候，灌贤正在卫尉程不识耳边说悄悄话，对灌夫理都没理。灌夫的火气正没处发泄，这下找到了发泄对象。他指着灌贤的鼻子骂道："平时你把程不识将军贬得一钱不值，今天长辈向你敬酒，你连理也不理，却像个娘儿们似的在那里唠唠叨叨。"

灌贤被骂，还没等还嘴，田蚡先发作了。他说："程将军和李广将军都是东西两宫的卫尉。你在大众面前辱骂程将军，这不是连李将军也不放在眼里吗？"

灌夫骂的是灌贤，顶多是让程不识有点难堪。可田蚡却牵连上李广，这是因为李广是世家，威信高。田蚡故意挑拨，要让灌夫多得罪几个人。灌夫正在气头上，中了田蚡的圈套，涨红了脸，挺着脖子说："今天就是砍我的头，挖我的心，我也不怕，什么程将军、李将军的？他们又是什么东西！"

窦婴见灌夫上了当，大闹宴席，忙把灌夫拉出去，怕他再骂更多的人，事情闹大了不好收拾。田蚡则对宾客们说："这是我把灌夫惯坏了，以致得罪了诸位。今天非惩办他不可。"又吩咐手下人把灌夫拉了回来。

藉福挺敬重灌夫这个人，连忙代灌夫向田蚡道歉，让灌夫也认个错。可灌夫性情刚直，根本不肯向田蚡低头，还把强按着他的头的藉福推出老远。

田蚡勃然大怒，叫手下人把灌夫捆绑起来，暂时关押在丞相府里，自己给汉武帝上了一个奏本，弹劾灌夫说："臣奉了太后的旨意办酒席，招待宗室和官吏。灌夫当场骂座，这是不服太后，犯了大不敬的罪，应当诛族。"他不等汉武帝批示下来，就派人到各处将灌夫全家和族里的人全都逮来，关在监狱里。

窦婴和灌夫相交莫逆，花重金聘请说客去田蚡那儿求情，田蚡根本不松口。窦婴又给武帝上书替灌夫申诉。武帝看了窦婴的奏章，召他进宫询问详情。窦婴说："灌夫喝醉了酒，得罪了丞相，这确实是他的不对，可是并没有死罪。"武帝点点头，也觉着田蚡做得太过分，第二天召集大臣到东宫审问这件案子。窦婴列举了灌夫所做的许多好事，说他只是喝多了酒才得罪了丞相。现在丞相田蚡是用别的事情来诬陷灌夫，而且田蚡也有受贿谋反的不法行为。田蚡马上出来反驳，列举了灌夫的罪行，声称窦婴说他受贿谋反是诬陷他，更借题发挥说："现在天下平安无事，所以我确实在生活上追求享受，无非是喜欢声色犬马，喜欢买田置地，也有寻花问柳的不检点之举。我是不如魏其侯、灌夫两人正派。他们没搞这些，而是成天招聚天下豪杰壮士议论国政，心中诽谤朝廷，一心等天下有变好趁机而动。"

汉武帝见他们两人互相揭短，相互攻击，也分不清头绪，就向朝臣们说："你们看他们两人哪一个说得对？"

御史大夫韩安国第一个发言，说："灌夫替父报仇独闯叛军阵营，当时身上受伤几十处，还拼死杀败叛贼，名冠三军，在平定七国之乱中立了战功，是天下公认的壮士。这次因为喝醉了酒，引起纠纷，究竟是没有死罪。应就事论事，不能以别的过错来治他的罪，魏其侯说得对。丞相指出灌夫的罪过,认为他与奸猾之人联系密切,家累巨万,其家族在颍川横行霸道,践踏宗室,这就是说枝大于干,应该有所惩戒,所以丞相说的话也对,请圣上明断。"

韩安国好好先生一个,说出话来两边不得罪。其他人要么也像韩安国一样两边不得罪,要么就偏向当朝丞相。尤其内史郑当时,一开始也说窦婴的话不错,后来看到田蚡向他怒目而视,马上改口赞同田蚡的话。

武帝见郑当时首鼠两端,心中大怒,当时就骂道:"你平常倒总是谈论魏其侯和丞相的长短,今天大家廷议这事的时候,你倒像个跟在马车后面的小马驹一样,只顾低头在车辕下追随母马。你这样前言不搭后语、反反复复是什么意思?我真想把你砍了。"郑当时吓得差点没尿了裤子。

廷议没个结果,武帝也不相信自己的舅舅真的曾经帮外人惦记亲外甥的宝座,不知道该怎么办了,只好进宫向太后报告。王太后早已派人旁听廷议了,心中正在生闷气,看到武帝进来,就怒气冲冲地对武帝说:"我现在还活着呢,你就让别人这样欺负我弟弟。要是我死了,他还不成了人家刀下的肉了?难道你是个石头人吗?你就只知道听别人说什么,自己怎么就没个主意?"

由于王太后的威逼,汉武帝只好吩咐御史大夫把窦婴也关起来,下旨治灌夫与窦婴的罪。办理案子的官员见窦婴也被下狱,连忙向田蚡讨好,把灌夫定成死罪,还要把他全家灭门。其他官员也都不敢再给汉武帝上言劝说了。

窦婴听到这个消息很焦急。落到衙门里,他不找人,那些断案的就能把他屈打成招、伪作供词，除非到皇上跟前分辩才有活命的可能。考虑到这一点，窦婴只好托侄子向汉武帝上奏，说："先帝在世的时候，曾经给我一道诏书，说要是碰到特殊的事，允许我当面与皇上谈论。因此，我希望面见皇上，把这件事跟皇上说清楚。"这个奏章送到武帝手中，武帝就叫尚书查公文底档。皇上每发一道圣旨，宫里都有存档，以防止有人伪造。可尚书找了半天，回来告诉皇上没有找到这封诏书的底子，说藏在窦婴家里的诏书肯定是假的，窦婴犯有欺君之罪，应当砍头。窦婴哪里会闲着没事干伪造这么一份圣旨？可窦婴毕竟已经是下狱的人了，他的对头又是当今的太后和当朝的丞相，谁也不是傻子，敢翻出底档来说有这事。就算窦婴把田蚡扳倒了，他也扳不倒王太后。所以，那些官吏就只能胡说八道，说根本没这回事。汉武帝知道这些人是被田蚡收买，为了保全窦婴，就把窦婴"伪造"圣旨这事放下，先把灌夫杀了，并且诛全族。他希望王太后和田蚡能因此而满意，不再追究窦婴。

窦婴一开始听说灌夫被灭族，自己被弹劾，寻思着自己也没好了，与其挨一刀还不如自杀，留个全尸，就开始绝食。后来听说皇上并没杀他的意思，又觉得有希望了，开始重新吃饭。汉武帝不想杀窦婴，可田蚡却不能放过窦婴。正所谓斩草要除根，田蚡知道，万一窦婴出来了，肯定要和自己作对。他花了不少钱，雇人暗中造谣，说窦婴在狱中骂皇上是个无道昏君。这谣言很快就传到汉武帝耳朵里了。别管是昏君还是圣明天子，最忌讳的就是别人说他是昏君。汉武帝心说："好你个老东西！朕这里一心要保你的命，你反倒骂起我来了！"他也没问窦婴到底骂没骂他，直接下诏赐窦婴死罪。

当时正赶上农历冬天的最后一天，腊月三十，正好是除夕。要是过了除夕，那就是春天了。按照汉朝的法律，死刑只能在冬天执行。武帝那边刚下诏，按说处死前太皇太后的亲侄子这样一个贵族，怎么也得缓几天。可田蚡不敢等。过了三十就得等大半年了，万一赶上哪天皇上大赦天下，窦婴就不用死了。就算没大赦，汉朝为了敛财，也立下了可以交钱赎罪的规矩。窦婴家里把家产变卖了，怎么也能凑够让窦婴不死的钱。为了避免事情有变，田蚡赶在冬季的最后一天执行了窦婴的死刑，将其尸体暴露于市。

灌夫在田蚡的喜宴上指桑骂槐地大骂，这个事件被称作"灌夫骂座"。这是窦家和王太后家族势力的最后一次冲突，窦家从此败势。打这以后，整个西汉，姓窦的再没抬起头来。这次事件的最大受益者是田蚡。反对他的没了好下场，大臣们也开始对他俯首帖耳。武帝虽然不高兴，可有王太后撑腰，他也没办法把田蚡怎么样。外戚专权，这是西汉的一大特色，自始至终都没能杜绝，西汉也正是因此而灭亡，当然，这都是后话了。好在汉武帝不是糊涂虫，更令武帝庆幸的是田蚡是个短命鬼。独揽相权没几年，田蚡就见阎王去了。再后来，淮南王刘安谋反失败，汉武帝这才知道他那个死了多年的舅舅真的接受了刘安的贿赂，真的说过鼓励刘安竞争皇位的话。汉武帝这个恨，当时就说："要是田蚡那家伙今天还活着，朕一定灭他满门。"从这一点来说，田蚡死得早，倒是有福气了。

陈阿娇被废

汉武帝一心想向匈奴复仇，可他舅舅田蚡不争气，假公济私地到处瞎捣乱，打乱了武帝的计划。摁倒葫芦浮起瓢。刚把田蚡这边的事摆平，武帝以为这下可以好好想想匈奴的事了，没承想后宫又出了乱子。

前边提到过"金屋藏娇"的典故，汉武帝登上皇位后履行诺言，把表姐娶过门来封为皇后，馆陶公主刘嫖也遂了一大心愿。事情到这里本该皆大欢喜。皇后表姐相夫教子，掌管后宫，皇帝表弟号令天下，掌管朝政，夫唱妇随，不应该有差错。可陈阿娇这边出了问题。

在封建社会，皇上是最高统治者，除了父母，谁也不能对皇上指手画脚。尤其是后宫的后妃，对皇上就得千依百顺，有求必应。可陈阿娇是什么人？那是刘嫖和陈午的宝贝闺女。刘嫖是什么人？那是当年汉景帝最亲的姐姐。陈午是什么人？陈午是堂邑侯陈婴曾孙，陈婴本来和项羽同时起兵反秦，威望很高，有不少要人拥戴他称王，陈婴没同意，后来追随刘邦，成为开国元老。这满家子的人都是长安跺一脚天下乱晃悠的主。在家里，陈阿娇自幼过的是不看谁脸色的日子，是千人哄万人捧的小祖宗，只有别人伺候她，她何时伺候过别人。这一进宫当皇后，虽然依旧有宫女服侍，可她在别人面前是主子，在武帝面前就得低一等了。要陈阿娇去伺候皇上，她也根本不会伺候。更何况，刘彻能当上这个皇上，那是多亏了姑姑刘嫖在其中出力。面对表弟，陈阿娇就有点以恩人自居，很有优越感，总觉着汉武帝应该感恩，应该宠着她顺着她，反过来伺候她。本来自从刘彻当上皇帝就没一天痛快过，到了老婆屋里还得受老婆的气，汉武帝心里不痛快了。更何况，刘嫖因为册立武帝，也觉得自己对武帝有功，经常跟武帝要这要那。有个不称心的老婆，再有个不省事的丈母娘，武帝对陈阿娇就更没好感了。

虽然夫妻感情不和，可陈阿娇要是能给武帝生个一男半女的，母以子贵，也就没什么大事。可好几年过去了，陈阿娇的肚子一点动静都没有。既不小鸟依人，又不生育，时间久了，武帝看着陈阿娇就不怎么喜欢了，开始另寻新欢。

汉武帝有一个同母异父的亲姐姐，就是平阳公主。

平阳公主深通富贵之道，一向注意搞好和弟弟汉武帝的关系。她明白，别看以前两人是姐弟，现在弟弟是君，姐姐是臣。就算亲如姐弟，弟弟要是不高兴、不待见，自己这个做姐姐的也别想有好日子过。可要想把弟弟打点高兴了，那长公主刘嫖只手遮天的富贵就是榜样。那怎么讨弟弟高兴呢？英雄难过美人关。平阳公主找了十几个年轻貌美的女孩子，全养在家里，打扮得漂漂亮亮，随时准备让汉武帝来挑选。在即位的第二年，汉武帝在灞上参加完除灾求福的典礼，顺道就到姐姐家玩去了。这样的好机会平阳公主哪能放过？连忙隆重接待，顺便把那些美女领出来让汉武帝挑。平阳公主作为一个女人，选美女的眼力可能差点。她进献的这十几个美女，武帝一个也没看上。平阳公主又扫兴又尴尬，忙吩咐歌姬进来献歌，缓和一下尴尬局面。哪知道东方不亮西方亮，歌姬刚进来唱了两句，武帝一眼就看上了。当天，这个歌姬就在皇帝换衣的车中侍奉了汉武帝。那这个歌姬是谁呢？她就是卫子夫。

那么多美女武帝不喜欢，怎么就单单相中卫子夫了呢？

首先，平阳公主家的歌姬，模样肯定差不了，不可能找个长得丑的来唱。而作为歌女，嗓音肯定差不了，没见哪个王公贵族专门找个哑嗓子的来唱歌。光嗓子好也不行，作为一个歌女，得识音律，会舞蹈。公主家的歌姬可不是酒楼卖唱的，旁边做个拉胡琴的，自己站在那儿干唱。歌姬得能歌善舞才行。比起那些贵族女孩，出身卑贱的卫子夫长得好看，说话声音好听，能歌善舞，又不像陈阿娇那样不懂得伺候人，汉武帝能不喜欢吗？

再有就是，卫子夫的头发长得好。许多史书都说卫子夫是因为头发长得好而得到汉武帝的欣赏。这话可能有点夸张，但卫子夫头发漂亮是不容置疑的。连现在电视广告里代言女明星都老拿头发乌黑油亮说事，古时候能有一头好头发更难得，招人喜欢也就是难免的了。

武帝尝了回新鲜，很高兴，当场重赏平阳公主。平阳公主顺竿爬，说："皇上你要看这女孩子顺眼，干脆就把她带回去伺候你得了。"汉武帝当然同意。送卫子夫上车时，平阳公主拍着她的背说："你就跟皇上去吧，好好保重自己，争取赢得皇上的宠爱！哪天你富贵了，可别把我忘了!"

　　平阳公主以为卫子夫只要会来事,富贵那是马上就来了,自己也能分点汤喝喝。可她没想到,卫子夫在皇宫里待了一年多,竟然连汉武帝的面都没再见过一次,更不用说赢得皇上宠爱了。本来,平阳公主就把事情想得太好了。喜剧电影《唐伯虎点秋香》有一句台词说得好,"美女这种东西跟鲜花一样,需要有绿叶衬托才显得娇媚"。平阳公主家美人不多,皇帝后宫里美人可不少,原本拔尖出众的卫子夫扔进皇宫里就找不着了。过个十天半月,汉武帝早就把卫子夫忘了。而且,宫中制度森严,妃嫔自己跑去见皇上是不可以的,只有皇帝点了谁,谁才有见皇上的机会。卫子夫被汉武帝遗忘,也只能干着急没办法。

　　直到一年之后,汉武帝觉着宫里女人太多了,打算放一批回家。放之前他要挑选一下,不中意的放走,喜欢的还要留下再用。卫子夫这时才得到面见汉武帝的机会,当场哭得梨花带雨,说:"皇上您临幸妾身,将妾身带到宫中。妾身非常感激皇上的厚爱,本打算在宫中尽心伺候皇上。可妾身在宫中一年多了,连皇上的面都见不着,整天一个人吃饭一个人睡觉。皇上您要不喜欢我,还是让我回家吧。"卫子夫这一哭诉,汉武帝回忆起来了,自己也觉着临幸完人家把人家扔宫里不管了,太过意不去了。再看美人这一哭,脸上挂着泪珠,分外觉得好看,就动了怜香惜玉的心。他自从娶了陈阿娇,压根儿就没见过"梨花带雨"是什么样,现在看卫子夫这一闹小性,半是哀怨半是爱的,当然觉着心里边有一股说不出来的奇妙感觉。

　　也就是这一次见面之后,汉武帝再次临幸卫子夫。也不知道怎么那么巧，就这一次，卫子夫就有了身孕。武帝初次当爹，自是高兴。卫子夫自打怀孕，武帝对她更加宠爱。此消彼长，去临幸陈阿娇就更难得了。陈阿娇心里自然是醋意满满。

要是光这样也没什么要紧，可没想到卫子夫就那么好命，连着给汉武帝生了三女一男，汉武帝的长子刘据就是人家卫子夫生的。而陈阿娇的肚子一直不争气，连个丫头都没生过。既然卫子夫能生，那就说明汉武帝这边没问题，完全是陈阿娇自己的责任。当年汉景帝在位的时候，他的薄皇后就是因为不能生育被废的。现在轮到陈阿娇不能生育了，这皇后的位子也不稳了。陈阿娇着急，知道是自己有病，四处淘换药方。就为治这个不孕的病，她前后花了9000万贯，当时西汉政府一年的总收入才53亿贯。可见陈阿娇为自己的病是真急了。可钱花了不少，名医见了不少，药也吃了，肚子仍然没动静。

不过，馆陶长公主刘嫖毕竟还活着。要是仅仅夫妻不合又不能生育，汉武帝也未必会对陈阿娇绝情。可陈阿娇不是省油的灯，自己先闹腾起来了。卫子夫一个低贱女子得到皇帝宠爱，陈阿娇这个皇后受不了。她多次大吵大闹，寻死觅活，希望能逼汉武帝远离卫子夫，可她这种行为反而令汉武帝更加恼怒。一哭二闹三上吊，悍妇驯夫的手段都试了，对汉武帝不管用。她又想对卫子夫的弟弟下手，结果也没得逞。出于忌妒、怨恨、焦虑、无奈，陈阿娇就想用别的招了。古人迷信，相信巫术，认为能通过巫术害死自己的仇人。陈阿娇找来一个名叫楚服的巫师，让他用巫蛊诅咒卫子夫等得宠的嫔妃，想把她们咒死。没咒死别人不说，她做的这事还败露了。汉武帝派酷吏张汤严查此案，前后牵连300多人。最后，楚服枭首示众，陈阿娇也当即被废，

幽禁在长门宫里,算是打入了冷宫。从此,汉武帝再不见陈阿娇

在巫蛊案结案之后,刘嫖就意识到女儿这回要完蛋了,轻了被废,重则赐死。她急忙跑去向汉武帝道歉,希望能够挽回。汉武帝当时就对自己的丈母娘说:"皇后做事太出格,不废不行了。姑姑你不要太伤心。皇后虽被废,但朕可以保证她的生活水平和原来一样,不会降格。"没两天,陈阿娇就真被废了。刘嫖不敢跟皇上分辩,可心里终究是不服气,曾经跟平阳公主说:"如果没有我帮忙,皇上当年就不可能被立为太子。现在皇上就这么把我闺女甩了,太忘恩负义了!"平阳公主自然向着弟弟,两句话就把刘嫖顶回去了:"阿娇不能生育,再做皇后肯定遭人议论。要不是她不能生育,皇上也不能废她啊!"刘嫖听了差点没背过气去,可人家说得在理。古人重视子嗣,皇后是天下妇女的楷模,做皇后的都不能生育,不废也说不过去。

西汉著名文学家建功西南

提起司马相如这个人,那可是历史上大名鼎鼎的人物。他的出名,很大程度上是因为他做出了许多传世文章,更重要的是他与卓文君之间的故事。

司马相如是汉武帝时期一位大文豪家,与史学家司马迁并称为"文章西汉两司马"。

司马相如字长卿,小名叫"犬子"。等长大后,因为仰慕历史名人蔺相如,司马长卿给自己更名为司马相如。

因为家里边还有一些钱财,司马相如当上了郎官,郎官就是皇帝的侍从。汉代的郎官都是在贵族子弟中选拔的优秀人才,说是在皇帝身边做侍卫,实际上是学习做官,增加阅历,一般经过一段时间的历练,会被任命正式的行政职位。像曹操、袁绍都是做郎官出身。汉承秦制,规定家中有钱的人就可以做郎官,汉初曾以10万为起点,到了景帝朝改为4万为起点。有钱的人就"衣食足而知礼仪",也备得起官服。

司马相如刚出道的时候，担任汉景帝的武骑常侍，也就是骑兵侍卫。对这个职业他本人并不喜欢。他喜爱的是写赋，但汉景帝偏偏不喜欢赋。

后来，梁王刘武带着邹阳、枚乘、庄忌等人面圣，司马相如和这几位辞赋高手志趣相投，于是以有病为由辞官，随刘武到了梁国。刘武对文人挺看重，给司马相如与邹阳等人一样的待遇。司马相如过得很舒心，也就是在这一时期创作了著名的《子虚赋》，名声大震。

好景不长，公元前144年（景帝中元六年），为了皇位上蹿下跳的刘武死了，门客各奔东西。司马相如也离开梁地，回到家乡成都。这段时期，也不知道司马相如是怎么折腾的，家底都差不多折腾光了，由富家子变成了穷人。而司马相如作为一个文人，手不能提，肩不能担，没有谋生的手段。

这时候，跟司马相如相交莫逆的临邛（今四川邛崃）县令王吉把司马相如请到临邛，安顿在县城的宾馆（都亭）里，算是没让司马相如饿死。而司马相如的命运也从此改变了。

临邛县令王吉安置好司马相如之后，故意装出一副谦恭的姿态，天天到宾馆来看望司马相如。司马相如开始还每天接待王吉，后来就一律谢绝，而司马相如越是谢绝，王吉越是恭敬，照样天天来访。这两人早密谋好了要演一出戏给人看。

给什么人看呢？原来，临邛县有两位大富豪，一位名叫卓王孙，一位名叫程郑，都是家财万贯的大富豪。卓王孙家中的奴仆有800多人，程郑略逊一筹，家中也有数百奴仆。这两位大款听说王县令天天去宾馆看望一位贵客，还屡屡碰壁，就好奇了，想见识一下什么人这么大面子。他们送出请帖，说："既然是县令的贵客，我们也应该表示一下。为此，我们备下一桌薄酒素菜，想款待贵客，请王县令也来赴宴。"

到了宴请这一天，王县令早早来到卓王孙家。此时，上百位宾客已经入席，等到中午司马相如也没来，卓王孙就派人去请，但司马相如推说有病不能赴宴。王县令一听司马相如不来，菜都不敢吃一口，装模作样地说："看来得我亲自走一趟！"立即登门去请。没一会儿，司马相如跟着王县令来了。别看司马相如穷了，可风采非同一般，长得也相貌堂堂，整个临邛的上流社会都震动了，卓王孙更是一见倾心。

酒宴进行到高潮时，王县令把一张琴恭恭敬敬送到司马相如面前，说："听说长卿的琴弹得非常好，希望能给我们这些俗人露一手，以助酒兴。"司马相如假意再三推辞，装作迫不得已的样子顺手弹了两支曲子。

卓王孙有一宝贝女儿叫卓文君，刚刚守寡，回到娘家暂住。卓文君非常喜欢音乐，尤其精通琴瑟。卓文君躲在一边看见司马相如的风流倜傥，内心已经十二分仰慕，现在又听司马相如琴弹得这么好，直听得如醉如痴，芳心暗许。

酒宴结束之后，司马相如又买通了卓文君的侍女，得以与卓文君幽会。卓文君彻底陷入了情网，不能自拔，竟然连夜从家中出逃，要跟司马相如私奔。司马相如自然是很快接纳，当夜带卓文君离开临邛，回到成都家中。

到了成都，卓文君才发现司马相如家中一贫如洗，家徒四壁。而恰在此时，卓王孙已经知道自己的女儿与司马相如私奔，气急败坏，声称女儿败坏门风，自己一文钱都不会给她！

卓文君倒也没嫌弃司马相如穷，但是两个年轻人很快感受到生活的艰辛与窘迫。卓文君自幼长于豪门，富日子过惯了，自然受不了穷。她对司马相如说："假如你愿意和我一块儿回临邛，咱们可以向我的亲戚借点钱，足以维持生活，何苦在这儿受穷呢？"司马相如欣然同意。

回到临邛后，并没有借到多少钱。司马相如和卓文君生活艰难——大概是卓王孙不许亲戚们借钱给卓文君。没办法，卓文君只好拿自己的高档皮衣去当一点酒，两个人对坐着喝闷酒。喝完酒，卓文君抱着司马相如的脖子就哭，说："我从来过的都是富贵日子，现在却到了用裘皮大衣换酒的地步。"

靠当东西过日子也不是办法，司马相如和卓文君商量之后，变卖家当，在临邛买了一处房子，开了个小酒馆。他让卓文君亲自站在前台卖酒，自己系着大围裙和伙计们一块儿洗碗。

卓王孙那是全国排得上号的大富翁，他的千金竟然回临邛开酒吧，还亲自在前台卖酒；女婿竟然和佣人一样打杂，实在让卓王孙感到丢人现眼，连门都不好意思出了。

卓王孙又羞又恼，闭门不出。文君的兄弟和长辈们觉得这样也不是办法，纷纷从中斡旋，劝道："卓王孙啊，你只有一个儿子两个女儿，家中又不缺钱。文君已经跟了司马相如，生米已然煮成熟饭，无法挽回了。我们看那司马相如也算个人才，并非无能之辈，文君完全可以托付终身，更何况他还是王县令的座上宾，你又何必不依不饶呢？"

卓王孙想了想，也觉得不能这样下去，只好分给文君100名僮仆，100万钱，还配送了一大笔嫁妆。得了钱财，司马相如和卓文君立即关闭酒店，打道回府，买田置地，富甲一方。

后来，喜欢汉赋的武帝即位，偶然间读到了《子虚赋》，非常赞赏，认为这是天下难得的好文章，忍不住感叹道："唉！太可惜了，要是作此赋的人与朕同世就好了，朕就可以虚心请教了！"他以为司马相如是古人呢。当时宫中有个专门负责养狗的太监叫杨得意，也是成都人，而且跟司马相如认识。他听汉武帝如此欣赏司马相如的才华，立即举荐。汉武帝得知司马相如还活着，大喜过望，立即传旨召见。司马相如来到京城以后，又专为武帝写了篇《上林赋》，武帝读了赞叹不已，立即拜司马相如为郎。

司马相如再次为郎官，与前次大不相同，这一次，他成了皇上眼前的红人。据说，陈阿娇皇后被贬至长门宫后，终日以泪洗面，对如何能重新得到皇上宠幸费尽心思。想来想去，深知武帝喜欢汉赋的陈阿娇决定请司马相如帮忙。她让一个心腹内监携重金向司马相如请求得代做一篇赋，书写自己深居长门的闺怨。司马相如挥毫落墨，落笔千言。写了一篇《长门赋》，诉说一名深宫永巷女子的愁闷悲思，写得委婉凄楚。这篇赋是这样写的：

夫何一佳人兮，步逍遥以自虞。魂逾佚而不反兮，形枯槁而独居。言我朝往而暮来兮，饮食乐而忘人。心慊移而不省故兮，交得意而相亲。

伊予志之慢愚兮，怀贞悫之懽心。愿赐问而自进兮，得尚君之玉音。奉虚言而望诚兮，期城南之离宫。修薄具而自设兮，君曾不肯乎幸临。廓独潜而专精兮，天漂漂而疾风。登兰台而遥望兮，神怳怳而外淫。浮云郁而四塞兮，天窈窈而昼阴。雷殷殷而响起兮，声象君之车音。飘风回而起闺兮，举帷幄之襜襜。桂树交而相纷兮，芳酷烈之闾闾。孔雀集而相存兮，玄猿啸而长吟。翡翠胁翼而来萃兮，鸾凤翔而北南。

心凭噫而不舒兮，邪气壮而攻中。下兰台而周览兮，步从容于深宫。正殿块以造天兮，郁并起而穹崇。间徙倚于东厢兮，观夫靡靡而无穷。挤玉户以撼金铺兮，声噌吰而似钟音。

刻木兰以为榱兮，饰文杏以为梁。罗丰茸之游树兮，离楼梧而相撑。施瑰木之欂栌兮，委参差以槺梁。时仿佛以物类兮，象积石之将将。五色炫以相曜兮，烂耀耀而成光。致错石之瓴甓兮，象玳瑁之文章。张罗绮之幔帷兮，垂楚组之连纲。

抚柱楣以从容兮，览曲台之央央。白鹤嗷以哀号兮，孤雌跱于枯肠。日黄昏而望绝兮，怅独托于空堂。悬明月以自照兮，徂清夜于洞房。援雅琴以变调兮，奏愁思之不可长。案流徵以却转兮，声幼眇而复扬。贯历览其中操兮，意慷慨而自卬。左右悲而垂泪兮，涕流离而从横。舒息悒而增欷兮，蹝履起而彷徨。揄长袂以自翳兮，数昔日之𠎤殃。无面目之可显兮，遂颓思而就床。抟芬若以为枕兮，席荃兰而茝香。

忽寝寐而梦想兮，魄若君之在旁。惕寤觉而无见兮，魂迋迋若有亡。众鸡鸣而愁予兮，起视月之精光。观众星之行列兮，毕昴出于东方。望中庭之蔼蔼兮,若季秋之降霜。夜曼曼其若岁兮,怀郁郁其不可再更。澹偃蹇而待曙兮,荒亭亭而复明。妾人窃自悲兮,究年岁而不敢忘。

陈阿娇得了这篇赋,命宫人日日背诵,希望能被武帝听到,从而回心转意。但不知道是武帝没有听到还是武帝对陈阿娇已经绝情,陈阿娇最终也没能再见到武帝。尽管如此,陈阿娇重金求司马相如写赋,从侧面证明了司马相如文采出众,也说明武帝对司马相如至为欣赏。

司马相如成了红人之后,曾有抛弃卓文君的想法,给卓文君写了一页无字信。卓文君很聪明,接信之后立即明白了司马相如的意思,当即回了一首诗:

一别之后,二地相悬,只说是三四月,又谁知五六年,七弦琴无心弹,八行书无可传,九连环从中折断,十里长亭望眼欲穿,百思想,千系念,万般无奈把君怨。

万语千言说不完,百无聊赖十依栏,重九登高看孤雁,八月中秋月圆人不圆,七月半烧香秉烛问苍天,六月伏天人人摇扇我心寒。五月石榴如火偏遇阵阵冷雨浇花端,四月枇杷未黄我欲对镜心意乱。忽匆匆,三月桃花随水转。飘零零,二月风筝线儿断,

噫!郎呀郎,巴不得下世你为女来我为男。

司马相如接信之后,惭愧不已,从此断了此念头,与卓文君白头

偕老。

武帝即位之初，为了对匈奴开战，打算先把西南平定。围绕着内地巴郡和蜀郡的外圈，即在今天的四川县西部、南部，贵州、云南分布着数以百计的少数民族大大小小的部落，秦汉时称为西南夷。

最早在公元前135年（建元六年）秋天，汉武帝就开始和西南夷打起了交道。他派王恢出击东越取胜以后，派番阳令唐蒙沟通南越国。

在南越国的招待宴会上，唐蒙很奇怪地发现食物中有一种蜀郡出产的枸酱。唐蒙就问左右陪宴的南越官员怎么弄来的。对方回答说："是通过牂柯江用船运来的。牂柯江很宽，一直流到番禺城下。"

唐蒙心想，牂柯江西达黔中，距南越不下千里，往来运输谈何容易？所以唐蒙虽从南越官员口中知道枸酱的出处，但尚半信半疑。

唐蒙完成使命回到长安之后，又访问蜀中来的商人。蜀商回答说："枸酱出自蜀地，并非出自黔中，不过当地土人贪利，往往偷带此物，卖与夜郎国人。夜郎是黔中小国，地临牂柯江，常与南越交往，由江上往来，所以枸酱才会在南越出现。现在南越屡出财物，要羁縻夜郎，让他们成为役属，不过要他甘心臣服，也不是件容易的事。"

唐蒙听了蜀商的话，茅塞顿开，他心中形成了一个大胆的冒险计划。唐蒙把自己的主意写成一个奏章递入宫中。

汉武帝看到唐蒙的奏章上写着："南越王黄屋左纛，僭用天子之制，占地东西达万余里，名为外臣，实际上是一方之主。要是圣上直接进取南越，必须经过长沙成豫章（今江西的南昌），水道多而且路途艰险，士兵们跋涉艰难。而夜郎国有精兵十万之众，可以为我所用。再乘坐战船，顺牂柯江而下，汉兵就犹如从天而降，这样可以出其不意，直捣南越的心脏地区，这是制伏南越的一支奇兵。以汉朝的强大，巴蜀郡的富饶，先开凿出一条通往夜郎国的通路，设置官吏治理，则向南攻取南越，就不是什么难事了，谨此上闻。"

汉武帝把奏章看了几遍，马上批准了唐蒙的方案。汉武帝擢升唐蒙为中郎将，拨给他随从千人，运送粮食、辎重达万余人，从汉朝西南边塞——巴郡的笮关（今四川省合江县南）出发，深入蛮荒，很快沟通了西南夷。汉武帝听了唐蒙的报告，心中大喜，又令唐蒙再度出使，前去负责修建联系西南夷和中原的道路，唐蒙征发巴蜀两郡的民夫，先筑到牂柯江的道路。劳工数万人投入山丛，劳累和瘟疫夺去了许多人的生命。其他人不堪折磨，大批逃亡。

唐蒙用军法约束劳工，不让他们稍得休息，逃亡者抓住后即行诛杀。对于一些部落的人逃亡，就诛杀他们的酋长。地方百姓大为惶惑，于是谣言四起，局势动荡。

汉武帝得到报告，不得不另派合适的人选前去宣抚。汉武帝自思司马相如本是蜀郡人，应该熟悉地方情形，今派他出抚南夷，较为妥当。汉武帝主意已定，便令司马相如即刻赴蜀，一面责备唐蒙，一面慰谕人民。

司马相如领令不敢怠慢，疾驰至蜀郡，凭着他那支生花妙笔，作了一篇檄文，晓谕各处人众，果然得到了各方谅解，纷乱的谣言都消失了，人心也安定下来。

正好西夷各部落听说南夷内附之后，得到了不少的赏赐，心中企羡，也情愿仿照南夷方式，归属汉朝，他们当即与蜀中官吏联络，表明了他们归附的诚意。蜀中官吏自然派人将此事奏闻给汉武帝。

汉武帝对西夷了解不多，正准备派使者去调查情况，正好司马相如由蜀地回朝，汉武帝就召见司马相如，询问西夷的情况。司马相如奏对说："西夷比如邛筰，与蜀郡相当接近，道路也比较平坦，秦王朝时，曾在那里设立过郡县，汉王朝初兴时才撤退。今日如果能再纳入版图，设置郡县机构，要比管辖南夷方便多了。"汉武帝听了司马相如的话，心中大喜。当即拜司马相如为中郎将，持节出使，令王然于、壶充国、吕越人为副使，分乘驿车四辆，前往招抚西夷。

此次司马相如再度赴蜀，与前次情形大不相同，前次官职尚卑，又非朝廷特派的正使，所以地方官员虽曾迎送，不过照例办事。到这次出使，司马相如出尽风头，前导后呼，旌旗高扬，声威赫赫，冠冕堂皇。

司马相如一入蜀郡，太守以下，都出郊远迎。县令身背弩矢，作为前驱。道路两边观看的士女，无不叹美，啧啧之声响成一片。

司马相如进到西夷境内，也是照着唐蒙的老办法，把车中随带的以及从巴蜀两郡动用的财物，使人分给西夷各小国。邛筰等小国，也就奉表称臣了。

这样，汉朝的领土也扩大到西夷地区，汉武帝下令废除边塞，开放关卡。疆界一直向西推展到沫水（今青衣江）和若水（今雅砻江），南到柯郡（今贵州省黄平县）郡界，设立了栅栏，又开凿了灵关山筑路，在孙水上搭桥，道路一直通到邛都（今四川省西昌）。

汉朝还加强了对西夷的行政统治，其地设置了十余个县和一个都尉，把整个地区划归蜀郡管辖。至此，初通西夷，遂了汉武帝的心愿。

从此，司马相如深入西南各少数民族地区，与当时的少数民族部落广泛交往，排除关隘，促进了中原地区与西南边区的经济联系和文化往来，取得了诸多成就。他致力于四川边区少数民族与中原地区的和睦相处，并加强同经济文化交流所取得的成绩，意义重大，影响深远，其历史影响不亚于其著名的文学创作。

会稽愚妇轻买臣，不知并非蓬蒿人

前文提到。自司马相如赴蜀后，汉朝加强了西南夷的统治，划蜀归郡，取得了很多成就。然而并非一帆风顺。公元前126年（元朔三年）冬天，蜀都的长老上书汉武帝，认为通西南夷没有什么好处，纯属劳民伤财。

朝廷中也出现了反对派，御史大夫公孙弘等人都认为西南与苍海、朔方等处都是无用之地，主张停止继续投入人力、物力，全部停止筑城等。

为了统一思想，汉武帝令朱买臣和公孙弘辩论。

朱买臣原本只是一介穷儒。关于他，有些有趣的故事。

他自己性好读书，不置产业，蹉跎到40多岁，还是一落拓儒生，食贫居贱，困顿无聊。家中有一妻崔氏，家里穷困潦倒，只好同入山中砍柴出售为生。

一天，两人同去市中卖柴，朱买臣口中咿唔背书；崔氏觉得烦闷，就让他不要念了。朱买臣偏是越读越响，甚至如唱歌一般，提起嗓子，响彻市中。

崔氏觉得朱买臣呆头呆脑,家里又经常上顿不接下顿,跟他还有什么盼头呢?她索性大哭大闹,要求离婚。朱买臣说:"看相的说我50岁一定能富贵,你就再熬几年吧。"崔氏冷笑一声说:"别再提富贵了。我求你行行好,放了我吧。"

朱买臣看崔氏固执不返,成天吵闹,就写了休书。崔氏一点不留恋,收拾一下衣物,扬长而去。

朱买臣年近五十的时候,到长安上书,多日不见着落。幸亏他同乡严助,这才时来运转。严助顾全乡谊,把朱买臣推荐给汉武帝。汉武帝召见了朱买臣,当面询问他的学术水平。朱买臣说《春秋》、言《楚辞》,才学令汉武帝很满意,被拜为中大夫,与严助同侍禁中。

后来,朱买臣又因过失而丢官。汉武帝为了解决东越问题,先是派严助前去处理,担任会稽太守一职,谁知没有见效,汉武帝把他调回。汉武帝想到朱买臣是吴地人,就再次起用,让他代任会稽太守。

朱买臣受命辞行,汉武帝笑着对他说道:"富贵不归故乡,如同衣锦夜行,现在你可以说是衣锦还乡了。"朱买臣顿首拜谢汉武帝再授官职的大恩。

朱买臣做了会稽太守,故意穿上一身旧衣,步行前往邸中。

邸中方置酒高会,酣饮狂呼,没人理睬朱买臣。朱买臣低头走入内室,怀中露出绶带随风飘扬。有人觉得奇怪,就走到朱买臣身旁,引绶出怀,细认绶上悬挂官印上的篆文,却是会稽郡太守大印。那人慌忙大呼小叫起来,急忙报告守邸郡丞,一同整整衣冠,小跑到院子里排成两行侍立,再由郡丞入室内请朱太守出来受拜谒。

朱买臣慢慢踱出房来。这些人担心酒后失仪，都特别谨慎，一看新太守出来，马上都拜伏在地。朱买臣才还上了他们一个半礼。等到这些人从地上慢慢爬起来时，外面进来一辆四马高车，是迎接朱买臣赴任的，朱买臣别了众人，登车离去，有几个人想乘势趋炎附势，奉迎而来，愿意随朱买臣到会稽郡去，被朱买臣一口回绝，碰了一鼻子灰。

朱买臣的车马进入吴境，吏民夹道欢迎，一起聚集在大道的两边。他们少见多怪，心想看看新太守的丰仪，果然场面盛极一时。

朱买臣从人群中一眼看到了前妻也站立在道旁，不由念起旧情，便令左右唤她过来相见。此时那故妻崔氏又羞又悔，呆若木鸡。还是朱买臣和颜悦色地询问，她才说出一两句来，原来崔氏的后夫正充郡中工役，修治道路，朱买臣讲明情况，也叫他前来相见。叫他和崔氏一起坐上后面的车子，一同驰入郡衙。

朱买臣腾出后园房屋，让崔氏夫妇居住，供给他们衣食，又遍召故人赴宴，所有从前助惠的亲友，无不得到了报答，乡里人都称朱买臣有情有义。崔氏追悔不迭，虽然衣食不亏，但到底是寄人篱下。她看见朱买臣已另娶妻室，享受现成富贵，自己曾多年吃苦，只为了一时气愤竟将荣华富贵白白送给他人，心中不甘，觉得苦闷，无处可遣，就趁后夫外出时悬梁自尽，解除了心灵上的痛苦。

后来，朱买臣因事犯罪而被免职，再度陷入了生计困顿之中，不得不常常跟随着会稽守在京师邸舍的看守人，寄住在他那里蹭饭吃，不得不时时遭受旁人的世俗冷眼。此时朱买臣应该说陷入了人生的最低谷了。好在东越王作乱，他上书言谏平息叛乱，正好派上了用场，官拜会稽郡太守,又在平叛中因功升授主爵都尉,位列九卿。所以晚来为官而后又致高位,充满了强烈的戏剧色彩。

再说这次朱买臣与公孙弘辩论,朱买臣极言置朔方郡之利,列举了十多条理由,驳倒了公孙弘。公孙弘嘴上虽做出了让步,说:"我是山东的乡鄙之人,见识短浅,实在不知道设朔方郡的好处,经众位陈明其利害关系,我已明白了。敬望朝廷停止经营西南夷与沧海郡,专力经营朔方郡。"但他心中并不完全放弃自己的主张,采用以退为进的方法,说:"是不是可以撤销沧海郡,停止向西南夷的扩张而全力经营朔方郡呢?"最后,两人都做出了妥协,汉武帝同意了他们各自的建议。

数年后,朱买臣因犯法被免官。后来又调任丞相长史。由于御史大夫张汤任廷尉时曾处理淮南狱,排挤、诬陷严助,朱买臣怀念朋友,怨恨张汤,向汉武帝告了张汤的状,张汤自杀,朱买臣也因诬告罪被杀了。

第三章
驱逐匈奴,西汉实现了
前所未有的成功

这一次，卫青竟然打到龙城，攻入匈奴的王廷，对于匈奴来说是一个让他们十分不安的信号：原本安全的匈奴腹地，今后也可能经常有汉军光顾，整个匈奴领地再也没有安全可言。再者，这次小胜也增强了汉人的自信。西汉主动出击匈奴的大规模军事行动获得了一场胜利，这还是头一次。汉朝上下开始意识到匈奴并非不可战胜。

小舅子不是等闲人

田蚡死了，陈阿娇也废了，这些惹是生非的家伙都没有了，汉武帝总算可以把主要精力放在对付匈奴上了。

要打匈奴，钱粮没问题，几代皇上给武帝攒下了殷实的家底；军队没问题，多少年的休养生息，汉武帝时已经有足够多的人口，可以让他动辄征召几十万大军。可是，他手里没有合适的将领。

汉武帝不缺猛将，前边在"灌夫骂座"事件中提到的李广、程不识，都是万人不敌的猛将，其他将领虽然不如李、程，可打仗也是把好手。关键问题是，光有将不行，还要有帅。高祖刘邦打项羽还得有个韩信；景帝平七国之乱还要有个周亚夫，汉武帝打匈奴就缺个韩信、周亚夫那样的能统筹全局、有勇有谋的将军。

西汉不缺人才，关键是怎么才能找到这样的人才。这种人还得跟汉武帝一心，不会威高震主，借机拥兵自重。

很幸运，汉武帝很快找到了这样的人才——卫子夫的弟弟卫青。

说道卫青，先要说一说卫家。卫子夫一家的身份，原本是非常低贱的。从卫子夫的父母开始，就是平阳公主家的奴仆。卫子夫的父亲，当然是姓卫，但名字叫什么，谁也不知道；卫子夫的母亲更惨，连姓也没留下来——奴仆不需要有名字。没名没姓没法称呼，人们就管卫子夫的母亲叫卫媪。媪，就是指年老的妇女。用文雅的话说，卫媪就是"卫老太太"，要换成《红楼梦》里的常用称呼，那就是"卫家的"。

卫媪生了二男三女，长子卫长君，次子卫步广；长女卫君孺、次女卫少儿、三女卫子夫。这里边没卫青什么事。不过卫子夫的爸爸死得早。成了寡妇的卫媪仍然在平阳侯家中做仆人，一来二去，就跟同在平阳公主家做事的县吏郑季好上了。卫媪怀孕了，又生了个男孩。这就是卫青。当然，刚生下来时应该叫郑青。卫媪是一个寡妇，实在没能力供养郑青，就把郑青送到他亲生父亲郑季家里了。郑季家里有老婆，郑夫人看这个私生子不顺眼，让他像自己的仆人一样到山上放羊。郑季的其他几个儿子更不把卫青当兄弟看，只当是家里多个仆人，呼来喝去的。

在这样的环境下生活，郑青过得很不开心，很自卑。有一次，他偶然到甘泉宫，遇到一个受过刑的人。那人说自己懂得相面，非要给郑青算一卦。一番掐算，那人郑重其事地说："你将来必定大富大贵，可以封侯。"郑青听了觉得简直是无稽之谈，淡淡一笑，说："我这样一个家奴生的孩子，不挨打就不错了，怎么有可能封侯呢？"从此可看出，郑青对自己的未来很绝望。

长大后，郑青实在忍无可忍，不愿再待在郑家受气，就回来跟母亲过。长大后的郑青，别看出身低贱，长得可是仪表堂堂。平阳公主偶然看到郑青，非常喜欢这个帅哥，就让他做了自己的骑奴（以奴隶身份充当骑兵侍从）。每当公主出行，郑青就骑马相随。宰相门人四品官，在公主手下做骑奴，自然比在郑季家里当儿子的日子好过多。聪明好学的郑青借这个机会渐渐学到了一些文化知识，也懂得了一些上层阶级的礼节，骑术和武艺也越来越精湛。他怨恨郑家对他没半点情分，索性跟哥哥姐姐们一样姓卫，完全与郑家断绝关系。

要是就一直这样下去，卫青顶多能当上平阳公主家的老管家。可运气说来就来了，卫媪的小女儿卫子夫被汉武帝临幸了，更在一年之后生了儿子，越来越受汉武帝宠爱。汉武帝哪能让小舅子还做骑奴？交了好运的卫青立马被调到建章宫做卫士去了。

卫子夫那时刚受宠，陈阿娇看着吃醋，就想杀卫青解气。她秘密派人把卫青抓起来关进大牢，准备找机会下手杀掉。一个小小的侍卫不见了，汉武帝自然很难察觉。也是卫青命不该绝。他有个好哥们儿叫公孙敖，是义渠（秦国西北最大的一支少数民族）人，为人很仗义。公孙敖当时是汉武帝的骑郎（骑兵侍从）。卫青入宫做侍卫之后，两人年龄相仿，互相对脾气，一来二去成了莫逆之交。他发现卫青不见了，就四处打探，被他打探出了详情。公孙敖也真是胆子大，带着几个壮士直接冲进囚禁密室，把卫青抢出来，然后将事情跟汉武帝说了。汉武帝仔细调查，知道是陈阿娇捣的鬼，索性把卫青提拔为建章监（建章宫的管理者），并加封侍中（皇帝的侍从），以方便保护卫青。卫青也是个乖巧人，能忍辱负重，被救出来后对这件事只字不提，赢得了汉武帝的好感。

卫子夫得宠之后，不仅卫青受益，卫家全家都跟着沾了光。卫青的哥哥卫步广获赐千金，卫青的同母姐姐在汉武帝的主持下都嫁了好人家：大姐卫君孺嫁给了太仆公孙贺，二姐卫少儿曾与刘邦在位时的谋士陈平的曾孙陈掌私通，武帝就赏赐、提拔了陈掌；卫子夫被升为"夫人"（嫔妃的一级），卫青升为太中大夫，后又封为车骑将军。连公孙敖都因为营救卫青有功，屡次得到升赏。

陈阿娇被打入冷宫之后，卫子夫更是万千宠爱在一身，卫青因此更得汉武帝的信任和重用。卫青靠裙带关系改变了命运，这是不争的事实。但也必须承认，卫青的名声不是靠攀裙角得来的。他是个真正有本事的人。《红楼梦》里贾雨村有句诗说得好："玉在椟中求善价，钗于奁内待时飞。"翻译成俗话，那就是"是金子到哪儿都会发光"。只要能让卫青抓到机会，他的能力也就自然会展现出来。

公元前129年（元光六年），匈奴入侵上谷郡（今河北张家口市），报复此前汉武帝针对匈奴的马邑之谋。为了挽回马邑徒劳无功的恶劣影响，同时也为了打击匈奴的疯狂报复，汉武帝亲自部署，命车骑将军卫青、骑将军公孙敖、轻车将军公孙贺、骁骑将军李广各率1万骑兵，分别从上谷、代郡（故治在今山西大同县东）、云中（治所在今内蒙古托克托东北）、雁门（郡治在今山西右玉县南）出击，攻打匈奴。这是汉武帝一生之中第二次主动出击匈奴。

这一次出兵，公孙贺一无所得，损失了7000骑兵，李广几乎全军覆灭，自己还差点成了俘虏。公孙敖、李广两人交了赎金，才免了罪，被废为庶人。唯独卫青，首次带兵就直捣龙城（匈奴祭扫天地祖先的地方），斩首700人，取得了汉武朝对匈奴的第一场胜利。

卫青是外戚不假，可他是有才能的外戚。西汉一代不少外戚都得到过重用，但是，有些纯粹就是因为自己是皇亲国戚而受封赏，自身并无真本事。如王信是武帝母亲王美人的哥哥,被景帝封为盖侯;田蚡、田胜是王美人同母异父的弟弟,分别被封为武安侯、周阳侯。这几个人实际上并没有出类拔萃的才能。卫青不一样,有着常人难及的真本事。战争毕竟是战争,如何调兵遣将,如何进攻防守,如何整体协调……非帅才不能胜任。龙城大捷,证明了卫青的战略眼光和军事才能。

这次胜利意义非常重大。虽然斩首 700 人的战绩看似并不辉煌,但首先对匈奴人是个极大的震撼。以前,汉匈之间虽然多次冲突,但都是在汉朝边境交战,汉军从来没深入到匈奴腹地。这一次,卫青竟然打到龙城,攻入匈奴的王廷,对于匈奴来说是一个让他们十分不安的信号:原本安全的匈奴腹地,今后也可能经常有汉军光顾,整个匈奴领地再也没有安全可言。再者,这次小胜也增强了汉人的自信。西汉主动出击匈奴的大规模军事行动获得了第一次胜利。汉朝从上到下意识到匈奴并非完全不可战胜。

汉武帝很高兴,立即封卫青为关内侯(有食邑无封国的侯爵,属于汉代军功爵制的第二等)。从此以后,卫青屡战屡胜,平步青云,封侯拜将。

整治豪强，布衣游侠终于落马

汉武帝时，随着封建制度的发展，地主阶级中出现了一些豪强。这些人宗族强大，很有势力，既欺压百姓，也违抗法度。济南瞷(jiàn)氏、颍川灌氏，都是西汉前期著名的豪强大族。

豪强、游侠的存在，对打算安定国内以便与匈奴开战的西汉来说是一个隐患。

同时，还有一些游侠以侠义相标榜，喜欢救济穷困，助人脱难，因此得到了民心的支持，具有很大影响力，甚至可以影响州府的官吏，可以与公侯结交。朱家、剧孟、郭解就是汉初著名的游侠。游侠们暗地里也经常干些打家劫舍、报复杀人的勾当，对法度的破坏同豪强不相上下，有些游侠本身就是豪强。

为了打击不法的豪强游侠，汉武帝颁布诏令，强行将身家达到一定程度的豪强迁徙到其他地方，以瓦解豪强的势力。同时，武帝还专门委任酷吏进行整治。前面提到的逼死废太子刘荣的郅都就是历史上有名的酷吏。他在做济南"市长"的时候，就除掉了瞷氏一族；有个叫宁成的中尉虚心向郅都学习，也是大开杀戒，宗室豪杰谈之色变。这两人的活动，就是汉武帝打击豪强游侠的先声。

在汉武帝打击豪强游侠的行动中，对郭解的处理是最具影响力和代表性的。

郭解是河内轵县（今济源市轵城镇）人。他的外祖父是名声很大的算命先生许负。他的父亲也是个游侠，在孝文帝时因为行侠犯法被砍了脑袋。

郭解人长得其貌不扬，个头不高，相貌普通，但生性胆大、沉着。年轻时的郭解心狠手辣，是个杀过人的亡命徒。他不仅常常给别人当杀手，也兼营收留逃犯、鸡鸣狗盗、铸钱盗冢的"买卖"。后来，也不知道受了什么刺激，许是"生意"做得好，积攒了些家底，郭解突然改头换面，开始以德报怨，并且做了不少善事。

郭解有个外甥，在跟别人喝酒时，仗着郭解的势力欺负人，总爱强行给别人灌酒。有个被灌酒的人一怒之下把郭解的外甥杀死了。郭解的姐姐找到郭解，让他给外甥报仇，郭解却觉得事情真相不明，不能随便杀人。郭解的姐姐一气之下把儿子陈尸街头，借此羞辱郭解。后来，凶手自己回来了，将事情经过告诉了郭解。郭解听完之后，说："是我的外甥做的不对，你杀他也是应该的。这事就过去了，你走吧。"放走凶手之后，郭解亲自埋葬了外甥。这件事使郭解深得大家敬重，人人向往依附。

然而，也有不买郭解账的。有一次郭解出门，见有个人坐在路旁，用瞧不起郭解的态度打量着郭解。郭解的门客见了，要杀了那人。郭解当场制止，说："我在家乡还得不到尊重，这说明我的德行不够。"回家之后，郭解暗地里叮嘱当地官吏说："某某这个人我很看重，轮到他服徭役的时候请你放过他。"就这样，几个月过去了，那人见没人催他服役，很奇怪，一问才知道是郭解替他打点了。于是，那人心悦诚服地向郭解谢罪。这件事又使郭解得到了大家的倾慕。

还有一次，郭解去洛阳办事，听说洛阳有一对都很有势力的仇家，积怨很深，闹得鸡飞狗跳。许多有头有脸的人也多次从中调解，但双方始终不听劝解。郭解就趁夜找来这两家，为他们调解。也许是郭解的名气大，也许是郭解很会说服工作，总之，结仇的两家听了郭解的劝解，罢手言和了。办成了这事，郭解又嘱托两家说："我听说洛阳的诸位屡次调解，你们都没接受。现在你们给我面子，和解了。但这样一来，洛阳的各位豪杰面子上就不好看了。所以，请你们先装作还没和解的样子，等他们再来调解，你们马上宣布和解，皆大欢喜不是更好？而我则要马上离开这里。"说完，郭解连夜悄悄离开洛阳。众人都蒙在鼓里，直到后来当事人说出了实情，大家才知道是郭解做了这件事，对郭解就更加敬重了。

郭解名气越来越大，上至官吏下到百姓，都愿意为郭解效劳，亡命之徒也纷纷投奔。一个平头百姓竟然有了这样的势力，对社会、对朝廷并不是一件好事。

后来，为了消除豪强带来的隐患，汉武帝下令将关中地区家财超过300万的富户迁往茂陵居住。郭解的家财虽然并没有达到这个标准，但一方面，主父偃向汉武帝建议的迁移对象不仅包括富户商贾，而且还有那些需要加强控制的豪杰巨侠；另一方面，负责此事的杨姓轵县县掾也想趁此机将郭解这个不安定因素送出轵县，于是郭解就被列入了迁移名单。卫青知道了这事，曾特地向汉武帝求情，说郭解不是个富豪，不该在迁移之列。汉武帝听了，皱皱眉头，说："一个百姓的权势竟能使大将军替他说话，可见他并不贫穷。"

在汉武帝的批准下，郭解终于被迁移，为他送行的豪客们送给他的礼金就达一千余万，超过了迁移标准的好几倍。到了关中，关中豪杰无论是否与他有交情，都纷纷前来拜访。

郭解迁徙茂陵，是朝廷的诏令。可是郭解的侄儿却为了报复轵县县掾，把县掾的头扭断了，县掾的父亲杨季主也被人所杀。杨家上书武帝告状，上书的人竟然在宫门之下被杀死。这一系列血案让武帝感到震惊、震怒，下令捕捉郭解，要纠察郭解的所有罪行。郭解听到风声，孤身逃亡到临晋（山西省运城市临猗县临晋镇）。临晋大侠籍少公与郭解素昧平生，却主动帮助郭解出关，让他逃到了太原，当追踪而来的官吏找到籍少公时，籍少公慨然自尽。

当时的太原，是西汉王朝抗击匈奴的军事重镇，民风强悍，精于骑射，任侠尚武之风极盛。郭解躲在太原，得到了当地百姓的掩护。但郭解最终还是被官府擒获了。办案人到轵县搜集郭解的罪证，郭解的门客面对调查齐口称赞郭解的德行，只有一个儒生说："郭解专门作奸犯科违犯公法，怎么能说是好人呢？"结果，祸从口出，这个儒生很快便被郭解的门客们杀死，凶手不知去向。审案的问郭解谁是杀害儒生的凶手，郭解也说不上来是谁做的。办案人于是回报武帝，说郭解无罪。御史大夫公孙弘表示反对，说："郭解虽然不知是谁杀了人，但他身为布衣，任侠行权，以小冤小仇杀人，这罪更重于他亲自杀人,当属大逆不道。"武帝采纳了他的建议,一代大侠郭解被汉武帝下令灭族。

经过这一番整治,西汉初年兴起的豪强、游侠势力大受打击,社会安定了许多。西汉可以专心对付匈奴了。

失之东隅收之桑榆，西汉发现了西域

公元前139年（汉武帝建元二年），张骞肩负着一项特殊使命踏上了探索西域的征程。

张骞本是一籍籍无名的郎官。公元前139年（建元二年），张骞的人生中出现了一次意义重大的机会：汉武帝招募志愿者出使月氏（zhī）国。

自从决定对匈奴反击，汉武帝就对匈奴的一切事物表示了极大的关注。一次，汉武帝从匈奴俘虏口中意外得知：让汉朝吃尽苦头的匈奴竟然曾经有一个强敌——月氏。

月氏的兴起在匈奴之前。头曼单于为了除掉太子冒顿，把冒顿作为人质送到月氏，随机进犯月氏。月氏人对匈奴的背信弃义十分愤怒，冒顿也对曾经要杀自己泄愤的月氏人怀恨在心，匈奴与月氏从此成为仇家。

弑父自立的冒顿单于很快就率领匈奴精锐灭掉东胡，打败月氏，迅速强大起来。他死后，他的儿子老上单于即位，继续征讨月氏，不仅杀死了月氏国王，还把月氏国王的头颅镶上金边，做成饮酒用的酒杯，以示炫耀和对死者的侮辱。月氏人对匈奴恨之入骨，但苦于势单力薄，没有同盟军，只能离开故地，逃往远离匈奴的西边。

了解到这样一段历史，汉武帝觉得可以与月氏人结成同盟，共同对付匈奴。这样，西汉要付出的代价就会更小些。因此，他果断地决定派人出使月氏。

没人知道月氏国在哪里。公元前2世纪，没有精密地图，没有指南针，没有人去过西域，月氏远在天边，如同传说。出使一个未知国度，潜伏无穷变数，风险系数极高。不是立功封侯，更不是游历山河，因此，这绝不是人人抢着去的"肥缺"。

而要找到月氏国，首先就要穿过由匈奴人占据的河套平原，随时可能被扣留。所以，使者既要身体素质好、能吃苦耐劳，又要机智勇敢、百折不挠。这种高素质人才，仅仅在大汉皇宫中挑挑拣拣，显然不够；必须放眼天下，广招贤能。这无疑是一个艰巨的任务，使者不仅要有过人的才能，还必须具有超常的胆略。

为了找到合适的使者，汉武帝贴出榜文，征募最有才智、最能代表大汉形象的人来完成这一重要战略任务。汉武帝朝是西汉历史上一个人才辈出的时代，其重要原因就是汉武帝不拘一格选拔人才，这次出使西域，他遴选全国最优秀、最适合的人才，而不是轻易任命。

张骞见到了榜文，跃跃欲试。他来到长安任郎官已经好几年了，相比于其他郎官，他的出身要差一些，这个郎官还是家里人集资捐来的。因此，张骞虽有建功立业的志向，但一直没有得到机会。现在，武帝张榜求贤，别人看到的是危险，张骞看到的却是机遇。出使若能成功，那就是建立了盖世的功业，就算失败，那也是为国捐躯，名留青史。因此，张骞毅然应募，并且在选拔中脱颖而出。

公元前139年（建元二年），带着武帝拨给他的100多名随行人员、一名叫堂邑父的匈奴人向导和武帝的殷切期待，张骞走出了长安，离开了西汉国境。不幸的是，在经过匈奴之地时，张骞使团全部被匈奴人抓获。

获悉这一行人是为了联络自己的仇敌月氏，匈奴人既惊又怒，将张骞等人扣押，还强令张骞娶匈奴女子为妻，生下孩子，想以此改变张骞的心志。人在屋檐下，怎敢不低头。为了寻找机会完成使命，张骞也只能暂时隐忍。这一待就是十多年。渐渐地，匈奴人对他的看管渐渐放松。所有匈奴人都认为，十几年安逸的生活，张骞恐怕早遗忘了长安的模样，出使西域的宏愿也应该磨灭得无影无踪了。

匈奴人错打了如意算盘。公元前129年（元光六年），张骞终于找到了机会，带着随从成功出逃。

张骞一行向西跑了几十天，终于到达了一个王国。张骞以为这就是月氏，经过打听才知道是大宛（yuān）。大宛早就听说汉朝是个富有的国度，一直想与汉朝交往，苦于匈奴从中阻挡，找不到门路。看到张骞，大宛王异常高兴，视张骞为上宾，还为他配备了专门的向导和翻译，一直送他到达康居（qú）国。康居人对张骞也是隆重接待，派人把他转送到月氏国。

经过了无数的坎坷与漫长的等待，终于来到了月氏国，张骞以为自己终于可以不辱使命，得胜回朝了。不料，十几年间月氏已经发生了天翻地覆的变化。月氏原国王被匈奴杀死后，年幼的太子即位，其母亲代理朝政，而大多实权掌握在朝中大臣手中。此时的月氏人已征服大夏（中亚古国，又译作"吐火罗"），定居下来。那里土地肥沃，很少有外敌侵扰，百姓安适快乐。月氏上下经过十多年的安逸生活，早已淡忘了当年的耻辱，不愿再与匈奴纠缠，不想再经历战争的创伤。月氏女王虽然对张骞盛情款待，但还是一口拒绝了武帝的提议。张骞极力游说，始终没有得到月氏人的明确表态。

在大月氏逗留了一年多以后，无奈之下，张骞只好动身返回长安。不幸的是，在归途中，张骞再次遭遇匈奴骑兵，又被匈奴人扣留了一年多。幸而这次被扣留的时间不太长。公元前126年（元朔三年），匈奴军臣单于死去，匈奴左谷（lù）蠡王攻击太子於单，自立为单于，匈奴国内大乱，张骞乘机带着匈奴妻子和堂邑父逃回汉朝。

历经十三年的风雨波折之后，张骞终于回朝复命，虽未完成联合大月氏共击匈奴的目标，但是，汉武帝已经深深为他的忠诚感动，封张骞为太中大夫，封堂邑父为奉使君。

张骞出使西域，两次被匈奴扣留，在异国娶妻生子，仍然不忘使命，毅然决然地返回故国，如果没有建功立业的雄心壮志，是不可能实现的。张骞使团出发时一百多人，归来时仅仅剩下张骞和堂邑父两人（张骞的妻子不能算是使团成员），余者有身死异乡的，也有投降匈奴定居那里的。

张骞能够回到长安，副手堂邑父是功不可没的。堂邑父本是匈奴人，善于骑射。多亏了他在途中断粮时射杀飞禽走兽充饥，才保证了两人成功抵达月氏，又返回长安。

张骞归来后，汉武帝觉得他熟悉西域情况，多次任命他率部出击匈奴。然而，张骞是一名矢志不渝的使者，却不是一个好的将军。在一次出击中，他延误了作战时机，被判死刑，花钱免罪后贬为平民。

虽然身份变成了平民，但汉武帝仍然是看重张骞的，常常召见张骞，向他咨询西域及其周边国家情况。通过张骞的描述，汉武帝的激情又燃烧了。他决心联络西域诸国，展开对匈奴的致命一击，扩大汉朝版图。

张骞对汉武帝说："我在匈奴时，听说乌孙国王叫昆莫，他的父亲原本是匈奴西边一个小国的国王，被月氏人杀了。昆莫当时还是个婴儿，被大臣抱出来逃难，在荒野上，鸟儿衔着肉飞来喂他，狼跑来给他喂奶。冒顿单于听说了，认为是天神的照顾，就收养了他。昆莫成年后，冒顿单于让他领兵打仗，帮他复国，命令他长期驻守西域。昆莫内抚百姓，外拓疆土，逐渐有了几万名能征善战的勇士。冒顿单于死后，昆莫率众迁移，不再臣侍匈奴。匈奴派兵讨伐昆莫，接连失败。匈奴人因此将昆莫视为神人，不敢再发动攻击。如今，匈奴刚被我们打败，原来的匈奴浑邪王控制的地方出现权力真空。蛮夷之人素来贪图我大汉朝的财物，如果咱们给乌孙丰厚的赏赐，诱使他东迁至原来浑邪王的地盘，同我朝结为盟友，就相当于砍断了匈奴的一只胳膊。不仅乌孙，西边的大夏等国也都可以被我们拉拢为属国。"

汉武帝觉得张骞的建议很好，准备施行。

公元前119年（元狩四年），受到武帝的任命，张骞再次出使西域。这一次，汉武帝任命张骞为中郎将，率领300人，配备多名持符节副使，带着丰厚的礼物前去西域交涉。

这次出使，张骞等人顺利抵达乌孙，献上礼物，向昆莫说明来意。

然而乌孙国此时已经因为内讧一分为三，乌孙国由昆莫、大禄、岑娶分别控制，昆莫一个人说了不算。而且，乌孙国对汉朝一无所知，直到张骞到来，他们仍不知汉朝在哪儿，疆域多大，实力如何。乌孙国臣服于匈奴多年，大臣们都害怕匈奴，不敢东迁。

张骞也不勉强，分别派出副使出使大宛、康居、大月氏、大夏、安息、身（yuán）毒、于阗等邻国。乌孙王昆莫则派出向导和翻译送张骞回国，几十名乌孙使者带着几十匹好马同行，以答谢汉武帝。

张骞回到汉朝，被任命为大行，位居九卿之列。但是没过多久，张骞就病死了。

此后，因为见识到了汉朝地广人多，物产丰富，乌孙国开始结交汉朝。很快，张骞派出沟通大夏等国的使者大多也不辱使命，纷纷同各国专使回到长安。西域各国陆续和汉朝交往。

作为凿通西域第一人，张骞让西域诸国了解了一个强大富庶的汉朝，也将汉朝人的视野延伸到了遥不可及的西域诸国。他的出使大大促进了西域诸国和汉朝的经济、文化交流。西域的葡萄、苜蓿、葡萄酒、胡桃、石榴等物产以及珊瑚、玳瑁、琥珀、玻璃、象牙等制品传入汉朝。汉朝的炼钢技术、凿井技术和利用渠道引水的方法传到大宛，进而传到西域各国和欧洲，提高了这些地区的生产技术水平。中国精美的丝织品使西方人叹为观止，连接东西方的丝绸之路，正式建成。此外，在文化方面尤其在佛教史上，张骞通西域的意义也值得大书特书。再有，张骞通西域也扩大了中国的版图。西域有广义与狭义之分，狭义的西域即今天的新疆。正是张骞通西域使中国中央政府的行政权力第一次触及新疆。

不仅如此，张骞曾向汉武帝报告，他在西域大夏看到邛山出产的竹杖和蜀地（今四川成都）出产的细布，当地人说这些东西是从天竺（今日印度）贩来的。他认为，既然天竺可以买到蜀地的东西，一定离蜀地不远。汉武帝即派张骞带着礼物从蜀地出发，去结交天竺。汉武帝由此开发了西南地区。

汉武帝派张骞出使西域，这一行为具有深远的历史意义，为西域与中原的沟通做出了巨大的贡献。经过双方的交流，中原与西域互利互惠，经济文化上都出现了一派繁荣景象。

英雄不问出身，卫霍叔侄屡立奇功

经过了长时间的治理，汉武帝完成了皇权专制统治的基本程序，集中了专制的权力，汉帝国的国家机构在他的控制之下又开始了正常的运转。这时，朝廷中主和派代表韩安国病愈复出，并敏锐地感觉到了时局的变化，转而主战，成为武帝的得力助手。武帝还把张汤升为太中大夫，起用卫青等一批新的将领，筹集了大量的军饷，大规模的反击战争已经准备就绪。汉朝同匈奴的边境如同一个巨大的火药桶，时时刻刻都充满着大爆炸的危险。

维持和平不容易，引发战争却并不难。匈奴与西汉都不畏惧战争，战争也就终于爆发了。

这是一场大规模的正面冲突，一方是抗击匈奴的汉朝军队；另一方则是侵略成性的匈奴武装。

公元前129年（元光六年），匈奴统治者发动了一次大规模的入侵战争，一路烧杀抢掠，长驱直入，先头部队都攻到了上谷（今山西省北部地区）地区。

加急的警报如雪片般向长安城飞来。汉武帝接到警报，马上做出强硬的反应。他召集高级将领开会，命令将士立即予以反击。五年之后，汉武帝发起了第二次对匈奴人的用兵。

在派兵前，汉武帝作了周密的部署。他把4万汉军分成四路，每路约1万人马左右，派卫青从上谷出发，封为车骑将军，正面攻击匈奴；公孙贺从云中（今山西西北长城南、河套东北）出发，封为轻车将军；公孙敖从代郡出发，封为骠骑将军；李广从雁门出发，封为骁骑将军。后三路人马为卫青的策应。

汉武帝嘱咐这四路将领在关市（汉朝和匈奴交易的场所）附近寻找战机，以求稳妥，力求在不深入敌境的情况下，给予来犯之敌有力的打击。他想使匈奴人左右难顾，同时提高汉军部队的推进速度。

军臣单于探听到汉武帝派出了四个将军兵分四路北上，就根据汉军的推进线路重新布置人马。匈奴人最怕的是李广，因此把大部分兵力集中到雁门这一带，并在雁门北部用重兵设置了一个大伏击圈，准备活捉李广。

李广遭到匈奴的伏击，突围不成，又被匈奴兵射伤，被生擒活捉，失去了抵抗能力。所幸李广骁勇，竟然逃了回来，而他所带领的士兵却已全军覆灭了。

公孙敖领1万人马从代郡出发，也遇上了匈奴一支主力骑兵。公孙敖的部下被匈奴兵大杀一阵，死伤7000多人。幸好公孙敖逃得快，领着残兵败将逃了回来。

公孙贺从云中出发，一路上连个匈奴兵的影子也没见到。在得知雁门和代郡两路兵马吃了败仗后，公孙贺害怕匈奴兵再回兵来围攻自己，立即下令班师回朝。

只有卫青，率军一直攻击到匈奴的龙城。匈奴兵大部分调往雁门攻击李广去了，后防空虚，在龙城守卫的仅有几千人。卫青领1万人马，以多攻少，打了胜仗，所杀和俘获700多人，得胜而回。

汉武帝下令把公孙敖和李广及违反军令的中下级指挥官、军吏送交司法部门，又把溃败逃跑的士兵抓起来投入狱中。接着，他按这次出兵的功和罪进行赏罚。卫青打了胜仗，被封为关内侯；公孙贺没有战败，也算有功，被封为南窃侯；公孙敖和李广损兵折将，本当斩首，准许交钱赎为庶人；其他不服从指挥、弃军逃回的校尉和违反规定的军吏则依军法严肃处理。

卫青本是奴仆出身，却精于骑马射箭，勇敢超过常人，指挥有方，这是他取胜的原因之一。卫青对于上下官员都十分谦恭，对手下士卒也格外照顾。众人都乐于为他效命，称赞他有大将的气度和才能。

没过多久，边关告急文书又被火速送来——当时正是秋天，匈奴人肥马壮，想要报复，因此再次南下侵犯汉朝边境。军臣单于派了2万多人马打进汉境，攻杀辽西太守，掳走2000多人，继而又围攻渔阳，渔阳太守被匈奴兵击败，韩安国被打败，逃到右北平，没过几个月就病死了。随即，匈奴军队又入侵雁门，杀掠汉朝1000多人口。汉武帝捺不住性子了，决定坚决反击。

为了找人代替韩安国的位置，汉武帝再次起用李广，让他到右北平担任太守一职，接管韩安国曾经带领的部队，还把卫青派到北方。

卫青率领3万大军从雁门出发，将军李息则带领一支骑兵由代郡北上，与卫青的部队遥相呼应。汉武帝汲取了原来分兵太多易被各个击破的教训，加强了这两路的兵力。由于这两路军队的力量比较集中，因而具有较强的突破能力，连战连捷，歼灭匈奴数千人。

公元前127年（元朔二年）的春天，卫青和李息得胜归来没几天，汉武帝又将他们派了出去——不思悔改的匈奴兵再次攻入上谷和渔阳，杀掠汉朝官吏、百姓1000多人。

以前几次出击，汉军都是直奔匈奴骚扰的地区。匈奴人早已料到这一点，在得知汉军人数众多时，他们就会迅速撤走；而汉军小股力量杀来时，匈奴就会将其包围、剿灭。这次出击，汉武帝汲取了前几次出兵的教训，改变了策略，制订了一套声东击西的计划。

本来，匈奴这次集中攻击汉朝东北部的边郡渔阳和上谷，并集中优势兵力准备迎头痛击救援的汉军。卫青得到武帝的授意，假装让部队向东北方向推进，到了北部却突然向西杀去，直冲匈奴西部没有防御准备的高阙（今内蒙古阴山西长城口）和陇西。匈奴人没料到汉朝不解渔阳和上谷之围，反而扑向他们西部防御空虚的地带，一时间惊慌失措。而卫青和李息则心无旁骛，直捣高阙，以优势兵力杀得匈奴人大败。汉兵随即沿黄河南下陇西（今甘肃临洮南），由北向南迂回攻击在河南地（今内蒙古河套以南）一带游牧的匈奴。汉军好似从天而降，匈奴人被打了个措手不及，一路溃败。卫青和李息挥兵大肆砍杀，杀死、杀伤匈奴兵3000余人。当时正在那里的匈奴楼烦王和白羊王见大势不好，带着心腹弃地而逃，匈奴人畜养的牛羊全部落到汉军手里。

河南地自从秦末被匈奴人夺取，已经被匈奴经营了八十多年，直到这时才重新被夺回。这里是中原、匈奴必争的一块战略要地，距汉朝都城长安不过数百里，距匈奴腹地也不远。匈奴骑兵只需要花一两天的时间便可从河南地直趋长安城下。所以，匈奴人一直把河南地作为向中原进攻的桥头堡。对汉朝来说，匈奴占有河南地就等于在汉朝头上悬了一把利刃，汉朝随时有刀临脖颈的危险。河南地的收复，解除了匈奴对长安的威胁，扭转了汉朝在匈奴战争中的被动态势。而汉朝占有了河南地，就等于往匈奴的心口插进一把钢刀。河南地成了汉朝军队进攻匈奴的绝佳军事基地。因此，汉朝收复河南地，大大振奋了汉朝的士气和君臣抗击外侵的信心。

事后论功行赏，卫青被封为长平侯，食邑 3800 户；卫青部下校尉苏建被封为平陵侯，张次公为岸头侯；其余士兵也得到犒劳和赏赐，军心大振。

之前，郎中主父偃就献计说："河南地一带土地肥沃，有黄河作为天然的水源，是块肥沃之地。况且，黄河天险阻止了匈奴的进攻，秦朝大将蒙恬就曾在那里修造城墙，抵御匈奴。臣以为我们现在也应该在这些地方构建新城，设立郡县，从根本上抗击匈奴、保卫边疆。"

汉武帝很赞同这个建议，召开廷议，讨论固边筑城之事，不料遭到大臣们极力反对。他们说："这样做不是跟秦始皇筑长城没什么两样了吗？我们劳民伤财不说，又有谁愿意到那么偏远的地方定居呢？"

汉武帝觉得主父偃的建议是对的，力排众议，派苏建征调十多万人去建筑朔方城（今内蒙古黄河以南的鄂尔多斯），又征发关东地区的民夫，把黄河以南当年蒙恬修建的所有要塞加固修理。这次筑城固边，花去的金钱难以计数，汉朝的府库都被搬空了，崤山以东的百姓每十万人一批轮流去服劳役，苦不堪言。代价是惨重的，但也是值得的，一座座城堡在边境上夯实筑成，河南地的防守能力比以前有了很大提高。

除了在河南地筑城防守之外，汉武帝把东部上谷郡伸到匈奴界中去的一块无险可守的土地放弃给了匈奴。然后，他又下令进行大规模的移民实边活动，移民10万人，充实朔方郡。大量的移民不但加强了边防，而且也解决了一部分没有土地的农民的生存问题。

大规模的移民使荒凉的河南地焕发了生机。土地被开垦，牧场也得到了充分利用。经过军民的共同开发，河南地成为塞北的一颗明珠。为了便于管理河南地，汉武帝在原来秦朝九原郡的基础上，改名为五原郡，治所在九原（今包头市西北），河南地正式地回到中央政权的怀抱之中。

看到西汉经营河南地，军臣单于既气愤又着急，一病不起，很快离开人世。匈奴诸王为争夺单于的位子展开了激烈的争夺。

本来，军臣单于的太子於单应该是匈奴王国的法定继承人，但军臣单于的弟弟左谷蠡王伊稚斜早就觊觎单于之位，积累了强大的军事力量。军臣单于一死，他马上自立为单于。太子於单不甘心将单于的位子拱手相让，领着自己所属的人马和伊稚斜展开了决斗，结果被伊稚斜打得大败，逃到汉王朝境内请求投降。汉武帝很高兴，对於单采取了友好的姿态，把於单封为陈安侯，以显示汉朝的博大胸怀。可於单作为土生土长的匈奴人，不太适应中原的生活，没过几个月就死了。伊稚斜单于的身份正式确立下来。

这时，汉武帝的母亲王太后也去世了。汉武帝为母亲举行了隆重的葬礼，并按照规矩，在这以后的两年时间里止息干戈，以尽孝道。伊稚斜单于见汉武帝为了服孝而停止了军事行动，来了精神，立即变本加厉地攻击汉朝边郡。匈奴右贤王也乘机向南进犯，多次派兵侵犯河南地，有时攻击到朔方城下。汉武帝忍无可忍，于公元前124年（元朔五年）的春天下令对匈奴用兵。

这次用兵规模很大，汉军开始由国内的防御转为在匈奴境内追击匈奴。车骑将军卫青为统帅，率领3万骑兵从河南地北边的高阙出发，卫尉苏建被拜为游击将军，左内史李沮为强弩将军，太仆公孙贺为骑将军，代地相李蔡为轻车将军，各领一部人马一齐从朔方城出发，大行李息、岸头侯张次公为将军，从右北平一带一起北上。

卫青统帅六个将军和十多万人马大举进入匈奴境内，同时出击，重点攻击西线。

匈奴右贤王刚从河南地大掠一番，此时正兴高采烈地在帐中饮酒作乐，忽听手下报告说卫青率大队人马要找他报复，差点就落荒而逃。但他又想到这里距汉境一千多里，估计卫青集结好军队再走这么远的路得好几天的时间，就决定就地休息，第二天再往北转移。

右贤王没有想到的是，卫青集结军队的速度很快，而且又是从河南地起兵，实际距右贤王驻地只有六七百里。汉军很快就把右贤王的居住地团团围住。

右贤王听说汉军忽然包围上来，惊恐万状，慌忙备鞍上马，带着一个心爱的小妾和几百名心腹乘夜突围。卫青派轻骑校尉郭成等人猛追不舍。右贤王熟悉地形,将郭成等人甩掉,但他部下的副王十多人却被活捉,同时被俘获的还有15000多人和近百万头牲畜。

胜利的消息早就由人飞快地报告到汉武帝那里去了。汉武帝欣喜若狂,派使者手持大印,对卫青说:"皇上令臣持大将军印,即在军中拜为大将军。"卫青从此成为大将军,并获得加封食邑8700户。汉武帝还下令封卫青的大儿子卫伉为宜春侯,另两个儿子卫不疑和卫登分别被封为阴安侯和发干侯。卫青见到汉武帝时再三谦让说:"臣有幸在皇上的军队里,依靠皇上的神威取得了一点胜利,这是将士们共同取得的功劳。陛下给臣的封赏和荣誉已经太高了,现在又封臣的三个儿子为侯。犬子小的尚在襁褓之中,大的也没能为陛下立下一点功劳,陛下却裂地封侯,这不是臣在军队里勉励将士奋力拼杀的本意。希望皇上能收回成命。"

汉武帝坚持了自己的意思,又下诏给御史,对其他有功人员进行封赏,公孙敖封为合骑侯;都尉韩沉封为龙额侯;骑将军公孙贺和轻车将军李蔡分别被封为南印侯和乐安侯。

除重赏高级将领之外,汉武帝对领军的中级军官也给予赏赐,封校尉李朔为陟轵侯,赵不虞为随成侯,公孙戎奴为从平侯;将军李沮、李息以及校尉豆如意、中郎将绾等都因功赐爵关内侯,李沮、李息和豆如意分别赐给食邑300户。

这边汉朝君臣举国欢庆,那边匈奴人却怒火中烧。他们仅仅从汉朝掠夺了一点东西,却被汉军打得落花流水,损失惨重,因此恼羞成怒,又向汉朝发动了疯狂的进攻。这年秋天,一心复仇的匈奴人再次入侵汉朝边界，杀死代郡都尉朱央，俘虏汉人1000多人。

公元前123年（元朔六年）春天，汉武帝决心再给匈奴人一次教训。他命令大将军卫青从定襄出发，作为总指挥；合骑侯公孙敖为中将军，太仆公孙贺为左将军，翕侯赵信为前将军，卫尉苏建为石将军，郎中令李广为后将军，左内史李沮为强弩将军，全部归大将军卫青指挥。

得知汉军大队北上，匈奴火速退兵。汉军随后紧追，歼敌数千人。匈奴毕竟是马背上的民族，撤退迅速，卫青见追不上，只好率军后退，在边郡进行休整。

过了不到两个月，汉军突然向北疾进，卫青统率着十余万骑兵从定襄北进数百里。措手不及的匈奴人进行了顽强抵抗，但汉军还是推进一百多里，安营扎寨。

前将军赵信原本是匈奴的一个小王，后来不知道因为什么原因投降了汉朝，被封为翕侯。他作为匈奴人，熟悉匈奴的情况，是这次大军的开路先锋，和右将军苏建率领3000多骑兵在大军前面开路。

卫青的外甥霍去病这时也在卫青帐下。

霍去病是卫青的姐姐卫少儿与平阳县小吏霍仲孺私通生下的孩子。但霍去病比同为私生子的舅舅卫青幸运。他出生后不久，卫子夫与卫青就先后被汉武帝看中，卫家一门从此大富大贵，霍去病也跟着沾了光。在参加这次战争的时候，霍去病只有18岁，但身体健壮，喜欢骑马射箭。大将军卫青很喜欢这个外甥，就带他一起随军北击匈奴。汉武帝也很欣赏霍去病，嘱咐卫青一定要让霍去病获得战功，以便于封赏。卫青得了汉武帝的授意，给霍去病挑选了800名壮士，都是汉军中百里挑一的精锐。他任命霍去病为骠骑校尉，相当于一支现代的特种部队的队长。

卫青除派出前将军赵信和右将军苏建前面探路之外，又命令另外四个将军公孙贺、公孙敖、李广、李沮每人各带一队人马分头去找匈奴，确定匈奴的位置，以便大军的合击。霍去病领着手下800名将士也不甘落后，自告奋勇率军独自寻找匈奴。卫青做好这一切安排后，就坐镇大营，等候消息。

到了日暮时分，公孙贺、公孙敖、李广和李沮各自带自己的人马返回，毫无匈奴主力的消息，只消灭了些小股匈奴骑兵。只有赵信、苏建和霍去病他们三路人马直到天黑也没有返回。卫青忙派人召回公孙贺他们几位将军，让他们带人前去接应一下，却仍旧没有几人的消息。

又过了一天一夜，三位将军仍没有返回，卫青急得团团转。正在这时，苏建回来了。他浑身是血，被两个士兵抬了进来，失声痛哭，讲述了事情经过。

原来，苏建和赵信把士兵合在一起，仗着赵信熟悉道路，一直向前推进，不料迎面碰到了匈奴的大军。汉军还来不及撤退就被匈奴人包围了。苏建和赵信试图突围，与匈奴兵混战一整天也没能摆脱困境，手下的人马损失大半。就在这时候，赵信面对绝境突然投降了匈奴。苏建带着几百人拼命冲出来，在匈奴人的一路追杀下好不容易逃回报信。

苏建和赵信全军覆灭，卫青非常震惊。他召来军正闳、长史安和议郎周霸等负责军纪的官员，讨论如何处理败军之将苏建。议郎周霸说:"苏建是大将军派出的部下,未能斩敌立功,反倒全军覆灭,只有自己一个人逃回来,应当斩首,以申明大将军的声威。"军正和长史都替苏建辩护,说:"苏将军以3000人对付匈奴数万大军,兵力相差太悬殊,才吃了败仗。但他没跟着赵信投降敌人,一直抵抗到全军灭灭才拼死逃回来报信,已经尽到了一个将军的职责。如果把他杀了,以后将士们万一打了败仗,谁还敢回来呢?这不是如同逼迫他们去投降敌人吗?请大将军三思。"

卫青也不知道该如何是好,想了半天才说:"我很荣幸地以皇亲国戚的身份率师北伐,并不担心没有威名,而周霸让我杀苏建来提高自己的威名,这很不合我的心意。虽然我有处斩大将的职权,但也不能专擅生杀大权。就是苏建有罪,也应当奏明圣上,让圣上亲自来裁决,我不能自作主张把苏建杀死。"就这样,卫青将苏建暂时囚禁在军中,继续等待霍去病的消息。

很快,霍去病和手下回来了。霍去病手提一颗人头,后面的壮士还押着两个匈奴俘虏,来到卫青帐中禀报说:"我领着手下这800人离开大营,北进数百里寻击匈奴,一路上没遇到任何抵抗。昨天晚上,我们接近了一座小山,见山谷里整整齐齐地排列着上百座帐篷。我一看,就知道这是匈奴的一座较大的军营。我们偷偷从山脚下绕过匈奴的哨兵,转到了匈奴兵营的北面,趁匈奴人没有防备,集中兵力猛攻其中一座最大的帐篷。帐篷中三个匈奴军官正在饮酒,我们冲进去时,其中一个要拔刀反抗,被我一剑斩杀。其他人把另外两个匈奴头子生擒活捉。匈奴人做梦也没想到汉兵会钻到那里去,全无准备,加上夜色昏暗,匈奴士兵被惊叫声惊醒,以为遭到我们的大部队的攻击,急忙逃命。我和手下趁乱一通追杀，大约斩杀了 2000 多名匈奴士兵，剩下的逃得无影无踪。我怕匈奴人去召集救兵，到这时才领着人回来向大将军缴令。被我们活捉的俘虏，经过审问得知，一个是匈奴单于的叔父罗姑比，另一个是匈奴的相国，我杀死的是匈奴单于爷爷辈的大王藉若侯产。"

大将军卫青听了，高兴坏了，觉得霍去病这一仗足以作为全军的战果，立即决定收兵。

这次出兵，汉军连续采取了两次军事行动，共消灭匈奴兵 19000 多人。汉武帝认为这次出兵虽有收获，可是两路兵马全军覆灭，功过相当，所以没有加封卫青，只给予一些财物以示奖励；骠骑校尉霍去病率 800 壮士直捣匈奴大营，斩获 3 名匈奴高级官员，并斩获匈奴兵 2028 名，被封为冠军侯，赏食邑 2500 户；校尉张骞为汉军做了很好的向导，使汉军人马免于受渴挨饿，又加上他以前出使的勇敢，被封为博望侯；苏建率 3000 人苦战匈奴数万人，不敌而败，不肯投降，最后全军覆灭，只身一人逃了回来，按汉律，亡师丧土要处死，但念在苏建一片忠心，又是兵力相差悬殊，所以就让苏建自赎死罪为平民。

此外，汉武帝还赏赐了上谷太守郝贤。郝贤四次跟从卫青，参加了抗击匈奴的战争，一共捕获匈奴人 1300 多名，累计立有战功，被封为终利侯；骑士孟已随霍去病斩虏匈奴的高级官员有功，被赐爵关内侯，食邑 200 户。

汉朝这边大加赏赐的时候，匈奴人也在热烈庆祝，当然不是庆祝损失惨重，而是庆祝得到了熟知汉朝内情的赵信。

三军易得，一将难寻，赵信不仅是西汉比较有分量的将领，而且熟悉汉情。伊稚斜对于赵信格外加恩，把赵信封为自次王，权力之大，仅次于伊稚斜单于一人，伊稚斜单于为了拉拢赵信，还把自己的姐姐嫁给了赵信。赵信一时名利双收，人财两得，更加死心塌地跟从伊稚斜单于。他熟知汉朝军队的训练和进攻方法，所以相应地就比伊稚斜单于更有办法对付汉军。

赵信针对汉军不能大规模长驱直入的缺点，让伊稚斜单于将兵力全部转移到大荒漠以北的地方，这样如果汉武帝急于同匈奴主力决战，必然要派兵长途跋涉荒凉贫瘠的大荒漠地区和一些沼泽地带。而匈奴士兵则可以在荒漠以北养精蓄锐，以逸待劳。这样就可以将远程而来，粮草不济，士兵疲惫不堪的汉军打得措手不及，大败而回。

伊稚斜单于听了赵信的计策，心中暗自赞叹，为自己收罗到这么一位文武双全的人才而自鸣得意。他二话没说，马上同意按赵信的计策去做。

赵信的计策切中了汉军的弱点，汉武帝不敢派兵长途跋涉去攻击大漠以北的匈奴主力。在漠南，派出大军进攻往往还是劳而无功。匈奴人远离汉朝边塞的办法，使得汉军对匈奴人无可奈何，只好一心积聚力量，只等粮草备齐，时机成熟之后，再征漠北攻击隐藏在北部的匈奴武装。

赵信见汉军因他的计策而无所收益，就灵活地运用游击战的方法。他派出数万人的小股军队，有时从漠北出发，趁着汉朝大军向回撤退，北方边郡空虚的时候，突然攻击汉朝北部边郡。等到汉军反击时，又急速撤回到大漠以北，让汉军疲于奔命。

但由于伊稚斜单于看到连打几次大败仗，损失了不少人马和牲畜，也想先休息一下，加上赵信的计策，所以汉匈边境也出现了一年无战争的和平景象。尽管有小队匈奴人马的骚扰，但汉匈边境上已经不再有大军猛进时扬起的滚滚烟尘了。

淮南反乱，刘安的梦想与痴狂

　　遭到汉军的屡次重创之后，匈奴人在中部地区元气大伤，已经没有能力对汉朝的边郡施加太大的压力。伊稚斜单于把重兵放在大荒漠以北，养精蓄锐，减少了南侵的次数。但一直还在觊觎富庶的汉帝国。汉朝经过数次十多万人的大规模军事行动，耗费了大量的钱财，府库出现了赤字。汉武帝因此也不得不暂时中断了大规模的军事行动，进入休整时期。经过一年时间的休整，汉匈双方都恢复了一些元气，又开始在边境上发生小规模的冲突，这短短的一年平静期孕育了后来几次你死我活的决战。这以后的几次战斗，汉朝军队占有了一定的优势，匈奴势力一直处于被动挨打的境地。

　　在汉武帝正为处理国内淮南王谋反事件大开杀戒的时候，匈奴人的屠刀也伸到了汉朝上谷郡内，又使数百名汉人惨死在入侵者的屠刀之下。汉武帝却无心北顾，只能暂时忍下这口气。

　　那么，淮南王谋反又是怎么回事呢？

　　西汉初年，共有诸侯国20多个。诸侯国有很大的独立性，国王倚仗自己的政权、军队、财政，往往搞复辟、叛乱，反对中央政府。淮南国就是其中之一。

汉文帝时，淮南王名叫刘长，是汉文帝的亲弟弟。刘长骄傲跋扈，不把中央政府放在眼里。他在自己的王国内，不但不遵守汉朝中央的法律，而且还私定法令，赶走中央派来的官员，自设二千石以下的大官。汉文帝对此很不满，但看在兄弟情分上还是忍了下来。

公元前174年（汉文帝六年），刘长在谷口（今陕西礼泉东）集中兵车40乘，阴谋反叛；又派人联络匈奴和闽越，说服他们出兵，内外夹击，妄图颠覆西汉王朝。汉文帝发觉不对，派兵镇压，软禁刘长。刘长不服，在被解往四川途中绝食而死。文帝把原来的淮南国一分为三，封给刘长的儿子刘安兄弟三人，刘安以长子身份袭封为淮南王，时年16岁。

刘安好读书鼓琴，潜心治国安邦，著书立说。他求贤若渴，礼贤下士，淮南国都寿春成了文人荟萃的文化中心。刘安和众门客著成《淮南子》（又名《淮南鸿烈》）。《淮南子》有《内篇》21篇、《外篇》33篇、《道训》两篇，20余万字。又著诗歌《淮南王赋》82篇、《群臣赋》44篇、《淮南歌诗》4篇、《淮南杂星子》19卷、《淮南万毕术》。内容涉及政治学、哲学、伦理学、史学、文学、经济学、物理、化学、天文、地理、农业水利、医学养生等领域，包罗万象。

刘安好黄白之术，治国思想是无为而治，对道家思想加以改进，不循先法，不守旧章，遵循自然规律制定了一系列轻刑薄赋、鼓励生产的政策，善用人才，体恤百姓，使淮南国出现了国泰民安的景象。

然而，饱暖思淫欲，饥荒起盗心。邦国富强了，刘安也像父亲刘长一样有了不臣之心。他积极策划反叛，七国之乱时他就想出兵为叛乱摇旗呐喊，幸亏淮南相国不听他的话，坚决不出兵，刘安才逃过战败被杀的命运。

汉武帝即位后，刘安在公开场合吹捧汉武帝，骗取汉武帝的信任，暗地里却说："我怎么能甘心臣侍一个竖子呢！"这就明确表示他要造反。

刘安和弟弟衡山王刘赐结成死党，阴谋推翻朝廷。他网罗了几千儒生，撰写反书，制造反动舆论。攻击商鞅变法，污蔑秦始皇"兼并天下而亡"，以孔孟的"仁义"来反对中央集权，又亲自出马，勾结田蚡。前面提到，田蚡还活着的时候，收了刘安的贿赂，竟然说出武帝日后应该传位给刘安的话。此外，刘安又派他的能说会道的女儿刘陵去首都长安，用大批钱财收买了汉武帝近臣，以作内应。

刘安伙同谋士日夜赶制汉朝地图，研究进军路线；私刻皇帝玉玺及丞相、御史大夫等印章，俨然就是一个小王朝。

刘安有个郎中（近卫军）叫雷被，是抗匈的主战派，刘安则是主和派。为了阻挠抗匈事业，雷被被刘安罢了官。汉武帝知道后，马上削去了淮南国两个县，以示惩罚。刘安伤心地说："我行仁义之举却被削夺土地，寡人甚以此为耻。"从此，他的反叛决心更坚定了。

反叛的准备工作进入了紧张阶段。刘安让一些心腹得罪自己，再去投靠大将军卫青，好等叛乱一发动，内外呼应，就能杀掉卫青。

刘安的阴谋诡计并没有得逞。公元前122年（元狩元年），由于刘安谋士伍被的揭发，汉武帝立即派人前往追查。刘安知道事已败露，随即自杀。

汉武帝严厉镇压了这次叛乱。同叛乱有牵连的列侯、官员、地方豪强等几万人，都被处死。他进一步废掉了淮南、衡山两个诸侯国，分别改为九江郡、衡山郡，由中央直接管辖。

匈奴未灭，何以家为

国内整肃完毕后，汉武帝又开始了对匈奴的报复性打击。中部地区的匈奴人龟缩在大漠以北，汉军对此无可奈何，汉武帝只好暂不把匈奴单于统辖的中部地区作为打击对象，而把战略目标转向了河西地区。

河西地区即今甘肃省境内的大部分地方，因在黄河南北河道的西部而得名。汉武帝时期，河西地区由匈奴的浑邪王和休屠王分别领辖。

公元前121年（元狩二年），汉武帝三次下令对匈奴用兵，进行远距离的追歼和迫降。这一年春季，霍去病被汉武帝擢升为骠骑将军，奉汉武帝的命令，带领1万骑兵从陇西出塞。

霍去病一路所向披靡，横穿匈奴臣属的五个小王国如入无人之境，转战六天，越过焉支山（祁连山一峰，在今甘肃境内），又前进了1000余里，斩杀匈奴的折兰王、卢侯王，俘虏浑邪王的王子、相国和都尉，歼敌4万人。霍去病还把休屠王用来祭祀上天的金人神像也夺了过来。陇西匈奴受到了沉重打击。

汉武帝闻讯大喜，下诏加封霍去病食邑两千两百户，并在云阳甘泉山下修祠，来放置休屠王的祭天金人，以夸耀汉朝所取得的赫赫战功。

到了夏季，汉武帝再次下令对匈奴汗国发动攻击。他派霍去病和公孙敖，率领数万骑兵从北地（今甘肃省宁县）出塞，卫尉张骞与郎中令李广从右北平（今河北省平泉县）出塞，与霍去病所部遥相呼应。两军领诏，分道向北挺进。

李广、张骞一路因为配合不好而遇到挫折，霍去病这一路却是捷报频传。

霍去病当时率部狂飙突进匈奴境内2000余里，与公孙敖所部失去了联系。在这种情况下，霍去病毅然孤军挺进，跨越居延海，穿过小月氏部落，兵锋直抵祁连山下，生擒匈奴的单桓王和酋涂王以及相国和都尉等高级官员，斩杀和俘虏匈奴共三万余人，其中有五个匈奴王、王母、王妻和王子共59人，相国、将军、当户、都尉共63人。

汉武帝因为霍去病在祁连山一役中又获大捷，对他加封食邑，并对他的部下进行封赏。凡是跟从骠骑将军一直攻打到小月氏的，均拜爵为左庶长。鹰击司马赵破奴两次跟从骠骑将军北伐，斩杀匈奴遫濮王，捕获匈奴稽且王，左千骑将王、王母各一人，此外还有匈奴王子以下的贵族41人，士兵三千余人，作为骠骑将军先锋时又捕虏匈奴一千余人，汉武帝封赵破奴为"从骠侯"；校尉高不识跟从骠骑将军捕得匈奴呼于耆王王子以下11人，捕虏匈奴一千余人，被封为宜冠侯；校尉仆多也因军功封为辉渠侯；合骑侯公孙敖因出师缓慢，没能与骠骑将军会合，按军法应当处斩，汉武帝念他立有旧功，准许他自赎死罪，革去官职。

这时,骠骑将军霍去病更得汉武帝的宠信,几乎和舅舅卫青平起平坐。汉武帝特地为霍去病盖了一座豪华气派的大宅院,想让霍去病去看看房子。霍去病却推辞说:"匈奴尚未消灭,我怎么能有安家的心思呢?"听了这话,汉武帝非常感动。

卫青和霍去病率军对匈奴连续的沉重打击使得伊稚斜单于恼羞成怒。匈奴的浑邪王和休屠王又新遭惨败,被霍去病杀得人仰马翻,伊稚斜单于更加怒不可遏。他派出使者让浑邪王和休屠王到王庭来一趟。浑邪王和休屠王打听到伊稚斜单于有诛杀他们的意思,大为恐慌。他们在这几次战役中损失了数万人马,自知不能被饶恕,就拒绝前往王庭送死。但他们又怕伊稚斜单于前来攻击,就想一起投降汉朝,于是派人将自己的意思转告大汉皇帝。当时,大行李息正在黄河岸上筑城防守。浑邪王派使者到李息营中转达浑邪王和休屠王的意思。李息知道事关重大,不敢怠慢,立刻把匈奴的使者送到京城长安。

汉武帝召见了浑邪王的使者之后,心中很是犹豫。他一来担心匈奴人诈降,又害怕因不予回信而失去一次不战而获的机会。最终,汉武帝下定决心,开关塞迎降。他召来霍去病,吩咐他前去受降,见机行事。

霍去病受诏,率领1万骑兵和2万辆车子到黄河边上迎接休屠王和浑邪王及其各自部众。浑邪王一心降汉,接到汉武帝同意归降的消息后,马上派使者去催休屠王率部下一同进关。休屠王这时又担心汉朝薄待自己,有些犹豫,推三阻四地打发走了浑邪王的使者。

休屠王不肯动身,使浑邪王骑虎难下。他对部下说:"现在是箭在弦上，不得不发。这事就由不得他了。"于是，浑邪王带着手下兵马突然对休屠王部发动袭击，杀死了休屠王，抓住了休屠王的太子和全家，收拢了休屠王的部下，一同向东南移动，准备归降汉朝。

另一边，霍去病命令关塞做好应急准备，自己率部渡过黄河，恰逢浑邪王率领部下也赶来会合。两军遥遥相望，只有数里之隔。浑邪王的一些部下，特别是原属休屠王的部下，看到威武雄壮的汉军心里感到恐惧，有的人本不想投降汉朝，所以一看到汉军就勒转马头落荒而逃，顿时乱成一团。浑邪王大声呵斥也无济于事，部众四散而逃。浑邪王大为气恼。

霍去病看到匈奴人炸了营，也不知道是匈奴人诈降还是浑邪王无法控制局面，当机立断，径直率军冲入匈奴人群中，直接找到了浑邪王，问明了情况之后。他让浑邪王安定身边的部众，自己则率军对逃跑的匈奴人进行了惩罚，共追杀了8000多逃跑的匈奴人，混乱的局势才得到了控制。

投奔汉朝的匈奴人一共有4万多人，也有史书记载是10万人，都由霍去病和浑邪王率领着渡过黄河到了汉朝境内。霍去病先行遣送浑邪王乘驿车到汉武帝出巡时的行在所拜谒，然后用车子把全部匈奴投降部落送到汉境，安置在北部边郡等候汉武帝的处理。

汉武帝对来降的匈奴人大肆赏赐，封浑邪王为漯阴侯，食邑万户，并额外给了数百万的赏钱。浑邪王手下的四个小王也被封侯，呼毒尼为下摩侯，雁疵为辉渠侯，禽黎为河綦侯，调虽为常东侯。皇恩浩荡，主客均大感满意，皆大欢喜。

霍去病收虏出兵，处理混乱局面决断有功，被汉武帝加封食邑

1700 户。

不久之后，汉武帝把投降过来的浑邪王和休屠王的部下分别安置在沿边的陇西郡、北地郡、上郡、朔方郡和云中郡的北部。其具体位置在秦王朝时代所修筑的要塞之外和黄河以南的地区。汉武帝允许他们仍旧保持匈奴原有的风俗习惯和生活方式。他们居住的地区叫属国，建制与汉朝的郡平级，在上述五个边郡之中各安排有一个属国，史称"五属国"。

由于对陇西匈奴的沉重打击和浑邪王的投降，匈奴西边的势力大衰。金城、河西，西至祁连山，一直到盐泽，成为真空地带，再也见不到匈奴人的踪迹。偶尔有匈奴人的斥候，也是来去匆匆，不敢逗留。汉武帝得知这个情况，经过廷议，决定在黄河以西地区设置武威郡和酒泉郡。从此，河西一带正式成为汉朝领土。汉朝官府不断招募人民和输送罪犯到那里开垦荒地，发展农业生产，加强边防，河西得到了迅速的开发。

浑邪王投降了汉朝，对匈奴汗国是一个沉重打击。他们痛心地编了山歌：

亡我祁连山，
使我牲畜不蕃息；
失我焉支山，
使我妇女无颜色。

祁连山下的河西地区，是一片水草丰盛的大牧场，是"天苍苍，野茫茫，风吹草低见牛羊"的宝地。失去了祁连山就失去了使牲畜繁息的大牧场。焉支山出产一种红色染料，是当时匈奴妇女所喜爱的化妆品，中国的"胭脂"一词即源于此。霍去病率领汉军占有河西，使得匈奴妇女没有了化妆的颜料。

从此之后，汉朝的疆域向西北推进1800多里之遥，直抵西域。浑邪王呈献的这块广袤的狭长地带，后世称为"河西走廊"，成为汉朝通往西域和向西用兵的战略基地。

匈奴西边的势力一蹶不振，但东边的势力并没有遭受损失。看到西线失利，伊稚斜单于就命令左贤王加强了对汉朝东部边境地区的压力。

失去河西地的第二年春天，伊稚斜单于率兵大规模入侵汉朝，意图报复。匈奴兵入侵右北平和定襄两地，杀掠汉人1000余人。

汉武帝思前想后，观察种种形势之后，打算转移战略重点。他看到西线压力减轻，又有浑邪王的五属国作为匈奴与汉朝之间的缓冲地区，逐渐减少了西部的战备力量。陇西郡、北地郡和上郡越来越没有匈奴入侵的危险。汉武帝下诏："三郡戍卒减少一半。"这一决策用以减轻国家的压力，同时也可腾出力量来对付东线的匈奴。

河西的匈奴解决了，这就如同折断了匈奴的右臂。汉武帝下一个攻击的目标是匈奴东部的左贤王和中部的伊稚斜单于部队。接到右北平和定襄两郡传来的告急奏报，汉武帝立即召集高级将领举行军事会议，讨论对匈奴下一步的用兵问题。

汉武帝在会上说："匈奴伊稚斜单于采纳了赵信的建议，他们认为朝廷的军队没有远途奔袭横越沙漠的作战能力，便远走沙漠以北。

他们还设想，即便汉军长途北进穿过沙漠，也不会作稍久的停留。但是此次朕一定要得到我们想要的，所以决定发动一次更大规模的攻势。"将领们群情激奋，大受鼓舞，纷纷献计献策，很快便制订了与匈奴东部和中部主力的决战计划。

汉武帝挑选出用黍米饲养的战马10万匹。体格强壮，耐劲强。这10万匹特别饲养的马由大将军卫青和骠骑将军霍去病舅甥两人平分，各配备精锐骑兵5万人。这次汉军出击和以前很不一样。除了10万骑兵以外，官兵们另带自己的私马有4万余匹。

汉武帝下令把骁勇善战、敢于深入搏斗的精壮士兵交给了霍去病，更把攻击中部匈奴伊稚斜单于部的艰巨任务交给了霍去病，以示对他的格外恩宠和所寄予的厚望。

霍去病受诏从定襄出塞，直接攻击遇到的匈奴小股武装。他从俘虏口中得知，伊稚斜单于远在东方。霍去病便回军休整，重新布置行动计划。汉武帝改命霍去病从东边的代郡出塞，而让卫青从定襄出塞，目的仍是让霍去病率精锐攻击伊稚斜单于的主力。

这次远征之前，郎中令李广屡次向汉武帝请缨出征。但汉武帝正宠信卫青和霍去病二位将军，而且这两人又是他的亲戚。卫青娶了平阳公主，成了汉武帝的姐夫，霍去病又是卫青的外甥。汉武帝也深知李广能征善战，只是心中有些忌讳李广功劳太大会压过卫青和霍去病。为了让卫青和霍去病在战场上再次露脸，汉武帝就有心阻挠李广参加这次大战。汉武帝先推说："将军年纪太大，就不必再受鞍马之劳苦了。"李广求战心切，不肯罢休。汉武帝觉得也没有什么合理的理由阻拦李广参战请求，就勉强地同意了，将李广安排在卫青军中。

霍去病所率的5万人马并没有配备副将，而卫青部则有四位大将辖属。汉武帝任命郎中令李广为前将军，太仆公孙贺为左将军，主爵都尉赵食其为右将军，平阳侯曹襄为后将军。他们全部隶属于大将军卫青指挥。

汉武帝一声令下，汉军又开始了向北的第二次推进。这是汉武帝第十一次对匈奴的用兵。尽管汉武帝战前深思熟虑，但战场上的情况却出现了戏剧性的变化。原定霍去病寻找伊稚斜单于的主力，卫青则主要应付左贤王的部属，不想两支汉军向北推进，各自搜索对手时，情况却出人意料之外。卫青部队碰上了伊稚斜单于的主力，而霍去病捕捉到的却是左贤王所率的人马。

汉军准备充分，一心想找匈奴的主力决战，所以这次战役成为不可避免的了。在交锋之前，赵信安慰伊稚斜单于说："即使汉兵越过了大沙漠，人马再精壮也一定会疲惫不堪，到时候我们可以坐着收拾他们。"于是，伊稚斜单于下令把辎重和所有部落都向北再行撤退，把所有的精兵都留下来，布置在大沙漠以北，等待汉军的到来。

卫青率大军既出定襄，获悉伊稚斜单于王庭在漠北的情报，亲自率领精锐骑兵向王庭挺进。他命将军李广所部与右将军赵食其所部合并，担任大军右翼护卫，定下期限到漠北合击匈奴主力。右翼进军必须从东面绕道行军，路远而且水草又少。李广请求说："我的任务本是前锋，大将军却改变部署，调我到东面担任右翼，我自从16岁时便与匈奴交锋，直到今天才有机会跟匈奴单于单独对面。我愿仍担任先锋，效死而取单于的人头。"

卫青对于李广的请求毫不理睬。他之所以如此变更部署，主要因为汉武帝已经暗中吩咐过，说大功不可落到外人头上。卫青领会了汉武帝的意思，对外就说李广年纪太大，而且用兵运气不好，所以不让他面对单于担任前锋，主要是怕劳而无功，使单于逃遁，达不到擒获的目的。而且大将军卫青也有自己的小算盘。公孙敖因行军误期，被汉武帝革去了侯位。他是卫青的好朋友，曾经从馆陶长公主手下救过卫青的命。卫青一心想让他随自己立功，以便恢复救命恩人的爵位，所以卫青调开了先锋李广，打算让公孙敖当先锋。李广也听说了一些内情，心中愤恨，一再坚持要卫青准许他担任先锋，但卫青一概予以拒绝。李广数次请求不成，知道事已无望，也不行礼，转身就走，毫不掩饰对卫青的愤怒。

李广心中虽有怨气，但还得服从军令领兵从右路北上。卫青从定襄出塞，向北疾走1000余里，横越沙漠。伊稚斜单于听从赵信的计策，转移辎重，陈精兵严阵以待，以逸待劳。两军士兵都感到了临战前的紧张。

卫青见伊稚斜单于以逸待劳，也不从正面冲击，以免造成太大的损失。卫青想出了一条诱敌之计，只要匈奴人离开营垒，对于汉军的攻击会格外有利。卫青下令士兵们用顶上有帷布的武刚车围成阵营，叫五千骑兵抵挡住匈奴人的正面，其余军队在武刚车阵后面和两翼埋伏起来。

伊稚斜单于求胜心切，看到汉军用5000人防守正面，以为汉军还处于长途行军的疲劳之中，没有恢复，只会派出少数汉军投入战斗。他便命令1万骑兵出击汉军武刚车阵。

两军都是精锐部队，往来厮杀，一直持续到黄昏时分，战斗场面异常惨烈。这时候，沙漠中忽然刮起一阵旋风，沙砾被卷入半空之中，撞击着人脸。整个战场上一片昏暗，尘土滚滚。两军互相乱成一片，不能辨别是敌是友，只能凭着感觉一通乱杀乱砍。

卫青见时机已到，下令留守在武刚车阵后面的大军分别从左右两翼迅速展开，用大迂回的办法攻击匈奴主力的后卫部队。汉军趁着夜色昏暗，迅速地完成了对伊稚斜单于主力的包围。

伊稚斜单于这才发现中了圈套。他发现迎战的汉军兵强马壮，数量竟是如此之多，心中大为震惊。何况匈奴士兵不习惯于夜战，难以抵挡汉军的凶猛攻击。伊稚斜单于知道无法取胜，于是骑上有耐力的健骡，在数百名精锐骑兵的保护之下，杀开一条血路，突出了汉军的重围，趁着昏暗的夜色，向着西北方向落荒而逃。

大将军卫青正在指挥将士猛攻，忽然听说单于逃出包围圈，连忙派轻骑兵追击。这时，战场上的喊杀声仍震天动地，汉匈士兵奋力搏斗，喋血黄沙。沙场上正在苦战的匈奴官兵，发现被单于遗弃，军心大乱，迅速四散逃命，完全崩溃。卫青挥军掩杀，并乘夜向西北方向追击。轻骑兵追击了200多里路，到天明也没有追上伊稚斜单于。这200多里路程里面，并没有遇到匈奴的兵力，因此没有什么收获。但昨夜的一场恶战，双方伤亡巨大。汉军取得了胜利，斩杀和俘虏匈奴官兵共19000余人。沙漠之上尸首狼藉，鲜血染红了黄沙，在朝阳的照耀下发出了惨淡的红光。

卫青集合汉军稍作休整又向前进发，一直进抵到置颜山赵信城，城中的匈奴早以四散逃命。汉军冲进城内时，发现赵信城中积存有匈奴人的大量粮草。原来这里是匈奴人的一个粮草储存处。卫青将汉军在赵信城驻扎下来，并派出人马四处去搜索匈奴兵，但都没有收获。大军在赵信城居留了一日，卫青担心孤军深入，夜长梦多，就下令班师回朝。临行之前，卫青下令放火烧城。顿时，赵信城中火光冲天，在几十里外的沙漠中都可以看到那滚滚的浓烟。房舍以及匈奴人囤积的大批粮秣被熊熊的烈火吞噬，化作一片焦土。

卫青领着人马凯旋，遇到了李广和赵食其所统领的汉军右翼部队。李广和赵食其自知延误了日期，姗姗来迟，一定不会被放过，脸色阴沉等待着大将军卫青的处罚。

关于李广之后的悲剧命运，在后文会有详细解读。

匈奴汗国伊稚斜单于突围后，好不容易才摆脱了汉朝轻骑兵的追击，他只好找个地方先隐藏起来，战场上匈奴士兵有组织的战斗瓦解后，士兵四散逃走，远远地跟在汉朝进攻部队的后面，一同前进，希望能找到他们的单于。而伊稚斜单于大战之后却下落不明，群龙无首，各部落震撼。匈奴右谷蠡王误以为伊稚斜单于已经死了，于是自称单于。直到十余天之后，伊稚斜单于听说汉朝已撤兵回去才在惊魂初定后出现，集合他的残部。右谷蠡王这才去掉单于的称号。

暂且放下卫青这路不提，再说骠骑将军霍去病的情况。霍去病从东边的代郡出发。他所率领部队的人数、辎重与大将军卫青所部相同，但士卒是经过精心挑选的骁勇善战之士，而且汉武帝也没有为霍去病配备副将。霍去病兵权完全集中在自己手里，所以他的部队兵力集中，攻击力很强。李广的儿子李敢就在霍去病麾下担任校尉一职。

霍去病带领手下5万大军，一齐出动，行动异常迅速，从代郡和右北平出塞，向北挺进了2000余里。

霍去病领军横穿沙漠，遇到了匈奴左贤王的主力。霍去病命手下人，迅速进入战斗状态，发起了猛烈攻击。这5万汉军个个骁勇善战，合起来如同一只巨拳，直捣左贤王的部队。左贤王从没有经历过这么沉重的冲击，还没能站稳脚跟，就被汉军打得七零八落，根本没能组织起有效的抵抗。兵败如山倒，匈奴人一看大势不好，状如惊弓之鸟，伏马落荒而逃。

霍去病下令尾追掩杀，匈奴人疲于奔命，被汉军杀得人仰马翻。霍去病俘虏了屯头王、韩王等三位匈奴亲王，以及将军、相国、当户和都尉等匈奴高级官员，一共83人。

霍去病一路追逐大军踏上了狼居胥山。他们在山上用石头和泥土堆起了祭台，祭祀上天，又到较矮的姑衍山上举行禅礼，祭祀地神。他们一是为了向匈奴示威，二也是为感激神灵的庇护，使他们连战连捷。汉军将士站立在高山之巅，回头遥望瀚海沙漠，心中豪气直冲霄汉。

霍去病这次取得了较大的战果，一共斩杀和俘虏了匈奴七万余人，匈奴左贤王所部主力损失殆尽。

汉军东西两路均告大捷，汉武帝照例又是大赏三军。他加封霍去病食邑5800户，又封右北平郡太守路博德为邳离侯，卫山为义阳侯，复陆支为杜侯，伊即轩为众利侯。从骠侯赵破奴，加封食邑300户。校尉李敢赐爵关内侯，封食邑200户。军中小吏、士兵也得到封赏和武功爵。而大将军卫青不再封赏，部将之中也没有人晋封侯爵、获得赏赐。

这次漠北大决战，汉朝两支军队都大获全胜。尽管汉军是胜利者，但也付出了沉重的代价。两军出发时，军马及私马共14万匹，班师入塞时只剩下不到3万匹。

汉武帝为了安排霍去病，专门设立指挥全部武装的大司马一职，由大将军卫青和骠骑将军霍去病甥舅二人共同担任。汉武帝还下令，擢升骠骑将军的官位和俸禄，待遇与大将军卫青完全相同。主要因为这次大决战中，霍去病的功劳已经远远超过了卫青，汉武帝就格外赏赐他。

这次漠北决战，使匈奴的主力遭到毁灭性的打击。前几年汉武帝接连不断地派大军对匈奴用兵，匈奴人也是疲于奔命，转移部落，加上其中还有几次大天灾，所以在经济上遭到了很大的损失。此后，伊稚斜单于在很长一段时间内，再也不敢带领军队到大漠以南，匈奴的各个王也不敢在大漠以南建立王庭。"漠南无王庭"，汉朝边境也稳定了一段时间。

汉军也有相当大的损失，在短时间内，双方都难以恢复元气。这才是双方以后停战十余年的一个因素。

汉武帝的显著武功和选用了卫青和霍去病这两位统帅分不开的。这两位汉军统帅对汉武帝固然是忠心耿耿，对国家、民族也做出了自己的贡献。

心比天高，命比纸薄，李广的委屈

在汉匈作战史上，卫青、霍去病可以称之为"绝代双骄"，他们共同完成了武帝讨伐匈奴的主要战役，基本消灭了匈奴军队的主力，同时也成就了各自的一世英名。但是，汉匈战争史上还有一些将军，他们一生与匈奴作战，可命运之神却似乎总和他们开玩笑，连一次封侯的机会都没有得到。其中，最典型的莫过于飞将军李广。

李广是陇西成纪人。他的前辈是秦朝的名将李信，曾经为秦始皇追杀燕太子丹。李广的家庭是军人世家，射箭的技艺一代代地传了下来，而李广是其中箭术最高超的。

汉文帝在位时，匈奴军队大举入侵萧关，李广慨然从军。因为箭法高超，射杀匈奴骑兵数十人，李广被封为郎官，侍从在文帝左右。他又时常随汉文帝一同外出打猎，多次格杀猛兽。汉文帝曾对他说："可惜你生不逢时，要是你生活在高皇帝打江山的时候，封你做个万户侯是没有什么问题的，可以光宗耀祖了。"

在汉景帝朝中，李广跟随太尉周亚夫平定七国之乱，立有战功，但因为梁王私下里给了李广将军印，所以汉景帝就没有重赏他。汉景帝认为李广是员勇将，就派他到上谷地区当太守。他在上谷太守任上与匈奴数次交战，当时负责汉朝与各附属国关系的官员公孙昆邪眼见李广这么不要命的打法，甚为不安，向汉景帝哭诉："李广的才气天下无双。他因为自负其能，屡次与匈奴人交战，臣恐怕他会因此遭遇不测。"汉景帝听了，怕他太鲁莽，白白地丧命，就调他到上郡做太守，后来他又当过雁门太守、代郡太守和云中太守。

李广带兵方略奇特。他行军不按建制，不成行列；驻扎不按建制，各随其便；夜间不打更巡逻。军队的战斗力在于建制，建制一乱，队伍即一盘散沙，这是通常的说法。而李广带兵，完全不拘一格。反而使士兵们少了许多辛苦，乐于跟随他出征，并拼死作战。

李广在北方边郡担任太守时，骁勇善战，在匈奴那边也出了名。

在汉武帝迎击匈奴的第二仗时，武帝命李广率1万人从雁门出击。结果，因为名气太大，被匈奴人重点照顾，李广遭到匈奴的伏击，突围不成，又被匈奴兵射伤，且被生擒活捉。

匈奴兵见捉了李广，很是高兴，他们看见李广受了伤，就用绳子结成一个网，吊在两匹马中间，让李广躺在上面，他们准备去向军臣单于献功、请赏。

这些匈奴兵因为生擒了名将李广，心中甚是高兴，一路谈笑风生。李广在吊网上纹丝不动，假装昏死过去。匈奴兵走着走着，警惕性也就放松。

李广在吊网上估算着这些人已经走了有几十里地，就偷偷地睁开眼，看见刺眼的阳光勾勒出一匹骏马的头影，李广知道这是一匹善跑的好马。他使劲从吊网上跳起来，飞身骑上那匹骏马，抱住了马上的匈奴兵。别的骑兵都惊呆了。李广夺过他怀抱中那个匈奴骑兵的弓和箭，把他推下马去，掉转马头，拼命往回跑。其他匈奴兵半晌才反应过来，他们也一齐勒转马头，在后面猛追不舍，疾驰的马蹄在荒原上扬起滚滚的烟尘。

李广回头看匈奴兵快要追上来了，他一面使劲打马疾驰，一面拈弓搭箭，匈奴的追兵跑在最前面的几个都应弦落马。匈奴骑兵只好放慢速度，眼睁睁地看着李广越跑越远。

这一次，李广因为全军覆灭而被定为死罪，交了钱后赎为平民。但很快，因为需要，汉武帝又起用了李广，让他镇守右北平。

李广在右北平太守任上，除了严密防守匈奴的入侵以外，也时常出去打猎散散心。右北平一带有老虎出没，时常出来伤害百姓。李广就把老虎当作狩猎的主要对象。只要老虎遇到他，没有一只能逃脱被射杀的命运。李广艺高人胆大，一定要等老虎走到近前时才会拉弓放箭，一般一箭就能结果老虎的性命。

有一天，李广晚上巡逻，天色昏暗无光，只有几点星光点缀在黑色的天幕上，此时正是老虎出来觅食的时间。李广一行人走到山脚，忽然看见草丛中伏着一只老虎。李广急忙拈弓搭箭，手下人还没有反应过来，李广已经把箭使劲地射了出去。他的箭法能百步穿杨，所以很轻松地射中了目标。他手下人看老虎中箭之后一动也不动，就跑过去捉这只大猎物。他们走近一看，不禁大吃一惊，原来李广射中的是一块虎形的大石头。箭射入石头中，这些手下人谁也拔不出来。大家对于李广的神力感叹不已。

李广感到很奇怪，他退回到原来的地方，又射了一箭。那支箭与石头相撞，迸出了耀眼的火星，掉在旁边，仅在那块大石头上多凿了一个小洞。李广又连射了两箭，箭头都折了，都没再能射入到石头里去。其实不必再射，有那一箭就够了，大家已经亲眼看到李广的箭竟能射穿硬石头。这个消息传到匈奴那边，他们摸摸自己的胸口，心想，李广的箭连石头都能射穿，何况我们的血肉之躯呢？他们越想越害怕，以后匈奴人就不敢再去骚扰李广所管辖的右北平郡了。

后来，李广又调任上郡太守，汉武帝派一个宦官下基层到李广的驻地监军。一天，这位宦官带了几十个骑从外出，与3个匈奴人狭路相逢。宦官仗着人多，和匈奴人对射。结果，3个匈奴人以一当十，把宦官的骑从几乎杀光。宦官受伤，夺路而逃。李广立即断定：这三人一定是匈奴的射雕手。于是毅然带领100随从追了上去。李广让骑从从左右两翼包抄，自己连射两箭，杀死其中两人，活捉一人。经审讯，此三人果然是匈奴射雕手。李广率骑从大胜而归，正欲回营。突然数千匈奴骑兵追赶过来。见李广仅率100骑从，立即占领山头摆开阵势。仇家追杀，骑从惊恐万分，掉头想跑。李广说，此地离我方大军几十里，掉头逃跑，百十号人立刻会被杀光。如果留下来，他们以为附近还有伏兵，反而不敢出击。

于是，李广让骑从继续向前，一直走到离匈奴二里地远的地方才停下来，并且命令手下的士兵全部下马解鞍。骑从大惑不解："敌人如此之近，一旦追杀过来，我们甚至都无暇备鞍。"李广说："我们现在跑，他们肯定会追击；如果我们不但不逃，还卸下马鞍。他们反而疑神疑鬼，不敢攻击。"

匈奴骑兵见汉兵如此反常，不知葫芦里卖的什么药，忙放出一个骑白马的将军出阵试探。李广迅即带领十几位骑兵飞奔过去，用箭将他射杀，然后又回到队伍中。这一次，李广干脆让士兵们把马放开，一个个躺在大漠上，悠然自得。天色暗淡下来，太阳也落山了。李广一出攻心战，弄得匈奴骑兵如堕迷雾，不知所措，始终不敢出击。后半夜，匈奴骑兵撑不住了，莫名的恐惧弥漫成一片，大军连夜撤兵，李广率众信步回到大营。

公元前 121 年（元狩二年）夏季，汉武帝再次下令对匈奴汗国发动攻击。他派骠骑将军霍去病和合骑侯公孙敖，率领数万骑兵从北地（甘肃省宁县）出塞，卫尉张骞与郎中令李广从右北平（河北省平泉县）出塞，与霍去病所部遥相呼应。两军领诏，分道向北挺进。

李广和张骞从东路进兵主要是追歼进入代郡和雁门两郡抢掠之后撤退的匈奴左贤王的部队。汉武帝调给他们 14000 人。李广带领 4000 骑兵作为开路先锋，张骞率领其余的人马作为后援。李广率军向北搜索前进，张骞在后面慢行，两者之间相距数百里路程。

左贤王得知李广仅有 4000 人马，就集合了手下全部的人马共 40000 人埋伏在李广前进的路上。李广只顾挥师猛进，一头撞入了左贤王的包围圈。

40000 匈奴骑兵将 4000 多人的汉军团团包围，李广部下军心震恐，面对十倍于己的匈奴军队，束手无策。

李广心中虽有些紧张，但脸上不露声色。他叫来自己的小儿子李敢，让他带上几十个人先去探探匈奴的虚实。

李敢挑选了一批精壮的士兵，装束停当，发起冲锋，如同猛虎下山，杀开一条血路，冲破匈奴的防线，突出了匈奴的包围圈。李敢提剑一挥，手下人又一起往回杀，再次冲破了匈奴的包围，回到汉军阵中。李敢大声对父亲李广说："别看匈奴人多，但并没有多大战斗力，我们用不着担心。"

听了这话，李广手下的汉兵们都壮起胆子，开始真正准备战斗。李广把汉军布置成一个圆形阵势，每个人都面朝外而立，这样就可以抵御四面八方来的敌兵。匈奴兵一看无处下手，也不敢靠近，就在远处用弓箭进攻，万箭齐发，密如骤雨。汉军尽管使用了挡箭牌，但也死伤过半。李广令手下还击，双方箭矢互飞，匈奴也有大量伤亡，但因为汉军人少，箭矢的数量也少，很快就要用光了。

李广见形势紧急，下令手下持箭上弦，全力拉满，但不准发射。接着，他张开特制连弩弓，专门瞄准匈奴将领，射杀数人。匈奴兵见势不妙，纷纷后退。他们在周围围成圈子，既不敢冲过来，也不甘心离开，一心想用长时间的围困使得汉军不战自溃。李广则令手下士兵弓箭不离手，分批休息，与匈奴人僵持。

这时候，天渐黄昏，气温急剧下降，汉兵们个个惊恐，面容失色。只有李广镇定自若，言谈举止与平日无异。他的镇定起到了安稳军心的作用。李广马上又巡视阵地，调整部署，部下也苦苦支撑，这样与匈奴整整对峙了一天一夜。

第二天，匈奴兵又发动了凶猛的攻击，力图置李广部于死地。李广率军苦战支持，又死亡过半，只剩不到1000人苟延残喘，有些还已经带了伤。而汉军的顽强抵抗也杀伤了大量的匈奴兵。匈奴方面所损折的人数大大超过了汉军，正当汉军防线即将崩溃的时候，南部包围圈的匈奴阵势大乱，原来是张骞率领着1万汉军赶到了。左贤王一看形势不好，马上下令解围撤退。这时李广的军队已经丧失元气，而张骞的部下又刚经过长途跋涉，所以均力不从心，就放弃了对匈奴左贤王部的追歼。汉军遂班师回朝。

汉武帝对于张骞和李广出师不利，做出了处理意见。他认为李广的兵马虽然损失过半，但是匈奴人却付出了更沉重的代价。这样功过相抵消，汉武帝免除了对李广的处罚。张骞本应配合李广的进军，但是行军迟缓，耽误了时间，因而使李广孤军奋战，同时也丧失了追歼左贤王的良机。汉武帝认为应定他为死罪，但是念张骞救李广有功，准许他出钱赎罪。张骞自赎罪为平民。

公元前119年（元狩四年），汉武帝为了歼灭匈奴主力，决定采取更大规模的军事行动，制定了深入漠北、犁廷扫穴、寻歼主力的战略方针，集中10万精锐骑兵，组成两大兵团，分别由大将军卫青、骠骑将军霍去病统领。

卫青从定襄出兵，令李广做前将军，公孙贺任左将军，赵食其任右将军，曹襄任后将军，大军越过沙漠，于漠北寻找匈奴主力决战。

恰在此时，卫青从一个匈奴俘虏口中，得知匈奴单于的具体位置。对于远涉沙漠作战的汉军来说，这是一个十分重要的情报。随后，卫青突然下令前将军李广，率部合并到右将军的部队中，走东路，合围单于。

东边道路迂回，水草稀少，不利于大部队行进。前将军李广与匈奴作战，到此时已历文、景、武三朝近半个世纪，好不容易有了打先锋的机会，还是直接面对匈奴单于，突然调到右将军赵食其军中，自然心有不甘。

根据情报提供的具体位置，卫青决定正面迎击单于军队。汉军用战车排成环形营垒，阻止匈奴骑兵突袭，然后以左右两翼疾驰向前，包围单于军队。单于见汉军人多势众，装备精良，作战进退有序，自己绝难取胜。因此，傍晚时率领几百名骑兵突围而去。汉军轻骑兵连夜追击，匈奴兵士四散奔逃。天快亮时，汉军追出200余里，没有追上单于，俘获、斩杀敌兵1万多人。同时，霍去病重创匈奴左贤王军队。这就是著名的漠北决战。

卫青漠北胜利归来时，李广和原任右路军指挥的赵食其才姗姗来迟。原来，右路军因为没有向导，迷失了道路。李广的部队一到达，卫青立即派人到李广的大帐中，讯问李广迷路情况，准备上报汉武帝，但李广拒绝回答。卫青又欲传李广当面质询，李广悲愤地说："我李广从16岁开始参加对匈奴的战争，至今已历经大小七十多次战斗。而现在，有幸跟随大将军出征，本应充当先锋直扑单于。而大将军却把我调到右卫，路途遥远，又因为没有向导迷失了道路，这可能是天意安排吧。我今年已经60多岁了，怎么能去面对那些只会舞文弄墨的军法官之类的家伙。"于是，李广抽刀自杀。

李广为人廉洁慷慨，得到的赏赐都分给部下，饮食住宿和兵士们一样同甘共苦。身为两千石的高官四十余年，身死之后，家中却没有多余的财产。部队行军中遭到困难，李广总是享受在后。发现水源，士兵没有全体喝完，李广一滴水也不沾唇。士兵没有吃饱，李广也不进食。他深受手下官兵爱戴，士兵们都乐于接受他的驱使。李广的死讯传出，全军痛哭。民间听到这个消息，都知道李广是一员良将，无论习武与否，也不管年纪大小，都垂泪流涕。李广的忠诚和勇敢赢得了大多数人的感情。

以李广的才能加上从军近半个世纪的资历，封侯本应理所当然。而李广终生未封，千载以下，文人武夫，无不扼腕。庙堂江湖，纷纷叹息。既然天降奇才，为何又如此不公？

李广难封，但不是没有机遇。

七国之乱时，李广是太尉周亚夫的部将，他夺得叛军军旗，战功赫赫。但就在此时，李广接受梁孝王刘武的将军印，汉景帝因此没有给李广封侯。梁王一直觊觎储君之位，汉景帝对此芥蒂颇深。李广公开接受梁孝王的将军印，无疑犯了汉景帝的大忌。所以，尽管李广刚立大功，汉景帝必然对他采取冷冻政策，不予封侯。李广不自觉地卷入宫廷斗争，成为汉景帝和梁孝王斗法的牺牲品。

李广自身确实缺乏政治敏感性。作为朝廷将领，怎能私自接受诸侯王的将军印？汉代对中央官员与地方诸侯交往向来非常忌讳，吴楚七国之乱爆发后，更是严禁中央官员私交诸侯。李广犯忌，封侯机遇第一次与他擦肩而过。

李广在武帝时屡次战败，与霍去病有很大关系。自从第一次率领800精锐获胜之后，每次出征先将部队中的精锐挑出来给自己是霍去病的惯例。而在他之后，卫青也常常在霍去病挑剩下的士兵里挑挑选选，给自己也选一大部分精锐出来。李广带的兵，多是人家挑剩下的。一个精锐的价值至少等于十个普通士兵。带领没有精锐的军队打败仗，自然在所难免。

元狩四年（前119年）的漠北决战是李广一生中最后一次出征，也是他第一次被授前将军。前将军是部队先锋，最有可能立功封侯。但是，大将军卫青得知匈奴大单于的具体位置后，将李广强行调往右将军赵食其部，逼迫他走右路。同时，卫青安排新近失侯的公孙敖为前锋，将立功封侯的机会双手奉送公孙敖。卫青为什么要这样做呢？一是汉武帝临行前的交代，二是卫青对公孙敖的私心。

漠北决战，汉武帝本不想让李广参战，在李广执意要求下，汉武帝勉强同意让他担任前将军，但却暗中告诫卫青："李广年迈，命不好，不要让他与匈奴单于对阵，以免误事。"

卫青执行汉武帝的旨意，调走李广，把机会给了公孙敖。因为公孙敖当年解救卫青于长公主密室，救命之恩没齿难忘。李广就此失去最后一次可能封侯的机会。

唐代著名诗人王维《老将行》有两句诗："卫青不败由天幸，李广无功缘数奇。"意思就是说，卫青总打胜仗，那是因为他运气好；而李广终生不得封侯，是因为他"点儿背"。

另外，李广恃才而骄，多次失败。对此，指挥全军作战的汉武帝不得不有所顾虑。所以，我们既要看到汉武帝在漠北之战中对李广的处理不公，又要看到汉武帝着眼全局的负责态度。

李广大半生位居高官，交钱赎罪是交得出来的，而且，此前他多次因误期失军判为死罪，而舍财保命，为什么这一次引刀自刎呢？李广早就明白，自己从军的机会已经不多了。这次被任命为前将军，更是难得。但是，李广并不知道，汉武帝在任命他为前将军之时，已吩咐卫青适时调离李广。他至死不知道，从一开始，汉武帝便使他这次出征毫无意义。

士可杀不可侮。卫青强迫李广至右路军，李广再三抗议无效后，未向卫青辞行，就愤然踏上东路。这非常失礼，但李广被逼无奈！所以，失期之后，李广拒绝面对刀笔之吏，细数迷路的详情。李广的血性决定了他只能自杀，不能被辱！

宁为玉碎，不为瓦全。胜固可喜，败亦犹荣。李广以死向命运、向不公抗争。

属于李广的战争以李广自杀出局而告终。而漠北决战后，匈奴单于兵败，左贤王部几乎被霍去病全歼，匈奴只能向环境更严酷的北方逃遁。

李广家族的悲剧并没有因为他的死亡而中止。李广死后不久，大汉王朝发生了一件奇闻：李广的儿子关内侯李敢在狩猎时被鹿角穿身，一命呜呼了！

一个年轻的将军竟然被一只鹿顶死，也算是一件奇闻了。那么，这位李敢将军怎么会被鹿顶死呢？这事还要从卫青和霍去病说起。

卫青作为一个私生子，从小在苦难中长大，为人仁慈、谦虚、干练和勇敢。霍去病也是个私生子，但与他的舅舅不一样，他为人比较骄傲、跋扈。他从小富贵，不知道民间和社会底层的苦痛，所以他对部属并不体恤，完全是一个纨绔子弟的作风。大军出战时，霍去病把军中精壮全部挑到自己手下。汉武帝为了显示对他的宠爱，也睁只眼闭只眼，放任他这样做，而且派出宫廷膳食官率领厨房车数十辆，跟随出征，供应霍去病酒食。每次班师回朝时，他的随军厨房车队中还剩下不少的粮食和肉类以及美酒。而士兵们却经常会因为军粮接济不上而忍饥挨饿。

卫青因在突袭匈奴的战争中逼死了李广，心中一直自责。

李广的儿子李敢是一个血气方刚的年轻人，他也久经沙场，战后担任了郎中令一职。他怨恨卫青逼死了父亲，去找卫青理论，激动之下拔剑相向，把卫青刺伤了。卫青为人敦厚，自己也觉得对不起冤死的李广，就把这件事给压下了，命令手下人不许告诉别人。

过了不久，这事传到了霍去病的耳朵里。霍去病听说舅父受辱，心中难忍这口气，一心图谋报复。过了一段时间，李敢随汉武帝到甘泉宫去狩猎。霍去病也在随行行列中。等到李敢去追逐猎物时，霍去病偷偷摘下弓箭，趁武帝没注意，一箭射出，李敢当时中箭落马，魂归九泉。

汉武帝想阻拦已经来不及了，他觉得这件事很棘手。本来李广的自杀就与他有一定关系，武帝挺过意不去，现在李敢又死了，怎么向天下人交代啊？这时，霍去病和卫青正受汉武帝宠爱，武帝就命令不许声张此事，特别吩咐手下人掩饰这件丑闻，对外只是宣称郎中令李敢在狩猎时不慎被鹿顶死。

李敢之死，在后世引发了争论。有人说李敢该死，因为他刺伤了大将军，霍去病杀他是应该的。

但是，这也是不符合法律的。就算李敢罪该砍头，在和平时期，霍去病却也没有审判、判决的权力。霍去病的行为足见他心胸不够宽广，为人处世不如舅舅卫青。

尽管卫青和霍去病在性格上各有优劣，但在军事才能上，他们舅甥二人却是两颗闪耀的明星。

第四章

居功自傲，王朝在穷兵黩武中迷失

汉武帝在西南夷地区相继建郡置吏，行使直接统治。公元前111年（元鼎六年）春，在且兰置柯郡，以邛都为越郡，笮都为沈黎郡，冉为文山郡，白马为武都郡；公元前109年（元封二年）秋，以滇、劳深和靡莫等小国的故地为益州郡，西南夷正式并入汉帝国的版图。

江湖骗子成为东床驸马

公元前 115 年（元鼎二年）春天，长安城成了一座建筑工地。往来奔忙的都是一些建筑工匠，他们正为汉武帝兴建求仙用的柏梁台。

柏梁台位于未央宫的西部，在章城门和直城门之间。因为这个建筑主要采用香柏作为建筑用的主要材料，因而得名。据说柏梁台建成之后，浓郁的香柏气息可飘散到十余里以外。柏梁台高 30 丈，宽 20 丈，中间立一铜柱直径要七个人合围才能抱得住，铜柱的顶端是承露盘，承露盘由一个仿制的神仙手掌托着，那手掌叫仙人掌，掌心向上，可以承接天上的甘露。汉武帝听了方士们的鬼话，把从承露盘中积蓄起来的露水，搅拌碧玉的粉末制成仙露。据说常喝这种仙露，可以健体壮阳，长生不死。汉武帝当然一有仙露就开怀畅饮，尽管仙露又涩又凉，他也乐此不疲，害得自己生了一场大病，这才不敢多喝了。

乐成侯丁义揣摩出汉武帝的心思，他就向汉武帝又推荐了一个方士叫栾大，丁义说："栾大和少翁是同一师门所出，法术远在少翁之上。"汉武帝马上召见栾大，见他长得又魁梧，又英俊，而且气派不凡，汉武帝马上就喜欢上了，他把栾大当作贵宾招待。

栾大原先是侍奉汉武帝的弟弟胶东王刘寄的方士。刘寄的王后又是丁义的姐姐，所以丁义特地把栾大推荐给汉武帝。栾大比较健谈，言辞丰富，又有谋略，所以骗得了不少人信任。

栾大有个最大的特点就是敢于信口开河，胡吹一通，他有时对自己说过的大话深信不疑。汉武帝询问栾大有关神仙的事。栾大瞪起眼睛胡吹起来。他说："我以前经常在海里来来往往，见到过安期生、羡门这几个古神仙。只因为我地位低贱，所以他们对我不肯信任。而且当时我是在胶东王刘寄手下，他们认为刘寄只不过是一个封国的国君，根本没有资格得到长生的药方。"汉武帝被栾大的大话镇住了，他急迫地问道："不知先生到底具有多大的法力呢？"栾大看汉武帝上了钩，更加漫无边际地扯起来，他说："我的仙人老师讲过，只要修炼的功夫到了，黄金可以炼成，黄河决口可以轻易堵塞，长生不死之药唾手可得，到后来便可以修炼成仙了。"汉武帝听得发呆，他庆幸总算又遇到一位能人，就对栾大说："那就请先生替朕寻找长生不老的秘方吧，金钱富贵不在话下。"栾大使出欲擒故纵的策略，故意说："我恐怕步少翁的后尘，少翁冤死之后，天下法术师们心中恐惧，从此都要把嘴掩住，谁还敢再谈及什么长生秘方呢。"汉武帝着了急，撒谎说："少翁被杀纯是谣言，他是吃马肝中毒死的，这谁不知道？朕对于失去少翁也是很痛心。只要你能得到长生不老的秘方，我什么都不吝惜。"栾大想放长线钓大鱼，就装出傲慢的样子说："我的仙人老师从来不求凡人，只有凡人求他。陛下如果一定要请到他的话，就应尊敬他的使者，使他的使者成为陛下家庭里的一员。而且陛下对待神仙的使者，不能像对待臣下一样，应该把他奉为上宾。这样神仙的使者会感到陛下的诚心，他就会把陛下求仙若渴的心情，转达到神仙那里，而且会为陛下美言几句。"汉武帝一心想给栾大一个满意的待遇，但又担心上当受骗，沉吟片刻才对栾大说："先生不妨表演一个法术好让朕开开眼界。"

栾大早就准备好了一个小把戏，他用鸡血、铁屑和磁石掺在一起，捣好后涂在棋子上面。表演的时候，把棋子摆放在棋盘上，故意念念有词，棋子由于磁力吸引，互相撞击个不停，不知就里的汉武帝和在场的人看得眼花缭乱，以为有神力驱使，禁不住连声喝彩。

这样，汉武帝真的确信栾大有超过少翁的法术。这时候，他忧心忡忡地关注黄河决口无法堵塞、仍在泛滥这件大事，同时又考虑到国库空虚，听栾大说能轻易地堵住黄河的决口，又能使黄铜变成金子，就慷慨地给栾大很大的封号。他先是封栾大为五利将军，后来又觉得封号不够气派，加封栾大为地士将军、天士将军、大通将军，栾大的腰间陡然挂上了四颗黄灿灿的金印，真可谓一步登天了。

栾大并不稀罕这些官衔，他一个人担任了四个将军的名头，还是不肯把法术使出来。而且每次入朝，脸上也没什么喜色。汉武帝的气魄是没人能比得上的，为了达到求仙的目的，他真是毫不吝惜。他把栾大的话又回过头来琢磨一遍，认为可能是自己还没有满足这位神仙使者的要求，因而使者不愿把法术使出来。汉武帝决心满足栾大的一切要求。

转眼到了炎热的夏季，汉武帝再次加封栾大为乐通侯，采邑2000

户人家，还下令为栾大在京城里兴建豪华的住宅，赏赐栾大仆役就有1000多人。为了抬高栾大的地位，汉武帝又把自己御用的车辆、马匹、华丽的帷帐以及其他一些用具全部让人送到栾大的新住宅中，让栾大享用天子的威仪。汉武帝又想起了要让神仙的使者成为皇室的这条要求，又把亲生女儿卫长公主嫁给了栾大。卫长公主是卫子夫皇后给汉武帝所生的第一个女儿。栾大娶了卫长公主，成了皇家的东床快婿，仅仅卫长公主带来的嫁妆，就价值黄金10万斤。为了进一步显示对栾大的恩宠，汉武帝亲自到栾大的新住宅里去做客。栾大的面子之大，轰动了整个长安城。回宫之后，汉武帝派出问候栾大的使节在去栾府的路上络绎不绝，大臣们也群起仿效，上自汉武帝的姑妈馆陶太公主，下到宰相、将军和两千石的官员，都争先恐后地在栾大家摆下酒宴，依势逢迎。汉武帝还给了栾大特别的恩宠，命人用精美的白玉刻成玉印，上书"天道将军"四字，派大臣给栾大送到府上。为了显示对神仙使者的尊敬，送印的使者在夜半时分，站在祭祀用的白色茅草之上，身披用羽毛编织成的大氅，将玉印送到栾大手中。栾大也身披羽毛大氅，站在白茅草上接受了玉印，表示他并不是汉武帝的臣属，而只是与汉武帝平起平坐的神仙使者。

  自从被丁义引荐给汉武帝到身佩六印，栾大权势炙手，这翻天覆地的变化只不过几个月时间。他从一介贫贱的方士到如此至高无上的尊贵地位，全是靠大话吹出来的。他出门使用带有华盖的车舆，威风凛凛，回到豪华的室中，有上千仆役服侍，一呼百应，颐指气使，还有娇滴滴的金枝玉叶侍候，快活万分。汉武帝费尽苦心，尚未看见神仙长得什么样子，栾大却做起了活神仙。

栾大的陡然富贵，成为长安城市民的热门话题，这消息很快传遍天下。于是，沿海一带的齐国、燕国的方士云集京城，指天发誓，声称也能请到神仙。

转眼又过去半年，栾大整日与娇妻取乐，早把汉武帝让他求仙的事抛之脑后。汉武帝心中着急，不免派人前去催促，让他速速往迎神仙。刚开始的时候，栾大总是说时机不到，支支吾吾拖延时间，对付过去。后来栾大看到实在不能再推托了，只好准备去虚晃一圈打消汉武帝的疑心再说。他先辞过汉武帝，别了娇妻，宣称他要到东海海上去寻找他的神仙老师，替汉武帝寻找长生不老的秘方。汉武帝也多了一个心眼，他叫来一个内侍，让他打扮成平民的模样，一路跟在栾大的后面看看他是不是在捣鬼。

栾大率领仆役，坐着华丽的车舆一路东行，畅通无阻。他们一路上游山玩水，晃悠到泰山脚下。栾大下得车来，让侍从们扫出一块空地来，先对着泰山祈祷一番，可是侍从们并没有看到有什么仙人出来和栾大交谈。一行人继续东行，栾大一看快到海边了，他拦住随从们，说："神仙是不会见你们这些下贱的仆役的，我一个人前去求见仙师，你们在此等候便是。"随从们一听也有道理，就让栾大一人去了海边。汉武帝派出的内侍却从别处远远地跟在栾大的后面。

栾大到了海边，回头看看没有什么人，就在海边上散散步，逛了半天，又回到侍从们等待的地方，告诉他们说："我已见到仙师了，现在启程回宫禀报皇上。"他心中无非记挂着家中的娇妻，这行人一溜烟又向西踏上归途。

监视栾大的内侍赶在栾大一行人之前回到了京师，把栾大在山东的所作所为，不分巨细，原原本本地全讲给汉武帝听。汉武帝气得七窍生烟，要看看栾大回来又耍什么鬼把戏。

栾大一开始也早就考虑到了后路，先要求汉武帝保证不再发生少翁事件，接着又要求自己神仙使者的地位，表明自己不是汉武帝的臣下。为了确保生命安全，栾大还要求成为皇亲国戚。所有的这些要求都得到了满足，栾大自以为万无一失，将来无论如何，也不会有事。作为岳父大人总不能不看女儿的情分，杀掉自己的女婿吧？栾大心中挺有把握，所以仍趾高气扬地从山东赶到京城向汉武帝汇报，而汉武帝则换上一副笑脸迎接。栾大早就在路上编好了胡话，他捏造了一些与仙师的对话，并声称已经去到海中和仙师见过面。栾大正在胡说八道时，汉武帝再也忍不住了，他唤出内侍，让其与栾大当面对质。栾大当时就被诘问得哑口无言，冷汗从脸上涔涔而下。这时，汉武帝喝令手下将五利将军拿下，收回栾大腰挂的六颗金印、玉印，将他关进狱中。

廷尉在汉武帝的命令下审讯栾大，认定栾大确系故意诈骗欺罔圣上。汉武帝得到确实的审讯记录，对栾大采取了极刑——腰斩。

腰斩是古代一种残酷的刑罚，往往受刑者被拦腰斩断之后，神志还清醒，其痛苦可想而知，受刑者是在极度痛苦之中慢慢死去。汉武帝宣布对栾大实行腰斩的刑罚，也表明了他上当受骗之后的极度羞恼。

卫长公主刚和栾大结婚没几个月，丈夫就被父皇残酷处死，年纪轻轻就做了个寡妇，心中也是苦不堪言，汉武帝为了自己的尊严是不会顾及女儿的情面的，栾大错误地估计了汉武帝。

处置完了栾大，汉武帝又想起是乐成侯丁义的推举，才使栾大入宫。他早就不再记起是自己过度迷信神仙生活才会上当受骗，反而认为这一切都是丁义造成的罪过。汉武帝令人抓来乐成侯丁义，也定了他一个欺君罔上的罪名。乐成侯丁义原先是想邀宠，不承想却因此惹下大祸，被绑赴法场斩首，暴尸街头。

面对自大的夜郎，西汉只会用行动来表示

公元前135年（建元六年），汉武帝派番阳令唐蒙出使西南夷。

唐蒙率手下历经许多艰难险阻，方到边地笮关。经过一番休整之后，他们又从笮关动身，翻山越岭进入夜郎国境。

夜郎国王以竹为姓，名叫多同，向来僻处南方一隅，自立为王，世人号称之为南夷。南夷部落约有十多个，其中夜郎是最大的。夜郎平素与中原不通音讯，所以坐井观天，认为世界之上唯我独尊，曾问汉使："汉朝与夜郎哪个大？"一时闹成夜郎自大的笑话。夜郎国王竹多同现在见唐蒙远道而来，心中惊奇。他看到汉朝官仪威严，这才觉得相形见绌，心中便多了一些自卑。

唐蒙送上了厚重的礼物，又极力铺张汉朝的强盛和宽大，竹多同张着嘴听得发呆。唐蒙又令手下将缯帛取出，抖展开来，更加显得五光十色，锦绣成章。夜郎王见所未见，闻所未闻，不由得瞠目结舌，愿听指挥。

唐蒙见时机已到，就劝竹多同举国依附，这样可不失封侯。唐蒙

拍着胸膛答应，将来在夜郎国设郡县的话，一定让竹多同的儿子当县令。而且他还说汉朝将会派来官吏协助他。

竹多同见有这么丰厚的礼物和这么优惠的条件，心中很是乐意。他眯着眼睛琢磨了一会儿，下令召集附近各部落的酋长，与他们再共同协商决定。

这些部落酋长看到汉朝送来的锦绣缯帛，心中更是垂涎三尺，他们考虑到汉朝都城离夜郎这么遥远，料定不至于发兵驻守，实际控制权还掌握在自己手中，就都怂恿竹多同，请求竹多同答应唐蒙提出的要求。

竹多同见各部落酋长们也一心与汉结好，就与唐蒙订定约章。唐蒙吩咐手下人将带来的礼物缯帛分给这些人，这些酋长们个个欣喜异常，抱着礼物雀跃而去。

公元前126年（元朔三年），汉武帝下令撤销苍海郡。这一年的秋天，汉武帝又停止了对西夷的经营。在南夷，只设两个县：南夷、夜郎，另外派驻一名都尉。命犍为郡巩固已有的疆界，暂时停止向外扩展。后来，汉武帝又倾尽国家全力，兴筑朔方城。

不久，张骞从月氏出使归来，在给汉武帝的报告中说他在大夏氏看到了蜀布邛杖，经了解，是从身毒国贩来的。因此估计从蜀出身毒到大夏必然是一条捷径。汉武帝大喜，令使者王然于、柏始昌、吕越人等分别从冉、筰徙、邛等处出行，寻找通往身毒的道路。

这些使者们中途经过滇国和夜郎，王然于等使者在滇地一带活动了四年，约在公元前122年（元狩元年）的夏天，回到长安，报告说滇乃西南夷中的大国，有统治价值，汉武帝听了报告，又提高了经略南夷、西夷的兴趣。

汉武帝重新经营西南地区，和滇国有了些交往，但因昆明从中阻挠，不让王然于等使者通过，而且各地蛮夷部落也常杀戮汉朝使者，结果一直也没能沟通去往身毒国的道路。

公元前111年（元鼎六年）秋，驰义侯遗奉汉武帝之命，在犍为郡发夜郎兵从西南攻击南越，遭到了南夷且兰部落的武装反抗，朝廷使者和犍为太守都被杀害。邛、笮也造反，夜郎侯见风使舵，投靠了南越。汉武帝因为重点放在用兵南越上，也无暇顾及这些从中捣乱的小国。

南越被汉军攻破，汉武帝又命令中郎将郭昌和卫广引兵出击，平定了且兰、邛和笮这几个小国。

汉军猝然攻击，邻近小国土崩瓦解，夜郎和冉两国见大势不妙，他们马上表示臣服。夜郎入朝，汉武帝封为夜郎王。冉也不甘落后，就请汉武帝在其地设置官吏。

汉武帝又命令王然于借着攻破南越和南夷的兵威，讽喻滇王入京朝见。滇王无奈准备入朝。滇东北与汉境相接的地方有劳深和靡莫互相依倚为援，阻拦滇王入朝，并多次侵犯汉使吏卒。汉武帝勃然大怒。公元前110年（元封元年），汉武帝仍命郭昌和卫广发巴蜀兵击灭劳深和靡莫，滇王一看无路可逃，只好举国降服，请汉武帝在其地设置官吏。汉武帝赐给滇王印信，让他仍旧领治原来的数万民众。

汉武帝在西南夷地区相继建郡置吏，行使直接统治。在且兰置柯郡，以邛都为越郡，笮都为沈黎郡，冉为文山郡，白马为武都郡；之后，以滇、劳深和靡莫等小国的故地为益州郡，西南夷正式并入汉帝国的版图。

安国少季与南越太后的风流秘事

随着强大的匈奴败北，随着西域诸国臣服，西汉越来越享受天下臣服、万国来朝的感觉。作为西汉此时的唯一领袖，汉武帝要把自己的恩德实施在疆域内外，要把皇威扩大到每个人的头上。广徕四夷，教通四海，是汉武帝即位以来确立的既定方针和目标。为了这个方针和目标，汉武帝统治下的汉帝国频繁地进行军事、外交、政治及文化活动。汉武帝多年对外用兵，目的就是想戡定边患，开拓疆域，建立大一统的多民族汉帝国。早在刚即位的建元年间，汉武帝就开始了雄心勃勃的对外计划，使闽越国主动内迁归汉。而南越国，则始终对强大的西汉不感冒。

南越在西汉初期是南方百越一带文化最先进的一个外臣国，统治范围在东南各小国中也属最大。

南越国的缔造者是个中原人，名叫赵佗。

秦始皇统一天下之后，在南越地区设置桂林、南海、象郡，还把一部分汉人迁徙到那里，与越人混居，两族人民逐渐融合，慢慢同化了。

秦二世胡亥在位的时候，管理南海的南海尉名叫任嚣，患了重病，眼看着就要咽气了。任嚣之前见秦二世昏庸，中原大乱，本想统领百越，也过一把皇帝瘾。可没想到病魔缠身，年纪轻轻就要归天，他很不甘心自己的伟大梦想就此终结，就招来了手下心腹——龙川（今广东惠州）县令赵佗。他对赵佗说："胡亥那小子暴虐无道，没有不恨他的。陈胜、吴广起兵之后，又有项羽和刘邦跳了出来，中原一片纷乱，不知猴年马月才得太平。中原也就这样了。咱们这儿有山有水，地势险要，东西几千里，还有许多中原人辅佐，咱们不必参与中原的争斗，就在南海建立一个国家，不是挺好吗？我是不行了，活不了几天了，我希望你能帮我实现这个梦想。"说完，任嚣伪造了一道诏书，诈称秦二世封赵佗接替他的南海尉一职。

任嚣一死，赵佗正式继任，并立即移送檄文给辖区内的秦朝守将，说："中原那些造反的贱民很快就要打过来了，咱们得马上断绝与中原的道路，在关卡聚兵防守。"这道命令一被执行，南越和中原地区就断绝了联系。随后，赵佗又想方设法除掉了秦朝在南海郡设置的长吏，全部换上自己的心腹，把握住了南海郡的军事、行政和经济等方面的大权。

没几年，秦朝被刘邦、项羽给灭了。赵佗这下更没什么好怕的了，立即发起兼并战争，攻取桂林和象郡，赵佗统一了南方，割据固守，自立为南越武王。

公元前196年（高祖十一年），汉高祖正忙着和自己的兄弟内斗，根本没有精力搭理南越。他索性派遣使臣陆贾带着诏书、南越王印和丰厚的礼物去招抚赵佗，让他团结百越，不要在南边生事。

赵佗当时称霸一方,心满意足,就连打扮也换成了越族人的服饰。他左袒梳髻,傲慢地让陆贾进来相见。

陆贾初至南越,见赵佗态度傲慢,就晓以大义,喻以利害。陆贾对赵佗说:"大王是中原人,亲戚、兄弟的坟墓都在真定。如今竟然背叛父母之邦,忘记骨肉之情,放弃中原的服饰,想对抗大汉天子而成为父母之邦的敌人,这样必将大祸临头。汉朝听说你在南越自立为王,本来要发兵征伐,因为不愿连累百姓,所以特意让我送来南越王印,正式立你为南越王。大王就应用臣下的礼节来迎接皇上的诏书。如果大王抗拒皇上,不服从朝廷,那么皇上一定先掘你祖坟,灭你宗族;到时候只要派一个副将率十万人马来问罪,踏平南越只是翻翻手那样容易。"

赵佗听了陆贾的一席话,感到很紧张,就向陆贾道歉说:"我在这个蛮夷之地住了很长时间了,一时间忽略了中原的礼节。"赵佗恭敬地接过南越王印,做了汉朝的臣下,奉守汉朝约法。

赵佗殷勤地款待陆贾。陆贾一住就是几个月。后来,陆贾要回去述职,赵佗感叹地说道:"先生一走,越地没有可以谈心的人,先生来了之后,我听到了许多新鲜的事。"他还送给汉高祖9颗硕大的珍珠,又专门送给陆贾价值千金的礼物。从这以后,赵佗做了汉朝的南越王,虽然与中原的来往很少,但南方边境也还算安宁。

公元前181年(吕后七年)九月,这时候汉朝的大权掌握在吕后的手里。她认为虽然南越王是汉高祖封的,但那只是一个外臣国,不受朝廷的直接统治,因此一向不作为中原的诸侯看待。高祖去世后,吕后临朝,有司奏请吕后禁止中原和南越的铁器贸易。吕后想制伏南越，就在长沙国通往南越国的地界上设立了关卡，严格检查禁运的货物。吕后下令："禁止把铜和铁以及农具卖给南越。就是卖给他们马牛羊的时候，也只能卖给他们公的，不许卖牝畜。"

南越人不但买不到中原的铁器，后来就连他们所需要的日用品也采购不到，生活很不方便。

赵佗有求于人，只好三次打发人专程去向汉朝上奏章，承认过错，请求通好。汉朝扣留了南越的三个使者：内史藩、中尉高和御史千。

赵佗再也忍不住了，他火冒三丈地对左右说："高帝立我为王，互通财物，使者往来不绝。现在吕后听了奸臣的话，把我们南越当作野蛮人看待，断绝了往来，禁运货物。这准是长沙王的诡计，他想依靠汉朝的势力，兼并南越，我们不能束手待毙。"

赵佗遂和汉朝翻脸，去掉汉朝的封号，自立为南越武帝。公元前190年，他发兵反汉，首先攻击汉朝在南越北部设置的缓冲国——长沙国。

南越兵攻势凶猛，攻入长沙国边界，夺去了几座县城。长沙王吴回看到情况不妙，马上派人报告吕后，请求汉朝发兵支援。

吕后心狠手辣，她下令掘了赵佗在中原的祖坟，并在第二年派出隆虑侯周灶为将军的汉军前去攻打南越。

汉军跋山涉水，急速南行，由于路途崎岖，走了几个月才到南方。又正遇上这一年天气酷热闷湿，中原派来的士兵水土不服，又染上疫病，汉军还没到达南岭就损失过半，余下的人马也只是勉强支撑，连南岭都没能越过。汉军在道上转来转去费了一年多工夫，也没能越过阳山岭。第二年七月，吕后死，汉朝这才退了兵。

赵佗抵挡住了汉军，因此以兵力扬威，他用财物赂遗给闽越、西瓯等越族小国，势力扩张达东西万余里。他享用天子的仪式，乘坐黄车左纛，临朝称制，与汉朝对峙。

汉文帝即位之后，又对南越采取了安抚的政策。公元前179年（前元元年）六月，汉文帝下令修缮赵佗在真定的祖坟，并在坟边设置采邑，按季节祭祀。同时汉文帝下令征召赵佗的宗族兄弟，给予他们高官和丰厚的赏赐。

汉文帝还想派陆贾前去南越安抚，就召陆贾为太中大夫，专使南越。陆贾到了南越之后，责备赵佗不报告朝廷而自立为帝。陆贾拿出了汉文帝写给赵佗的一封信，信中对赵佗恩威并加。

赵佗看了汉文帝的信之后，说："皇上真是个忠厚的长者，他这么虚心而又诚恳地待我，我不会再和汉朝对抗的。"

赵佗主要是怕汉朝再次发兵，他顿首谢罪，表示愿长为藩臣，遵奉贡职，赵佗通令全国说："俗话说，两雄不俱立，两贤不并世，汉皇帝是个贤能的天子，从今以后南越去除帝号和天子之仪。"他又托陆贾带回一封给汉文帝的信，信中也是用词谦卑，汉文帝心中的一块石头落了地。

一直到景帝即位，南越坚持向汉朝称臣，遣使朝请，如同汉朝设立的诸侯国一样。

公元前137年（建元四年）。赵佗死去，他的孙子赵胡继立。这时候邻国闽越王骆郢赶走了东瓯王，准备吞并南越。赵胡一面吩咐士兵只守不战，一面打发使者报告汉朝，说："两越同是属国，不应互相攻打。现在闽越无故侵犯南越，臣不敢自做主张开战，请皇上给予定夺。"

这时候汉朝是汉武帝在位，他听到报告后派王恢和韩安国平定了闽越的叛乱。

公元前135年（建元六年），汉武帝下诏罢两将军伐闽越的军队之后，又派严助前往南越，晓谕汉武帝嘉奖赵胡能谨奉藩臣职责。赵胡得到汉武帝的嘉许，顿首谢恩说："天子是为臣兴兵讨伐闽越，臣虽死无以报德！"

赵胡为了显示对汉武帝的忠心，特地派遣太子赵婴齐随同严助一起去长安作为人质。汉武帝让赵婴齐到朝廷中担当宿卫。

赵婴齐本有妻室儿子，但并未一同带入长安城中，入京侍卫，一住就是几年，无人照顾，一心想另娶一个。刚好，在京城长安有个邯郸女人樛氏，水性杨花。赵婴齐偶然机会见到樛氏，一见钟情，也不管她品性，马上就求人去说合。娶来樛氏，真是心满意足。不久，樛氏给赵婴齐生下一个男孩，赵婴齐给他取名叫赵兴。后来赵胡病重，特地派使者到长安城中，请求汉武帝放归赵婴齐。汉武帝准许赵婴齐归省，赵婴齐马上带着樛氏和赵兴踏上归国的路程。

赵婴齐回国后不久，赵胡就一病呜呼了。赵婴齐马上承继南越王位，上书奏报汉武帝，请求立樛氏为王后，赵兴为太子，汉武帝同意了他的请求。

汉武帝为了控制南越，也依照惯例，时常派使者征赵婴齐入朝述职。赵婴齐害怕去了之后再被羁留，所以不肯应命，只是派遣小儿子次公入侍，自己每天与樛氏淫乐，荒淫糜烂的生活耗费了他大部分精力，赵婴齐终因纵欲过度，竟至一病不起，正当中年就丢了性命。

年少的太子赵兴继立为南越王，他奉母亲樛氏为太后。汉武帝一看有机可乘，决心加强对南越的统治关系。他下令招使者出使南越劝说赵兴和樛太后入朝，与内地诸侯一样。殿下群臣中闪出一个年轻的身影，他自请效劳。汉武帝一看原来是年轻的谏大夫终军。

终军对汉武帝说："臣愿手拿使者的长缨使节，召南越王于阙下！"汉武帝见他年少气豪，心中嘉许，便下令终军和勇士魏臣等人一同出使南越。后来汉武帝又查得安国少季曾经是樛氏的老相好，也令他同在使者行列中，为了防备不测事件，汉武帝下令卫尉路博德率兵屯驻桂阳（今广东连县），作为使者的接应。

终军奉汉武帝诏令出使南越，他率领随从即日南下，到了南越见到南越王赵兴。终军一腔豪情，一张辩口，劝说赵兴内附汉朝，赵兴年纪尚小，心中自然畏服。

樛太后本是中原人，出嫁前又是安国少季的情人。她召见汉使的时候，一眼就认出了自己少年时代的情侣，当下引近座前详问一番。安国少季将汉武帝的意旨，约略地叙说了一遍。樛太后早就心猿意马，愿意随安国少季同返内地，立即表示乐于从命。

樛太后拿定主意之后，就多次劝南越王赵兴及群臣举国内属。赵兴年纪尚小，对樛太后言听计从。在樛太后的鼓动下，南越王赵兴同意通过汉朝使者上书汉武帝，愿意位列内地诸侯，三年上朝一次，并且废除与汉朝之间的边关。终军得表，马上派遣从吏飞马奏报长安。

汉武帝看到南越要求内属，心中大喜，他马上下诏予以勉励，汉武帝下诏赐给南越丞相银印以及内史、中尉、太傅等印信，其余的由南越自理；废除南越野蛮的黥刑和劓刑，在南越推行汉法，移风易俗，待遇同国内诸侯一样。汉武帝还下令，全部汉使均留镇南越辅佐政务。

南越王赵兴和樛太后整理行装,准备朝觐汉武帝。

南越国内属汉朝之举,遭到了南越丞相吕嘉的坚决抵制和破坏。吕嘉是南越的三朝元老,一直高居相位,权重势大。在南越,吕氏家族把持住了政权,仅在南越朝中有官位的就达七十多人,吕嘉为了巩固自己的势力,规定凡是吕家的男性都娶南越王室的女性,吕家的女性全嫁给王室男子。为了争取外援,他又和苍梧越中秦王联姻。吕嘉对于南越朝政有着举足轻重的作用。

尽管赵兴和樛太后一心归附汉朝,汉武帝也赐给吕嘉银印,但吕嘉心中始终不服。他听人说汉朝的使者中有个叫安国少季的人经常出入宫禁,心中产生怀疑,派人查出内情,他心中恼怒,于是称病不出,暗地里产生叛心。

樛太后与安国少季久别重逢,复续旧欢。不过,樛太后也怕自己行为不端,引人耳目,更担心吕嘉会从中作乱。安国少季也有同感,他就劝樛太后带子入朝,自己好相偕北上。

樛太后虽饬治行装准备上路,但暗中却想先除去吕嘉,然后再动身。她想出了个借刀杀人的主意。樛太后在宫中大摆酒宴,款待汉使,她派人召入丞相以下诸官吏,一同到宫中赴宴。吕嘉虽称病在家,但这一次也不得不去。吕嘉临去赴宴之前,让他弟弟领兵在宫外环卫,如有不测,也好有个接应。樛太后见吕嘉已经列席,便下令行酒。太后回头对吕嘉说:"南越内属,是件利国利民的事,为什么只有你一个人认为不便,苦苦相拦,你究竟是什么意思?"吕嘉心中一惊,他料到这是樛太后借此话激怒汉使来与他作难。他马上低下头,只顾看着酒杯一声不敢吭。汉使也知道吕嘉是南越内属的一大障碍,但他们入宫时看到吕嘉的弟弟领兵在宫外巡行，心中虽然恼怒吕嘉，但又不敢下手擒拿他，只好面面相觑，袖手旁观，并没有做出任何反应。吕嘉这才发现在座的各位脸色有些异常，他感到气氛不对，立即起身退出。樛太后气愤汉使的无能，她一把抓起卫士手中的长矛，打算投向吕嘉。南越王赵兴心中担心会有他变，慌忙起身阻拦母亲，吕嘉逃出王宫，就在其弟的甲兵护卫下回家。

第二天，吕嘉声称有病，不再朝见赵兴。他开始秘密联络亲信准备发难。后来吕嘉又转念一想，南越王赵兴并无歹意，吕嘉心中倒也有些不忍。他了解到他仍然很安全，就放弃了发难的计划，双方僵持了几个月，互相没有采取行动。

汉武帝接到终军的奏章，认为南越王国已无问题，只有南越丞相吕嘉一人阻挠，国王和樛太后势单力薄，无法控制，加上中原使节又胆怯手软，不能当机立断，必须施加压力。汉武帝考虑到南越王赵兴和樛太后都已经同意，认为不必动用大军，打算只派庄参率两千人前去助赵兴和太后一臂之力。

庄参上奏说："任务如果是和平的，只要几个人就足够了。任务如果是战争，那么两千人根本无济于事。"庄参坚决推辞，汉武帝认为庄参胆小怕事，就把他免职。

曾担任过济北相的韩千秋却自告奋勇，请求领兵平抚南越。他满有把握地说："小小的南越根本不在臣眼里。里面又有赵兴和太后作为内应，只有吕嘉一个人捣乱，不值得兴师动众，我看只要三百人就够了，圣上放心，臣必斩下吕嘉的首级前来回报。"

汉武帝听了韩千秋的话，心中很满意，觉得这才像个领兵打仗的样子。汉武帝嘉许韩千秋的勇气,让他和樛太后的弟弟樛乐率领两千汉兵前往南越国。吕嘉正在家中称病宴居,蓦然听说汉武帝特派韩千秋和樛乐率兵两千人驰向南越边境,心中大惊,急忙召来自己的弟弟计议说:"汉兵远道而来,必是淫后串通汉使,召兵入境来灭我家族。来者不善,我兄弟岂能束手待毙不成?"

吕嘉的弟弟纯粹是一个武夫,一听此言,怒不可遏,便劝告吕嘉赶紧动手。吕嘉一看情况紧急,也没时间多考虑后果,便和他弟弟一起领兵冲入王宫。宫中未曾防备,立即被吕嘉兄弟突入,樛太后和安国少季在内房并坐私谈,被吕嘉兄弟迎头撞上,急切之中无从逃避,吕嘉兄弟持刀迎上。一刀一个,樛太后和安国少季身首异处,命丧九泉。吕嘉兄弟见杀了樛太后,再去搜寻赵兴,赵兴无路可逃,也死在吕嘉刀下。吕嘉一不做二不休,索性领兵攻打汉使居住的馆舍。汉使们急切中抽刀抵抗,无奈吕嘉兄弟人多势众,汉使们遭到灭顶之灾。可怜终军和魏经等人又惨死在吕嘉的屠刀之下,同时为国殉职。终军这年不过20多岁,惨遭此祸,当时无人不感叹惋惜,称他为"终童"。

吕嘉迅速反应,发动政变之后,马上又号令全国说:"国王年轻,而太后又是汉朝人,她与汉朝使节通奸淫乱,一心想归附汉朝。阿谀谄媚,把先王的国土、宝器献给汉朝皇帝。她只顾眼前的一点小利,不顾及赵氏建国的艰苦。所以我起兵除奸,另立嗣主,以保我们宗祧。"南越国人平素尊重吕嘉,又见大势已去,统皆听命,无人与吕嘉作对。吕嘉就迎立赵婴齐和南越籍妻子所生的长子赵建德继承了南越的王位,吕嘉自己仍然做了相国。

吕嘉除通知境内各处外,特地派人去苍梧禀告秦王赵光。苍梧是南越的一个大郡，赵光平素和吕嘉又有很深的交情，当然复书给吕嘉表示赞同，这样吕嘉一意抗御汉朝，专门等待汉军的到来。他下令边境的卒吏，开道供食，诱令汉军深入。

韩千秋听到吕嘉发动政变，率军急速南进，他一连攻下几个小城。抓到的南越吏卒，也是殷勤接待，愿为向导。韩千秋矜才使气，还以为这些人是被他的军威所震慑，心中愈加得意起来。

韩千秋所部汉军在越卒向导带领下继续南行，一路无阻，谁知行近南越都城番禺（今广东广州市）相去不过四十里时，忽然南越伏兵突起，将汉军重重围住。韩千秋这才惊醒中了埋伏，他手下只有两千人马，前无去路，后无救兵，全部投进了死亡陷阱，眼见得同归于尽，无一人生还。

吕嘉杀尽汉兵，马上把汉使的符节包裹妥当，派人送到汉朝的边塞上，同时附上一封措辞卑微、请求恕罪的奏章。边吏不敢怠慢，马上派人飞马奏报汉武帝。汉武帝拿着汉使的符节和吕嘉的信，心里恨得要命，他发誓要踏平南越。他这次决定用武力与吕嘉决一雄雌，下诏征发犯罪的人从军，并且调集了舟师10万，一同前去讨伐南越。

汉武帝令卫尉路博德为伏波将军，出桂阳，下湟水，主爵都尉杨仆为楼船将军，出豫章，下横浦；故归义越侯两人，同出严陵，一个叫严，为戈船将军；一个叫甲，为下濑将军。同时又使越人驰义侯遗，带领巴蜀犯罪的人，合并夜郎国的军队一同东进，下牂柯江，相期到番禺会齐。

番禺北有寻狭、石门诸险，都被杨仆率军攻破，杨仆直扑番禺城下。路博德却运气不好，他的部下很多是犯罪的人，沿途逃散，只有

1000多人到了石门险要与杨仆相会。

杨仆和路博德合军一处,齐头并进到番禺城下,南越王赵建德和丞相吕嘉聚兵城内,固守城垣。

杨仆和路博德分兵两处,杨仆在城东南,路博德在城西北。两面一齐攻城。杨仆想夺首功,麾着部众,奋力猛攻,南越相吕嘉,督兵死守,坚决抵抗。路博德却从容不迫,只在城的西北角上,虚设旗鼓,遥张声势,同时令手下用箭把书信射入城中,劝令城里人投降。

番禺城在杨仆的猛攻下摇摇欲坠。城中已是垂危,又听说路博德在西北立营将要夹攻,急得南越的守将仓皇失措,往往缒城夜出,奔降路博德。路博德好言安慰来降的南越吏卒,各赐印绶,让他们还城召集部下一同来降。

正在此时,杨仆在久攻不下的情况下,焦躁异常,下令手下纵火烧城,一时番禺城东南一带烟焰冲天。番禺城西北的兵民,都已魂飞天外,听回来的人讲投降免死,并有封赏的消息,自然都踊跃出城,争向路博德处投降。到天亮的时候,番禺城被汉军攻入,全城投降,吕嘉和南越王赵建德见无法支持,趁着夜色昏黑,从城中逃出,乘船逃到海岛上去了。

等到杨仆破城直入,路博德早从西北门进到城里,安坐在南越王府之中了。杨仆花费了许多气力,反给人作嫁衣,心中很不甘心,就想去追捕南越王赵建德和吕嘉,以图建功。路博德却与杨仆开玩笑说:"将军连日攻城,疲劳不堪,尽可以休息,南越君相不久便可擒到,请君勿扰。"杨仆似信非信。过了一两日,果然由司马苏弘和越郎都稽分别捉住了赵建德和吕嘉,送到汉军手中。经路博德亲自讯问,将吕嘉验明正身，立即处斩。路博德即刻飞章报捷，把吕嘉的人头传诣京师。路博德在奏章中极力保举苏弘、都稽和杨仆的功劳。杨仆这才感服路博德善抚降人，以夷制夷，智略高出自己一筹，他越发自愧弗如了。

戈船和下濑两将军以及驰义侯所发的夜郎国军队还在半路上的时候，南越已经被平定，他们奉诏罢兵而还。

南越的苍梧王赵光不等汉军前往问罪，慌忙投降，后来被封为随桃侯。吕嘉所立越王赵建德，原为越国高昌侯，念在故越王分上，仍封为术阳侯。

南越战争打得热火朝天的时候，汉武帝又开始了他的东巡。他行至左邑桐乡的时候，正值南越捷报到来。汉武帝心中大感宽慰，马上下令改桐乡为闻喜县。汉武帝继续他的行程，到了汲县新中乡又有使者来报说吕嘉也被捕获伏诛。汉武帝觉得心中解恨，就在新中乡添置了一个获嘉县。

等到南越完全被平定之后，汉武帝传谕汉军，把南越故地分为九个郡，即南海、苍梧、郁林、合浦、交趾、九真、日南、珠崖和儋耳。前六郡在今广东、广西境内，后三个郡在今越南境内。

安排好设郡事务之后，汉武帝诏令路博德等班师回朝。路博德已经受封为符离侯，这次又立大功，汉武帝增加了他采邑的户数。汉武帝还下令封杨仆为将梁侯，苏弘为海常侯，都稽为临蔡侯。另外还封原南越国投降的将领四人为侯：苍梧王赵光为随桃侯，揭杨县令史定为安道侯，将军毕取为侯，桂林部临居翁为湘城侯。

汉武帝认为韩千秋最初出兵南越虽然全军覆灭，但精神可嘉，就说："韩千秋虽没有成功，但他已尽了力。"封他的儿子韩延年做了成安侯。樛乐的姐姐樛太后首先倡议归附汉朝,汉武帝封她的儿子广德为龙元侯。

南越国自秦末赵佗割据称王以后,一共传五世经历93年,灭亡,为汉武帝所统一。南越各地又归入中国版图。广东、广西两地,自此一直没有脱离中国版图。

"涉何事件"始末

汉武帝除了在西、北、南三面大肆经略之外，向东又扩张到朝鲜半岛和乌桓故地。

乌桓是东胡的一支，汉初，为匈奴冒顿单于所灭，余下人败退乌桓山，因地为号。乌桓人俗善骑射，以打猎为生。随水草放牧，居无常处。他们以穹庐为舍，向东开门，食肉饮酪，以毛发为衣，贵少而贱老，性格剽悍。

乌桓被冒顿单于攻破之后，逐渐衰落下来，经常臣服匈奴，每年送上牛、马、羊和毛皮，要是过了期限交不上来，匈奴人就抢走他们的妻子和孩子为奴隶。

汉武帝在位时，对匈奴人发动了军事反击，在漠北决战之后，匈奴人失去了在东部的势力，乌桓人得到了解放。

汉武帝派骠骑将军霍去病击破匈奴左地之后，乘机迁徙乌桓人到上谷、渔阳、右北平、辽西、辽东五郡的塞外居住，为汉朝的屏障，同时替汉朝侦察匈奴人的动静。乌桓的首领每年到京城长安朝觐汉武帝一次。从这时开始，汉武帝设置了乌桓校尉，官俸 2000 石，持节监领乌桓各部，使他们不得与匈奴人交往，东北地区的安宁得到了保证。

朝鲜半岛是秦汉以前中国长期经营取得成功的地区，它早在周初立国时就接受了中国的文化。周武王灭殷，传说殷纣王的叔父箕子带领着 5000 殷民逃到了朝鲜半岛的北部，建立了箕子朝鲜，将耕织、养蚕等先进的生产技术传到那里。

到了战国，朝鲜与中原的往来逐渐增多，齐国运进朝鲜的虎豹之皮，燕国的铁器和货币"明刀"也传入了朝鲜半岛。当燕国全盛之时，曾经在真番、朝鲜组织了有效的统治，修障筑塞。秦灭燕国，朝鲜划属辽东郡管辖。汉初，汉高祖觉得朝鲜太远，不利于统治，就把疆界划到坝水，由封国之一的燕国管辖。

稍后，燕王卢绾叛变，投降了匈奴汗国，燕国人卫满率众人逃亡，集结党羽 1000 多人，他们改穿异族服饰，把头发结辫，向东出塞，渡过坝水，占据秦朝留下来的障塞，驱逐朝鲜王箕准，断绝与中原的往来。卫满在王险建立了自己的政权，统治当地土著和燕齐的亡命之徒。

孝惠帝和吕后时期，经汉廷批准，辽东郡太守与卫满达成协议：卫满作为汉朝的外臣，管理塞外蛮夷，负责阻止其他各族部落侵略汉朝边疆。但如果有其他部落的酋长要到汉朝拜见皇帝的，则不可以限制和阻挡。汉朝为了回报他的协助，赠给卫满不少的礼物。

卫满得到汉朝的财物支持，又凭恃着统治朝鲜的合法地位，侵略邻国，先后征服了真番、临屯，国土扩张到数千里。

汉武帝即位时，朝鲜王已经传到第三世卫右渠。卫右渠仗着自己势力增强，单方面撕毁了和汉朝的约定，不再按外臣应守的礼节来长安朝觐。为了扩大自己的势力,他还广泛地招徕汉朝的亡命徒。

朝鲜半岛上另一个小国辰国的国王上书汉武帝,要求朝见。辰国在朝鲜的南面,去长安必须经朝鲜境内。卫右渠考虑到站在背后的辰国,可能借着汉朝的力量,变得强大,所以他拒绝辰国的使节经过他的国土。汉武帝觉得自己的皇威受到了挑战,他担心汉朝的统治会遭到削弱,因此心中也颇为不爽。

由于以上原因,公元前109年(元封二年)夏,汉武帝派专使涉何前往王险城与卫右渠谈判。

涉何到朝鲜之后,督责卫右渠遵守盟约,卫右渠态度强硬,根本不接受汉朝的命令。涉何碰了一鼻子灰,只好愤愤告辞回国。卫右渠派裨王前去送行,实际也是监视涉何及汉使团的行动。一路无话,到达边界的时候,涉何考虑回去之后无法向汉武帝交代,就把护送他的朝鲜裨王杀掉,然后急忙渡过坝水,进入汉朝地界之中。涉何派人送给汉武帝一个奏章。汇报说:"朝鲜不愿归附,我已经击斩了他们的名将。"汉武帝也痛恨卫右渠不识抬举,他觉得涉何干得痛快,也没有追查事情的详细经过。为了表彰涉何,汉武帝让他留在原地,担任了辽东郡的都尉,负责一郡的军事和防务。卫右渠听说涉何杀了他的裨王,当然不会放过这个凶手,他派人打听有关涉何的行踪之后,派一支骑兵奇袭辽东,把涉何干掉了。

汉武帝觉得涉何之死给了他一个出兵的借口。于是下令招募天下犯有死罪的囚徒组成东征军,由楼船将军杨仆和左将军荀彘分别率领,从海陆两路进攻朝鲜。

汉军攻入朝鲜,卫右渠坚守要塞。楼船将军杨仆率舟师7000人,先行到达王险城下。卫右渠在情报中得知汉军人数不多，趁汉军立足不稳，地形不熟之机，即刻发动攻击，杨仆部大败溃散，逃窜到山区躲避。杨仆费了十多天时间，才把残部集合。荀彘出辽东南下抵达坝水时，遭到朝鲜人的顽强抵抗，寸步难行。

汉武帝对这两位将领的狼狈情形大为惊异，他见军事上不能取胜，就改用政治手段，派使者卫山凭借汉朝征讨四夷的军威晓谕卫右渠。卫右渠考虑和汉朝作对终究没有好结果，卫山的到来，也给了他一个下台阶的机会。卫右渠对卫山说："我愿归附汉朝，但恐怕杨仆和荀彘两人用诈术把我杀掉。现在看到了皇帝的符节，我愿意维持本意降汉。"为了试探汉武帝是否有诚意，卫右渠派出自己的太子带上5000匹马和一批军粮随使者入汉。正要渡过坝水时，卫山和荀彘见朝鲜太子随从有1万多人而且持刀带枪，怕其中有诈，坚决要求他们解除武装。朝鲜太子本就怀疑汉朝使者招降的诚意，疑心卫山与荀彘想遣散他的卫士，进而把他杀掉，于是拒绝北渡坝水，下令掉头回去。卫山看着煮熟的鸭子又飞了，不禁懊恼。他垂头丧气地回报汉武帝。汉武帝心中恼火，责备卫山坏了他的大事，下令推出斩首。

战争又重新开始，在汉武帝的威逼下，荀彘拼死进攻，大破朝鲜守军，强渡坝水，一直攻到王险城下，包围了西北两面。杨仆重又包围南面。卫右渠据城固守，汉军连攻数月，也没拿下王险城。

荀彘所部都是燕代地区的士兵，善战而骄，态度激进，坚持用军事解决。杨仆的部下大多是齐地的囚犯，曾被朝鲜人击败过，至今心有余悸，士气低沉。杨仆在围困卫右渠时，采取和而不战、战而有节制的态度。荀彘却发起猛烈攻击，一定要踏平王险城。朝鲜的大臣们就利用他们之间的矛盾,派出密使觐见杨仆,谈判投降的条件,来往磋商,还没有最后决定。荀彘屡次派人要求杨仆约定日期发动总攻,杨仆每次都表示同意,但到时却坐山观虎斗。

这样,杨仆和荀彘两将不和,相互猜疑。荀彘揣度杨仆前有丧师的罪过,现在又与朝鲜大臣私下交好,而朝鲜方面又没有投降的迹象,因而怀疑杨仆有反叛的阴谋,但一直没有发作。

汉武帝对两位将领的行动十分恼怒,他派出济南郡太守公孙遂前去调查处理。汉武帝授权公孙遂,在紧急情况下,可以独断专行。公孙遂匆匆赶到前线,先到荀彘军中。荀彘说:"朝鲜早该打下啦,打不下来是有原因的。"接着他讲了他多次约定时间与楼船将军一起破敌,而杨仆却不按期会师的情况,又将自己的怀疑全都讲给了公孙遂,最后,荀彘说:"现在情况如此严重,不将他拿问,恐怕要酿成大祸,不只是杨仆自己反叛,而且他会和朝鲜人合伙来消灭我的军队。"公孙遂一听吃了一惊,他也认为这样解释合理,就用符节召杨仆到荀彘的营中商议军事,杨仆领命而来,当即被公孙遂抓了起来。公孙遂下令,两支军队合在一起交给荀彘统领。公孙遂还以为自己事情办得很妙,汉武帝听了他的汇报之后,愤然大怒,认为他滥行权力,就把他杀了。

荀彘并统两军后,立刻急攻。朝鲜相路人、韩阳和将军王峡等一起商量说:"现在杨仆被抓起来,仗又越打越急,恐怕我们不能坚持到底,而卫右渠又不肯投降。"他们商议一番之后,一齐逃奔到汉营中投降。他们的降汉,大大削弱了朝鲜的力量。

公元前108年(元封三年)夏,尼溪相参指使人杀死了卫右渠,投降了汉军。但王险城一直没有拿下,原来有个叫成已的朝鲜大臣仍然继续抵抗不降。荀彘发动了宣传攻势，派卫右渠的儿子卫长和降相路人的儿子路最告谕当地百姓停止抵抗，并杀死了成已，王险城终于被攻破，卫氏朝鲜灭亡。

最初，公元前128年（元朔元年）秋天的时候，东夷秽（又称秽貊）的君长南闾等28万人降附汉朝，汉武帝在其故地设置了苍海郡，后来专心对付匈奴，经营朔方时，又放弃了苍海郡。灭掉卫氏朝鲜之后，汉武帝在其故地设置了四个郡进行管辖，这四郡就是真番、临屯、乐浪、玄菟。

至此，这些地区也被并入了汉帝国的疆域。

汉武盛世与妇人裙带的关系

提到和亲，人们最熟悉的就是王昭君和文成公主。这两位女性是中国历史上的著名人物，为中原王朝与周边少数民族的和平事业做出了巨大贡献。不过，做出这样贡献的和亲女性并非只有这么两个人，只是王昭君和文成公主得到史笔关爱，名垂青史，其他公主却没有这样幸运。江都公主刘细君就是一个被历史遗忘的与少数民族和亲的公主，她是中国历史上第一位有名有姓的承担了和亲使命的宗室女性。

汉朝从刘邦开始常常下嫁公主与少数民族和亲，但根据史料来看，这些公主大多并非真正的公主，甚至并非皇族，多由宫女冒充。与这些人不同，江都公主是一位真正的风姿绰约的汉室公主。

江都公主又被称为细君公主，原名刘细君。她的父亲刘建是江都王刘非的儿子，而刘非与汉武帝是同父异母的兄弟。所以说，刘细君算是汉武帝的侄孙女。

汉景帝时期平定"七国之乱"时，刘非英勇参战，立下赫赫战功，镇守江都（今扬州）达 27 年之久，是一位忠诚的皇室成员。刘非死后，刘建继承了江都王的爵位。而刘建与他父亲却截然相反，不仅胡作非为，而且图谋造反，私制了玉玺、绶带、兵器、地图等。事情很快败露，刘建自缢身亡，细君的母亲受到株连，被处以死刑。当时，细君年仅5岁，因年纪幼小而被赦免，被接到皇宫中抚养。

虽然是罪臣的女儿，但刘细君毕竟身体里有皇族的血脉，在宫中享受了皇室子女的待遇。细君是个有天赋的女孩，人长得漂亮，又擅长琴棋书画，吟诗作赋更是她的长项。汉武帝很怜爱这个侄孙女。10年之后，细君长大成人，善诗文、通音律、明世理、有气度，俨然一位汉室公主。

汉武帝在位前期，西域30多个大小王国几乎都在匈奴控制之下，只有乌孙国比较强大，对匈奴若即若离，愿意与汉朝交往。乌孙国王猎骄靡还向汉朝提出了和亲的要求，求娶汉室公主，借此表示永结友好的愿望。

汉武帝将被迫和亲视为耻辱，但对友好邻国的求亲却非常重视。而且，为了抗击匈奴大业，武帝也愿意与乌孙结亲。与历代先皇不同，武帝不想用宫女冒充公主，但他也舍不得把自己的亲生女儿嫁到遥远的西域。想来想去，同为金枝玉叶却并非自己亲生骨肉的江都公主刘细君成了最佳人选。

对生长于皇宫的王室宗亲来说，西域是一个可怕的蛮荒之地，气候严酷，风俗迥异，言语不通，条件艰苦。汉武帝竟然舍得将自己宠爱的侄孙女嫁给乌孙王，是汉武帝不愿"滥竽充数"失信于人，还是对细君的父亲谋反一事终究心有芥蒂呢？刘细君不知道答案。她不想嫁到那么遥远的地方，远离故国，但皇命难违，她只好点头答应。

汉武帝为江都公主配送了丰厚的嫁妆，还亲自送出宫门，并派随从官员、乐队、工匠、侍女、护兵等数百人，携带大量金银珠宝、绫罗绸缎等嫁妆，浩浩荡荡地送江都公主远赴乌孙。

长安与乌孙之间的距离非常遥远。在天高皇帝远的西汉边境，强盗、匪徒正磨刀霍霍地等待着路过的行人，狼虫虎豹也在等候着可以果腹的美食。江都公主的和亲队伍只有数百人，沿途遇到了诸多艰险，时常有死伤。历时一年多，江都公主才终于抵达乌孙境内。

乌孙王猎骄靡得知公主到来，对迎亲队伍给予热情的欢迎。年过半百的乌孙王按照乌孙国的风俗同细君举行了盛大的婚礼，封江都公主为右夫人。同时，为了不得罪余威尚存的匈奴，猎骄靡又娶了一位匈奴公主，封为左夫人。乌孙人以左为贵，匈奴人在乌孙人的眼中还是比西汉高一些。

江都公主明白自己下嫁乌孙的使命，虽然心中悲伤，但也以大局为重，一直以加深汉朝与乌孙的友谊，消除匈奴对乌孙的影响为己任。她多次向乌孙王献计献策，想办法消除匈奴对乌孙的影响。虽然语言不通，生活不适应，一年之中仅能见到猎骄靡几次，但细君主动找机会与猎骄靡见面，竭力讨得猎骄靡的欢心，还凭借自己的聪明才智，在乌孙国的上流社会巧妙周旋，很快就使乌孙上下对汉朝产生了亲近之情。乌孙臣民亲切地称呼江都公主为"柯木孜姑娘""柯木孜公主"，意思是"肤色白净美丽像马奶酒的公主"。

虽然没有忘记自己的使命，虽然尽心竭力地融入乌孙社会，但细君还是适应不了乌孙的生活。而且，猎骄靡老迈体衰，夫妻生活已经不能保证；两国言语又不通，连贴心的话都没法说。她在心情苦闷之下，做了一首《悲愁歌》：

> 吾家嫁我兮天一方，远托异国兮乌孙王。
> 穹庐为室兮毡为墙，以肉为食兮酪为浆。
> 居常土思兮心内伤，愿为黄鹄兮归故乡。

侍者将这首悲歌带回京都长安。汉武帝看了这首诗，想想一位天之骄女为了自己的霸业而在异域受苦，心里也很不好受。

汉家公主的温文尔雅，让老乌孙王猎骄靡怜惜不已。他考虑到自己将不久于人世，担心江都公主在自己死后受到匈奴公主的欺压，就打算在自己还活着时把江都公主嫁给自己的孙子军须靡，以保证江都公主将来的地位。

子孙继承父祖辈的妻妾，这本是北方以及西域少数民族的惯例，但对于来自中原的江都公主来讲，这种行为是令人不齿的乱伦之举，她无法接受。江都公主上书给汉武帝，希望武帝允许她回中原，避免嫁给丈夫的孙子这种丑事。武帝很快回信了。他在信中说："我正要对匈奴用兵呢。保持与乌孙的友好对我们攻打匈奴是非常必要的。希望你以大局为重，遵从当地的风俗……"

有家不能回，细君只能心灰意冷地入乡随俗，嫁给了军须靡。为孙子主持了婚礼之后，猎骄靡不久就去世了。他的儿子早已先他而去，因此，军须靡继承了乌孙王位。很快，江都公主就为军须靡生下了一个女儿。本来就身体羸弱的江都公主因为下嫁丈夫的孙子而心中羞耻，再加上产后失调，在与军须靡成婚一年后，刚刚20多岁的江都公主就病死在了乌孙。

江都公主细君远嫁乌孙，客观上起到了牵制匈奴的作用。她肩负和亲重任，比昭君出塞早了80年，更比文成公主入藏早了450多年。然而，这样一位伟大的、悲情的公主，在历史上却很少被提及，这实在是不公平。

为了自己的野心，汉武帝不顾侄孙女的身体与感情，让她远嫁异国，对细君来说过于残酷。唐朝诗人戎昱曾做过一首《咏史》：

汉家青史上，计拙是和亲。
社稷依明主，安危托妇人。
岂能将玉貌，便拟静胡尘。
地下千年骨，谁为辅佐臣。

堂堂男儿，一代帝王，却将柔弱女子推上残酷的战场，实在令人唏嘘不已。

江都公主为汉朝与乌孙的交往打下了良好基础，可惜早早殒命。这让双方刚刚建立起来的联系很可能就此中断。就在汉武帝为此而忧愁时，乌孙王军须靡向汉朝提出了再派公主和亲的请求。

这无疑是乌孙向西汉示好的信号。为了维持与乌孙的关系，汉武帝立即答应了军须靡的请求，决定再选公主出嫁。这一回，他选的是解忧公主。

解忧公主也是皇室宗亲。她的爷爷是楚王刘戊。"七国之乱"时，楚王刘戊与吴王刘濞是叛乱的主谋。叛乱失败后，刘戊的家族遭到残酷清洗，只有极少数后代侥幸留下了性命。解忧出生时，距爷爷刘戊战败自杀已有30多年，家族早已衰败。

解忧的身世和细君几乎相同，但解忧却没有细君那样多愁善感。她从小性格开朗，豁达乐观，身体也比细君健康得多。而解忧的幼年生活远不如细君那样安逸，因此颇为独立，性格坚强。对于被选定为和亲公主，解忧并没有抱怨，而是坦然接受了命运的安排。汉武帝对此很高兴，当即封解忧为公主，准备了丰厚的彩礼，派人护送公主上路。

19岁的解忧公主顺利来到乌孙，被封为右夫人，与左夫人匈奴公主同为军须靡的妻子。

西汉与匈奴的公主谁更得宠，关系着乌孙与汉匈之间哪个关系更亲近。解忧公主与左夫人都要为争夺军须靡这个男人使出浑身解数，而这背后的根本目的，是为了征服一个国王，赢得一个王国。

开始时，在这场较量中解忧公主落了下风。毕竟，乌孙与匈奴的风俗更接近，言语上也能够沟通。解忧公主几年下来一无所获，最重要的是，匈奴公主为军须靡生了个儿子，取名泥靡。泥靡自然成为王位继承人，乌孙与匈奴的关系会变得更加亲近。

就在这危急关头，转机出现了——军须靡病危，自知没几天活头了，可泥靡刚降生不久，不能担当掌管国家大权的重任。于是，军须靡立下遗嘱，让堂弟翁归靡暂时继承王位，等泥靡长大再将王位还给他。

很快，军须靡去世，翁归靡继承了王位，也继承了堂兄的两位妻子。与抗拒"收继婚"的江都公主不同，解忧公主欣然遵从了乌孙风俗。既然不能反抗倒不如坦然接受，解忧公主认清了事实，及时调整了心态。

翁归靡人长得胖，被称为"肥王"，性格也随和开朗，与同样豁达的解忧公主非常合拍。而解忧公主经过了几年的学习，也终于能说一口流利的乌孙语了，同时也习惯了乌孙的风俗，渐渐进入了状态。这一回，解忧公主终于在乌孙站稳了脚跟。她为翁归靡生了5个子女，其中有3位王子——元贵靡、万年、大乐；两位公主——弟史和素光。解忧公主成了名副其实的乌孙国母。

此后的数十年间，翁归靡对解忧公主关怀备至，言听计从。因此，乌孙与汉之间书信、使者往来不断，乌孙与西汉也共同进退，关系牢固，对匈奴日益疏远。

在这期间，张骞通西域的行动有了成效，汉朝与西域各国的交往日益频繁密切，丝绸之路繁荣一时。汉朝的威仪和影响进一步远播天山南北，西域诸国都争相与汉交好。

随着西汉影响力的增强，解忧的长子元贵靡被顺利立为乌孙王储；当时，西域的莎车国国王去世，没有合适的继位人选，竟然决定迎解忧的次子万年做莎车国王，看重的就是万年有一半的汉室血统；龟兹国王降宾也不甘落后，几经努力，终于迎娶解忧长女弟史为妻，更以做了汉家的外孙女婿为荣；素光公主后来也成为乌孙国重臣若呼翕侯的妻子。西汉对乌孙的和亲政策在解忧的努力下终于突飞猛进，取得了超过预期的成果。

解忧公主远赴乌孙时，所带的侍女中有一个名叫冯嫽。冯嫽也为西汉与西域的友好做出了巨大贡献。

冯嫽虽然是卑微的侍女，但久受宫廷生活的熏陶，有良好的教养，而她本人又非常聪明，有见识，性格沉稳，尤其能言善辩。到了乌孙后不久，冯嫽嫁给乌孙显赫的右将军为妻，又因为才华出众，被乌孙上层乃至西域各国贵族尊称为"冯夫人"。她与解忧公主一个在宫外，一个在宫内，互为依靠，互相支持，共同应对挑战，解决危机。冯嫽还常常以使节的身份斡旋于西域诸国，化解它们的矛盾，维持安定的局面，为提高西汉威信立下了汗马功劳。

发现乌孙越来越亲近西汉，匈奴人对解忧公主恨之入骨，连带着开始仇视乌孙。他们先对翁归靡不断施加压力，发现没有丝毫效果后，匈奴壶衍鞮单于就开始趁汉昭帝刘弗陵（汉武帝的儿子，公元前87年即位）新死，汉朝无暇顾及西域的情况下率军进攻乌孙，要求翁归靡交出解忧公主，断绝与汉朝的一切往来。

在解忧公主的鼓励下，翁归靡没有向强大的敌人妥协。为了抗击匈奴，解忧公主上书刚刚即位的汉宣帝，请求朝廷出兵共同征讨匈奴。辅政大将军霍光当机立断，发兵15万，分五路讨伐匈奴，并派校尉常惠到乌孙主持乌孙战局。

汉武帝的军队给匈奴留下的印象太深刻了，以至于虽然汉武帝已经死了多年，匈奴人听说西汉大军迫近仍然不敢正面交锋，一路向北逃窜。趁汉军吸引了匈奴人全部注意力的时候，在常惠的指挥下，乌孙王翁归靡率军队袭击了匈奴右谷蠡王的王庭，壶衍鞮单于的叔父、兄弟、儿女、将领被斩杀和俘获，大批牲畜也被乌孙缴获。

损失惨重的匈奴为了报复，在汉朝撤军后由壶衍鞮单于亲率数万骑兵扑向乌孙，大肆掳掠一番而回。倒霉的是，回军途中，这支匈奴大军遭遇了暴雪，生还者寥寥无几。其后，匈奴境内又爆发了天灾，再也没有外出掠夺的实力。乌孙趁机联合先零、乌桓围攻匈奴，使匈奴全国人口损失十分之三，国力大大削弱，各属国土崩瓦解。匈奴从此一蹶不振。

至此，当年汉武帝"断匈奴右臂"的战略计划，经过西汉近半个世纪的不懈经营，终于成功实现了。

在西汉的帮助下，乌孙击败了强大的匈奴，解忧公主的威望在乌孙国空前高涨。翁归靡审时度势，立即上书汉朝，请求为自己的长子元贵靡迎娶一位汉家公主，进一步加深汉朝与乌孙的友谊。汉宣帝与大臣商议后，立即封解忧公主的侄女刘相夫为公主，先让她在上林苑学习乌孙语言习俗，然后派遣浩浩荡荡的队伍护送公主下嫁。

然而，和亲队伍刚刚抵达敦煌，乌孙国内却传来噩耗：翁归靡病逝。

前乌孙王军须靡曾经留下遗嘱，由泥靡在翁归靡之后继承王位，而且翁归靡的长子元贵靡还年轻，又失去了父亲的支持，势力单薄。因此，乌孙贵族最终推举泥靡做了新国王。泥靡为人狂悖暴戾，号称"狂王"，受来自匈奴的母亲的影响，亲近匈奴，对汉朝怀有敌意。

西汉朝廷见元贵靡没能成为国王，立刻召回一直在敦煌观望的刘相夫公主，取消了婚约。为了维护西汉在乌孙的势力，解忧公主毅然遵从乌孙习俗，嫁给了泥靡。

泥靡不仅性格非常残暴凶狠，而且倒行逆施，弄得全国上下怨声载道。解忧公主虽然为泥靡生下儿子鸱（chī）靡，但两人一直不合，已经到了剑拔弩张的地步。在这种情况下，解忧公主大胆地决定寻找机会刺杀泥靡，以免自己多年来维持的西汉与乌孙友好交往的局面土崩瓦解。她联合出使乌孙的汉朝使者，为泥靡摆下"鸿门宴"。席间，有人奉公主密令拔剑刺杀泥靡，可惜剑刺偏了，泥靡负伤逃走。至此，解忧公主与泥靡公开刀剑相向。

趁着乌孙国一片混乱的时候，翁归靡同匈奴公主所生的儿子乌就屠寻机杀死泥靡，自立为王，聚集了乌孙国中亲匈奴派，准备夺取乌孙国的控制权。

在这千钧一发的紧要关头，冯嫽挺身而出，利用丈夫以前与乌就屠交好的关系亲自去劝说乌就屠。乌就屠终于被说服，表示愿意退居小王，由解忧公主的长子元贵靡任大王。从此以后，乌孙国也被分成了大小两国。

不久，解忧公主的长子元贵靡和幼子鸱靡相继病故，她的孙子星靡即位为乌孙大国王。星靡为人软弱无能，乌孙国内的势力大多归附了乌就屠。解忧公主知道自己留在乌孙的意义已经不大，上书给汉宣帝，说："我已经老了，怀念生我养我的故乡，希望皇上准许我返回故乡，以使我的骸骨能埋葬在汉朝的土地上。"汉宣帝当即允许，派人接回了解忧公主。

年逾古稀的解忧公主带着孙子孙女回到了阔别了半个世纪的长安城。

离家时红颜如花，归来时银丝如雪。中原繁华依旧，儿女韶华已逝。解忧安度了两年的晚年时光后，在长安去世。

虽然解忧公主的名气远不及后来的王昭君和文成公主，但她的功绩并不次于后两者。她识大体、顾大局，性格坚毅果敢。她以大义凛然之气和聪明才智，为中国与中亚地区的政治、经济、军事、文化等多方面的联系和交流，做出了杰出的贡献，可谓女中豪杰。

正因为解忧公主成功联合乌孙与汉朝夹击并大败匈奴主力，才使得汉朝边境在宣帝中期逐步得到安宁。匈奴因此元气大伤，内部发生分裂，一部分人开始谋求与汉朝和亲，日后才发生了昭君出塞的重要历史事件。

第五章
荣辱交织，盛世中的光影浮沉

汉武帝派宗正刘长、执金吾刘敢前往皇宫收缴卫子夫的皇后印信。卫子夫把玺绶交出，大哭一场，悬梁自尽。她临死前叹惜道："早知今日，还不如当初回到平阳公主府做歌女快活自在。"

贰师将军让妹夫丢尽了脸

汉武帝整肃了河西，教训了姑师和楼兰两个小国之后，通往西域的道路就更加畅通无阻了，汉朝使者们从此成群结队地踏上了西去的征程。

自从张骞通西域之后，汉朝出使西域的使者渐渐多起来。使者们带着汉武帝的诏令出使各国，回来复命的时候，会顺便向汉武帝禀报自己了解到的当地风土人情。其中，有从大宛回来的使者禀报汉武帝，说："大宛国的贰师城有一种好马，大宛人把它藏匿起来，不肯献给皇上。"

早在张骞第一次出使西域归来，就曾经报告汉武帝说，大宛有一种好马，出汗殷红如血，能日行千里，据说是天马的后代。作为崇尚武功的皇帝，汉武帝特别爱马。宝马良驹是威武的象征，是让骑兵纵横驰骋的基础。听了张骞的报告汉武帝就曾想得到这种好马。但因为一直与匈奴开战，汉武帝顾不上考虑马的事情。索求天马的事就此搁置下来，渐渐被他淡忘了。现在，使者又提起了大宛的马，汉武帝想起了张骞的话，想得到大宛马的愿望愈发强烈了。

他派出使节团，带着丰厚的财物和一个用黄金铸成的骏马塑像出使大宛国，求购大宛国的汗血马。

西汉使团一路历尽千辛万苦，半年多后抵达大宛国中。使者见到大宛王毋寡后说："汉天子令臣等专程以黄金千斤、金马一匹请求交换贵国的汗血马。"大宛王毋寡一时没了主意，就召集大臣们商量对策。一个大臣说："我们现在也得到了汉朝不少的货物，对于这一点东西不稀罕。"另一个大臣也附和说："汉朝离我们相距遥遥，途中还隔着盐泽（罗布泊），以及无数流沙，这条路上草木不生，附近的水源又咸又苦，根本不能供人马饮用，就连后备物资充足的使节们，也屡屡死在道上。如果汉朝人想绕道走沙漠之北，有匈奴汗国的军队对他们造成威胁。如果他们走沙漠之南，既无水，又无草，千里没有人烟，只能靠死人的白骨，以及牛马的骨头和粪便作为道路的标志，经常迷失道路，葬身荒漠。汉使团每次都死亡累累，有的甚至超过半数。而汉朝要是派大兵团想平安通过，无疑更加困难。所以臣以为，我们拒绝汉朝的要求，他们对我们也毫无办法。"还有一个大臣直截了当地说："贰师城里的马都是大宛的国宝，怎么能这样轻易地送给别人呢？"大宛王毋寡听了群臣的话，一口拒绝了西汉使团的请求，说："你们带来的东西我收下了，马却不能给你们。你们这就请回吧。"

汉朝使者以为这次出使一定能马到成功，不想历尽千辛万苦到了大宛国兜头被泼了一瓢凉水，恼羞成怒，把大宛王毋寡大骂了一顿，当着大宛群臣的面把带去的金马砸得稀烂，然后领着随从扬长而去，留下大宛君臣在那里愣愣地发呆。

大宛的内廷高贵官吏们半天才回过神来，他们也被激怒了，对毋寡说："汉使也太轻视我国了，我们绝对不能就这样让这个狂妄的汉使回汉朝去。"

大宛王毋寡马上写了封信给郁成王，让他们出兵拦截汉朝的使者。郁成王接信之后，便带着人马等在汉朝使者回去的路上，将汉朝使团重重围住，杀了个干净，使团携带的财物也全部被郁成王夺去了。

大汉朝使节团全被屠杀，一人不留，这在历史上还是第一次。汉武帝接到报告大发雷霆，决心报复。他按住心中的怒火，召来群臣商议报复计划。曾经出使过大宛的姚定汉说："大宛的兵力并不强，皇上只要派出3000人马，多带些弓箭，就一定能把大宛打下来。"汉武帝一想，上次派赵破奴进攻楼兰，他仅仅用了700名骑兵就把楼兰王生擒活捉了。这次3000骑兵一定能对付得了大宛的。

在这次西征将领的人选上，汉武帝有自己的一套主意。这时候大将军卫青、骠骑将军霍去病都已经死了。这次出师必捷的大功一定要派给一个自己宠爱的人去才行。汉武帝首先想到的是他的宠姬李夫人的哥哥李广利。

汉武帝拜李广利为贰师将军，并指定他一定要把贰师城里的良马给抢回来。

为了能让李广利稳立大功，汉武帝给李广利6000精兵，另外还有几万步兵。

公元前104年（太初元年），李广利准备妥当，挥师西进。这一年，汉朝闹起了蝗灾，蝗虫飞舞，像是天上的乌云一样遮天蔽日。蝗虫吃完了关东的庄稼，往西飞到了敦煌。集结到敦煌的大军没有得到充足的给养就踏上了征程,只好沿途向西域各国筹集军粮。拒绝交粮的,一律视为大宛盟国,破其城,灭其族。各小国不堪重负,纷纷抵抗,给汉军带来了不小的损伤。

汉军到达大宛边界的时候,已是初冬时节。由于水土不服,粮食缺乏,一路跋涉大漠荒滩,汉军饿死、渴死、病死的不计其数,两万大军损失了一大半,马匹也伤亡殆尽。士兵们一个个面黑肌瘦,像灾民一样。

两军在郁成附近展开了激战。精疲力竭的军队呐喊着发起冲击,竟然将大宛和郁成的联军压制。最后,郁成军逃回郁成城,大宛军则向贵山城后撤。汉军立即包围了郁成城,猛烈攻击。双方一连两天僵持不下,郁成损失惨重,甚至产生了投降的想法。就在这时,大宛骑兵突然从侧后杀了回来。疲惫不堪的汉军腹背受敌,终于支持不住,向东方溃败。大宛骑兵沿途追杀,汉军尸横遍野,最后,李广利仅带着几百人逃回了敦煌。

贰师将军从走出玉门关,到退回汉境看见敦煌的亭障,这一去一回,整整用去了两年时间。到了敦煌郡,贰师将军发现手下士兵活着回来的不到十分之一,自己也觉得异常凄惨。他派遣使者给汉武帝上了一个奏章说:"臣这次出征因路途遥远,十分缺乏粮食。士兵们都不怕打仗,但就怕挨饿。现在人员损失严重,不能够进攻大宛国,还是暂时退步,等以后多派人马再去征讨。"

汉武帝看完奏章,拍案大怒,觉得攻不下大宛国,自己脸上实在无光。大汉帝国连一个大宛国都制伏不了,又怎样对付北边的强邻匈奴人呢?这不是让这些小国耻笑吗?汉武帝马上派出使者赶到玉门关,拦阻李广利进关。使者传下汉武帝的命令："有军人胆敢入关的，杀无赦！"

面对这次失败，朝中原本不同意汉武帝兴师动众地讨伐大宛的大臣们意见却空前一致了。他们都认为，本来这仗不值得打。但既然打了，而且打输了，就决不能这样算了。因为，这次败仗将严重影响汉朝的威严，让西域各国小觑汉朝，重新与匈奴勾结，导致汉朝几十年抗击匈奴的心血白费了。因此，朝廷上下一致请求汉武帝再次出兵，为汉朝赢回威信。

得到了大臣的一致支持，汉武帝大为振奋，命桑弘羊负责军需，调10万匹军马、10万头牛和骆驼，运输物资，调50万只羊作为随军的肉食。为了解决西征军的粮草问题，汉武帝征集全国犯罪的小吏、逃亡的罪犯、赘婿以及有商人户籍的人，一律强迫他们入营，并命令他们自己携带粮食，全部押解到敦煌，编入李广利的西征兵团，负责粮食供应。大汉全国当时全部陷入了西征风暴之中，骚动不安的西进者络绎不绝。汉武帝为西征军配备了50位校尉，负责具体的战斗指挥。据去过大宛国王都贵山城的人讲，贵山城内没有水井，城中军民的吃水问题主要靠城外河川解决。汉武帝得知这一情报，马上加派治水的工匠随军西进，准备把贵山城外的河川改道，使得贵山城成为墓穴。他还专门任命了两位相马和驯马的能手分别担任执马校尉和驱马校尉，随同西征军出发，准备在攻破大宛国之后，接收最优良的汗血马。所有物资、军队仍交给李广利率领，命他继续进攻大宛，戴罪立功。

为了避免匈奴人对西征军构成威胁，汉武帝加强了对匈奴人防御的兵力。他下诏再次征调汉朝正规的边郡戍卒，进驻酒泉、张掖以北。另外，汉武帝还令人在居延和休屠两个县卫护酒泉，防备匈奴汗国的突袭。

一切布置停当，李广利也壮起了胆子，信心十足地率领人马向西推进。

浩浩荡荡的汉朝西征兵团使得西域各沿途小国闻风丧胆。他们不敢再有什么抵制行动，一律大开城门，表示出由衷的欢迎，供应汉朝大军的饮食。

大军走到轮台国时，轮台王不知死活地和汉军作对，闭门抗拒。李广利在攻陷轮台之后，一声令下，轮台国浸在一片血泊之中。

汉军血洗轮台的消息向西传去，沿路的各国无不震慑。此后，汉军再没有遭到任何抵抗，大军一路猛进，到达了大宛国的边界。

汉军的前锋部队3万骑兵攻入大宛境内，大宛王毋寡派兵迎战，汉军一阵箭雨将大宛军队击退，大宛军据守在郁成城中闭门不出，任凭汉军怎样辱骂也不出来对阵。

为了不给大宛国有喘息的机会，李广利决定派一部分士兵监视郁成城中大宛军队，余下的部队直扑大宛王城贵山城。汉朝的大军将贵山城团团围住，大宛王毋寡仍旧采用据城防守的办法，闭门不出，贰师将军召来随军的水利工匠，动手破坏贵山城水源。水工们从河岸上另外开了一条支渠，把河水引向别处。贵山城内没有水井，外面的水又被截断，储水日渐减少，城内一片恐慌。

李广利派人去破坏贵山城水源的同时，也加强了对大宛王城的军事压力，40余日连续不停地攻击，使得贵山城中的士兵无法支持下去了。

汉军最终又爬上了贵山城外城的城墙，大宛守兵无心恋战，就连负责贵山城具体防务事宜的大宛勇将煎靡也被汉军生擒活捉。汉军摧毁了贵山的外城，大宛人大为震惊，一窝蜂地逃入中城，紧闭城门。

汉军一鼓作气，又把贵山中城团团围住，连日攻城不止。汉军的迅猛攻势使得大宛的一部分王族和高官发生了动摇，他们互相商量说："汉朝人之所以来攻打我们，都是大王毋寡把汗血马隐藏起来不算，而且杀了汉朝的使者。现在唯一的办法就是献出毋寡的人头，交出汗血马，汉军之围才有可能解脱。如果汉军还不能解围，那时我们再继续奋战到死，也为时不晚。"大宛的高级官员们都认为可以一试。于是，政变爆发，大宛的高级官员们共同杀死了大宛王毋寡。

大宛的使者提着大宛王毋寡的人头去求见贰师将军，说："如果将军下令汉军停止进攻，我们将献出所有的汗血马，任凭你们挑选，并且供给你们粮食。如果将军拒绝停止进攻，我们就把所有的汗血马全部杀光，继续和你们死战到底。而且我们已经派人去康居国求救兵去了。到时候，我们大宛兵在城内，康居的救兵在城外，内外夹击汉军。届时你们将陷于两面夹攻的窘境，请将军仔细考虑和抉择。"

其实，康居国觉得汉朝兵多将广，攻击性强，不敢出兵。但李广利觉得大宛使者提出的条件已经可以了，就答应了大宛的要求，停止了对贵山中城的围攻。

大宛人松了一口气，马上给汉军提供粮草补充。并放出他们隐藏起来的好马，让汉军自行挑选。李广利令随军的两位相马专家负责这项工作，他们挑出了上等好马几十匹，中等以下公马、母马一共3000

多匹。

贰师将军还指定一位当初对汉朝使节较为亲善的名叫昧蔡的贵族继任为大宛国国王，与之订立盟约之后下令撤兵。

当初，贰师将军从敦煌西进时，认为人马众多，聚在一起时沿路各国无法供给粮食，就把部下分成几支部队，从南北两路分头并进。校尉王申生率领千余人监视郁成城，部队离贰师将军的大部队约有200里，所以王申生倚仗大军轻视对方，责令郁成王把粮食交出来。郁成王发现王申生的队伍弱小，就在清晨派3000人冲出城，血洗了汉军营寨，斩杀了王申生等人。李广利闻讯大怒，马上命令搜粟都尉上官桀去攻打郁成城。大兵压境，郁成王抵挡不住，逃到康居国避难。上官桀没有罢休，领兵尾追到康居国。康居国看到大宛国惨败的下场，不愿与汉军作对，把郁成王交出来，由上官桀派四名骑兵将其押送到主将李广利营中去。这四位骑兵怕路上遇到意外，就杀了郁成王，将其人头护送到李广利营中。

至此，对大宛的第二次征讨算是大获全胜。汉武帝得到了汗血马，又见万国来朝，心中大喜过望，封李广利为海西侯，封亲手斩杀郁成王的骑兵赵弟为新畤侯，军正赵始成为光禄大夫，上官桀为少府，李哆为上党太守。军官中被封列九卿的有三人，诸侯相、郡守、两千石级的官吏更有100多人，一千石级官吏以下的有1000多人。自愿参加者赏封的官爵超过了他们本人的愿望，因犯罪受惩罚而去从军的人免去罪名，每名士兵所得的赏赐约值4万钱。

自从大宛国被击败以后，西域各国对汉朝产生了一种深刻的恐惧。汉朝使节在西域越发行动自如。

为了便利和保护汉朝的使节以及应时而生的商旅，汉武帝下令在轮台（今新疆轮台县）和渠犁（今新疆库尔勒市）等地设置屯田，用几百名士兵进行屯垦。他们开渠种田，积储粮食以供应往来的使者，给使者们一个驻足之处。

汉武帝还在敦煌设置酒泉郡都尉，派出士兵驻守在那里，随时以武力应付通往西域道路上的不测事件。

一年多以后，大宛国中又发生了政变。大宛国的王族们认为汉军立的大宛王昧蔡善于逢迎阿谀，使大宛遭到屠杀，他们就一起约定杀了昧蔡，改立原大宛王毋寡的兄弟蝉封为大宛王。大宛的王族们也害怕汉朝人前来兴师问罪，马上把蝉封的儿子送到汉朝去作为人质，以示大宛不敢对汉朝有二心。

汉武帝也不想为此再穷兵黩武，他派遣使者赏赐给大宛一些财物以安抚他们。大宛王蝉封这才放心地坐在大宛王的位置上，为了感激汉武帝的成全，蝉封承诺每年给汉武帝入贡两匹汗血马。这以后，东西方往来的使者就更加多起来，应时而生的还有不少做买卖的商贾，荒凉的戈壁滩又充满了生气。

李陵与千古《史记》

经过讨伐大宛一事，在武帝的鼎力扶持下，李广利总算是烂泥糊上了墙，在朝中变得炙手可热。这种将领上台，对其他人就不是好事了。李广的孙子李陵就深受其害。

李陵是飞将军李广之孙，李敢的侄子，父亲名叫李当户，是李广的长子，但李陵还没出生李当户就已经死了。李陵善骑射，礼贤下士，享有盛誉，加上又是名将之后，汉武帝很是青睐。武帝曾经让李陵率800骑深入匈奴腹地2000余里，巡视地形，后来又拜他为骑都尉，率5000勇士守卫酒泉、张掖，但却受制于无能而又狂傲自大的李广利。

李广利没有本事，却又嫉才妒贤，心胸狭窄。他不愿意让李陵出风头。公元前99年（天汉二年），李广利率3万骑出酒泉，攻击驻扎在天山的匈奴右贤王。以李陵之才能，本当在此次行动中担任要职，冲锋陷阵，然而李广利却准备让他专管后勤辎重。报国心切却又不谙世故的李陵不愿意，向汉武帝请求说："臣所率领的士兵，都是荆楚的勇士、奇才、剑客，能力可搏猛虎，箭无虚发，臣愿自己率领这支人马，到兰干山（在今甘肃兰州市南）以南牵制匈奴单于的兵力，请别让臣做贰师将军的后勤。"并立下"愿意以少击众，率5000步兵直捣单于王庭"的誓言。李广利对此很不高兴，不过用兵心切的汉武帝却对李陵非常赞许，并令都尉路博德率兵在半道迎接李陵军，以作接应。路博德曾做过伏波将军，也是个角色，不甘给李陵做后援，就说："现在正是秋天，匈奴马肥人壮，不可与之交战，臣希望让李陵等到来年开春，我和他分别率领酒泉、张掖5000骑分头痛击东西浚稽，必可擒获单于。"汉武帝接到路博德的奏章，反倒怀疑是李陵反悔了，不想出征却来挑唆路博德上书，勃然大怒，表示不许拖延。李陵于是匆忙率领5000步卒出击。

李陵军到达浚稽山后，正好与匈奴单于的3万骑兵相遇。匈奴兵见汉军少，蜂拥围攻。李陵并不退缩，命令士兵发射弩箭，射杀匈奴人。匈奴人损伤惨重，纷纷掉头逃跑，汉军衔尾追击，杀死数千人。单于大惊，又调集8万多骑围攻李陵。李陵且战且退，一路南行，最后退到一座山谷中。由于连续作战，李陵军的士卒多数负伤，但士气却很高涨。第二天再战，李陵军又杀死匈奴3000多人。孤军作战毕竟不能持久，而援军却迟迟未至，李陵只好命士兵们且战且退。

李陵部队表现得强劲而毫无畏惧，面对这种对手，匈奴不知虚实，担心自己面对的乃是汉军精锐；而且此时李陵军已退至离汉朝边塞不远，单于也担心自己是否会中引敌深入围而歼之之计，开始心生怯意，准备撤退。就在这时，李陵军中一个叫管敢的人因曾被上司羞辱，竟然投降匈奴，并说出李陵军没有后援、箭支即将用光等机密。单于听了大喜，立即加紧攻击。此后连战八日，非常惨烈，箭支全部用光，士卒死伤惨重。兵困马乏、弹尽粮绝之际，李陵知道已被算计，长叹说："只要再有几十支箭，我们就足以脱险了。"有军吏劝李陵寻一条路逃回去，被李陵断然拒绝，表示一定要以死尽忠，只下令让兵士各自逃亡。到了半夜，李陵点兵出击，身边仅剩将军韩延年和十几个壮士了。韩延年战死后，李陵长叹一声："没脸回去见陛下了！"于是投降匈奴。

李陵之败，主要原因在于李广利的援军迟迟不至。然而，李陵以5000军士力抗匈奴8万骁勇之敌，坚持近十日，不可谓不是奇迹，不可谓不尽力。可惜李陵未能遵守其以死尽忠的诺言，投降了匈奴。其一生的悲剧就此开始。

李陵为什么要投降匈奴呢？是想报复李广利援兵不至，还是想等待时机会，与汉军里应外合？是最后关头贪生怕死？历史没有给人机会，永远不会有人知道。

不管怎样，战败降敌，在中国传统伦理和道德框架里是决不能容许的。如果李陵战死或自尽而死，势必成为垂范千古的民族英雄，而司马迁也不必受牵连；如果李陵就此甘心情愿地做匈奴的奴才，也未尝不能像洪承畴那样闯出一片天。而李陵却选择了另外一条路：至死不归。

由于李陵所战之地离边境不远。李陵未死已降的消息传到长安后，武帝大怒，群臣不敢发言，一起指责李陵。只有太史令司马迁站了出来，为李陵辩解了几句，说："李陵是个大孝子，为人忠义，常奋不顾身为国挺身，有国士之风。而且李陵率领5000步兵深入匈奴腹地，与数万敌人对抗，虽败犹荣。"他认为李陵降敌一定是为了留着有用之躯寻机脱困，为武帝效力，并指责李广利没有尽到责任。狂怒中的汉武帝岂能听进去司马迁的话？司马迁于是遭受了腐刑之祸。

过了一段时日，汉武帝冷静下来，也颇后悔误听路博德之言，命令李陵草率出兵，才至于此。于是，一年之后，公元前97年（天汉四年），武帝派李广利、路博德及游击将军韩说兵分三路进击匈奴，同时派公孙敖乘隙深入匈奴腹地，以图救出李陵。

武帝过于糊涂了。李广利、路博德、韩说、公孙敖四人或是李陵死敌，或是无能怕死之辈，怎么能成功救出李陵呢？果然，汉军和匈奴军还没交战就溃败了，公孙敖回报却说："抓到了俘虏，招供说李陵让单于陈兵防备汉军，所以臣一无所获。"汉武帝在震怒之下，立即下令族诛李陵家。实际上，给匈奴出谋划策的是曾为西汉塞外都尉后来投降匈奴的李绪。家破人亡，李陵的最后一点退路，已经被断绝得干干净净了。

依照常理，李陵和汉武帝可谓有不共戴天之仇。但李陵还是没有与匈奴人合作，带匈奴人杀回中原，反而先是冒着生命危险刺杀了李绪，为自己复仇，也为汉家清除了一大隐患；此后更是带着被强迫迎娶的单于的女儿住到偏远的地方，基本和匈奴采取不合作的态度。只有在遇到单于要决定大事时才勉强来见单于。

李陵真正为匈奴效劳，是在公元前90年（征和三年），在匈奴和汉军进行的一次大规模会战中，李陵被信人不疑的单于安排协从一匈奴大将军围攻汉军。而他将和汉军会战的初战地点，竟正好是最终导致他家破人亡、身败名裂的与匈奴最后一战的浚稽山。李陵本来相当熟悉当地地形，又有勇有谋，最终却被汉朝的一个御史大夫和一堆疲兵穷卒打败。这也许也是李陵心向故国、出工不出力的缘故。

李陵在匈奴待了25年，和匈奴妻子生养了几个儿女，中间曾被单于指派当说客去劝降老朋友苏武。两人见了几面，喝了点酒，大概相互还赠送了几首诗。苏武当然没有被说动，但两个人仍保持着很深的友谊，以致后来苏武还朝，还颇为他讲了几句话。汉武帝死后，由大司马大将军霍光、车骑将军金日磾和左将军上官桀三公辅政。霍光与上官桀和李陵曾是好朋友，对李陵和李陵的遭遇也很了解，颇同情李陵的不幸，曾试图派人请回李陵。但李陵早已心如死灰，拒绝了邀请。

公元前74年（元平元年），李陵病死于匈奴蛮荒之地。

李陵投降匈奴，连累家人丧命，让自己也背上了千古骂名，却成全了一个人，那就是司马迁。

司马迁站出来为李陵说话，直接触怒了汉武帝。汉武帝下旨将其关进大牢。案子落到了当时名声很臭的酷吏杜周手中，杜周严刑审讯司马迁，司马迁忍受了各种肉体和精神上的残酷折磨。面对酷吏，他始终不屈服，也不认罪。后来，有传闻说李陵曾带匈奴兵攻打汉朝。汉武帝信以为真，便草率地处死了李陵的母亲、妻子和儿子。司马迁也因此事被判了死刑。

据汉朝的刑法，死刑有两种减免办法：一是拿50万钱赎罪，二是受"腐刑"。司马迁官小家贫，当然拿不出这么多钱赎罪。而腐刑，也就是被阉割。这种刑罚残酷地摧残人体和精神，极大地侮辱人格。司马迁当然不愿意忍受这样的刑罚，悲痛欲绝的他甚至想到了自杀。可后来他想到，人总有一死，但"死或重于泰山，或轻于鸿毛"，死的轻重意义不同。他觉得自己如果这样死去，如同九牛一毛，毫无价值。

于是，司马迁毅然选择了腐刑。他要完成自己毕生的心愿——将《史记》编著完成。

司马迁也是出自显耀家族，世代掌管太史官职。他的父亲司马谈在汉中央政府做太史令，负责管理皇家图书和收集史料，研究天文历法。司马谈打算编写一部通史，愿望没有实现就死去了。临死的时候，他拉着儿子的手，流着眼泪对他说："我死了以后，你一定要接着做太史，千万不要忘记我一生希望写出一部通史的愿望。你一定要继承我的事业，不要忘记啊！"

这一番谆谆嘱托极大地激励了司马迁，他看到了父亲作为一名史学家难得的使命感和责任感，他也知道父亲将自己毕生未竟的事业寄托在自己的身上。

公元前108年（元封三年），司马迁继承其父司马谈之职，任太史令，掌管天文历法及皇家图籍，因而得读史官所藏图书。这为他以后著《史记》提供了良好的条件。可是，资料整理工作非常繁复。由于当时的藏书和国家档案都杂乱无序，连一个可以查考的目录也没有，司马迁必须从一大堆的木简和绢书中找线索，去整理和考证史料。司马迁几年如一日，绞尽脑汁，费尽心血，几乎天天都埋着头整理和考证史料。

现在，为了完成父亲的遗愿，司马迁选择了接受腐刑，走出了监狱。他开始阅读、整理史料，准备写作，到公元前91年（太始四年）基本完成全部写作计划，历时16年。这是他用一生的精力、艰苦的劳动，并忍受了肉体上和精神上的巨大痛苦，拿全部生命写成的一部永远闪耀着光辉的伟大著作。

《史记》是中国第一部纪传体通史，全书包括十二本纪，三十世家，七十列传，十表，八书，共五个部分，约526000多字，记述了从传说中的黄帝至汉武帝太初年间上下3000年的历史。它同时也是一部文学名著，是中国传记文学的开创性著作。它的主体部分是本纪、世家和列传，其中列传是全书的精华。

　　司马迁的《史记》，严谨认真，写的每一个历史人物或历史事件，都经过了大量的调查研究，并对史实反复作了核对。早在20岁时，司马迁便离开长安遍踏名山大川，实地考察历史遗迹，了解到许多历史人物的遗闻轶事以及许多地方的民情风俗和经济生活，开阔了眼界，扩大了胸襟。他的文章公正，史实可靠，不空讲好话，不隐瞒坏事。

　　司马迁在给人物作传记时，并不为传统历史记载的成规所拘束，而是按照自己对历史事实的思想感情记录。他虽是汉武帝的臣子，但对于武帝的过失，也没有丝毫加以隐瞒。

　　本着实录的精神，司马迁在选取人物时，并不是根据其官职或社会地位，而是以其实际行为表现为标准。他写了许多诸如游侠、商人、医生、倡优等下层人物的传记。在司马迁心目中，这些人都有可取之处。他在作传时，把自己的看法寓于客观的事实叙述之中，来表示自己对人物的爱憎态度。比如项羽这个人物，司马迁同情他，以非常饱满的热情来写这位失败英雄。他既称赞项羽的骁勇，又对他的胸无大志、残暴自恃作出批评。他并没有发议论，但是他对项羽的爱憎态度却于叙事之中明显地表现了出来。

　　一个人在遭到无辜的迫害以后，通常有两种选择：要么悲观消沉，要么发愤图强。而司马迁选择了后一条路。他将自己心中所有的愤怒全部倾注到《史记》的创作中去，为后人展示了一部规模宏大的社会变迁史。

与电视剧《汉武大帝》不同的是，武帝其实并没有看到《史记》，至少没看到《史记》的全本。

江充炮制"巫蛊案"

汉武帝是个雄才大略的专制君主,又是一个相信鬼神、方士的凡夫俗子。他的双重性格造成了他的丰功伟绩,也导致了他的荒唐之举。由于迷信加专制而造成的巫蛊之祸,是这位帝王晚年生活的一大悲剧。

自从陈阿娇在宫中采用巫蛊邀宠被发现以后,尽管汉武帝对施蛊的巫师进行了残酷的惩罚,但并没有杜绝巫蛊在皇宫中流行。传说,巫是能用祭祀或者咒语驱使鬼神降祸于他人的女法师。而蛊则是一种神秘的毒虫,看不见,摸不着,人感觉不到它的存在。据说蛊一旦进入人体,百药无效,受蛊之人往往痛苦而死。

汉武帝一生都迷信神仙术,招神用巫,后宫中迷信祠巫之风尤其猛烈,因而不可能完全消除巫蛊。公元前92年(征和元年)冬天,汉武帝改元征和,是取"征战有功,天下和平"之意。

这天,汉武帝闲居在建章宫中,恍惚中看见一个身材魁梧的男子,手拿一把利剑直闯宫门。汉武帝吓了一跳,急呼左右期门羽林速速护驾。左右环集捕拿,可是并无刺客踪影。汉武帝却认定有刺客,卫士于是在皇宫中展开严密的大搜捕，还是一无所获。汉武帝又命令三辅骑士，在上林苑中大肆搜捕可疑人等，几经折腾，还是没有刺客的踪影。汉武帝仍不肯罢休，又命关闭长安所有城门，挨家挨户搜查，闹得全城鸡犬不宁，始终没有捉到刺客，只好不了了之。但宫门的守卫官却难逃厄运，糊里糊涂地以"守卫不严，使刺客入宫"的罪名被斩首。

如此结局使汉武帝横生怪念。他心中暗想，我明明看见有人带剑闯宫，怎么如此细密地搜捕，却没有刺客的形影？莫非是妖魔鬼怪不成？汉武帝积疑生嫌，于是闹出一场巫蛊重案，其祸害遍及深宫。

丞相公孙贺因其夫人是卫子夫皇后的姐姐卫君孺，因为这层关系，一直官运亨通，高居丞相一职。

公孙贺初登相位时，成天战战兢兢，唯恐不小心冒犯了汉武帝。也是他的谨小慎微，让他一直受到汉武帝的青睐和赏识。

仕途一帆风顺，公孙贺的胆子也渐渐大了起来。他有个宝贝儿子叫公孙敬声，从小娇生惯养，年纪轻轻就担任了太仆一职，声势显赫。他自恃为卫皇后的姨甥，骄淫无度。

公孙贺觉得自己已经坐稳了相位，又得到当今皇上的宠爱，觉得危险期已经过去，因而对儿子的胡作非为也懒得去过问和管束。公孙贺的纵容使得公孙敬声在泥潭中越陷越深。为了满足自己淫奢的生活，公孙敬声急需大笔钱财，但他自己家中钱财远远不够，就把手伸向了军费之中，擅自动用了北军的军费1900万钱。这事被人告发，汉武帝下令将公孙敬声下狱。

公孙贺溺爱他这个宝贝儿子，想方设法要救他出来。正好这时汉政府正在紧急追捕阳陵游侠朱安世,但一直毫无进展。公孙贺就此向汉武帝请求,用抓住朱安世来赎儿子的罪。汉武帝点头同意。

为了救儿子一命,公孙贺严令手下人四处查捕,得知朱安世混迹于长安城中,就在长安城挨家挨户地搜查,朱安世终于落网。吏役等人都认识朱安世,以前也有机会捉到朱安世,但因为朱安世疏财好友,所以这些人也暗中帮助,任凭朱安世逍遥法外。这次因为公孙贺亲自督促严密搜捕,吏役们没办法,只得将朱安世拿下。吏役们受过朱安世的好处,心中总有些不安,就告诉了他什么原因,以免朱安世见怪。

朱安世听明白是公孙贺为了救他的儿子才这样卖力地搜捕他,心中恼怒,面上却笑容可掬地对抓他的吏役们说:"丞相这次是抓到了我,但恐怕他马上就要大祸临头了。"

第二天,朱安世在狱中给汉武帝上书,告发丞相公孙贺的儿子公孙敬声和阳石公主私通,而且还立祠命巫人在里面作法,咒诅宫廷。此外,公孙敬声还在甘泉宫驰道旁埋下木偶,诅咒皇上,等等。朱安世深知汉武帝痛恨行巫蛊之人,这样公孙贺一家必然要有灭门之灾。而且朱安世久居长安,知道女巫们经常出入王室贵戚之家,行巫蛊之事,因而抢先报复。

果然,汉武帝接到朱安世的上书之后勃然大怒。他派人查问,证明公孙贺一家与巫蛊确实有联系,而且朱安世上书中所列之事完全属实。于是,丞相公孙贺也被免官关进狱中。

廷尉杜周再次奉诏处理这一起巫蛊大案。他本就是一个酷吏,此时罗织罪名,牵藤攀葛,一大批贵戚大臣都被卷入这个案子中。

阳石公主是汉武帝的亲生女儿,为卫皇后所生,又与大将军卫青的儿子卫伉是中表亲。卫伉本来继承了卫青的爵位，后来因罪被夺去侯位。这些人都与巫蛊案件有牵连，而且对公孙贺父子的被捕都表示出不满。杜周查出这些情况后，一并将这些权贵列入罪犯名单，宣判他们应被一并处死。

因巫蛊而引起的宫廷及朝廷的政治屠杀，史称为"巫蛊之祸"。它是汉武帝的皇权专制统治和声色犬马、祀神求仙的宫廷生活相伴而生的直接恶果。

征和元年（前92年）的巫蛊之祸是一场政治清洗的开始。从这以后，汉武帝开始打击卫氏外戚集团。

汉武帝到29岁那一年，才得到第一个儿子——即太子刘据。刘据是卫子夫所生，7岁时即被立为皇太子，史称"戾太子"。

卫子夫受宠之时，卫氏势力炙手可热，卫青和霍去病是全国军队的两位主要指挥官，他们权势倾天。卫子夫被封为皇后，入主后宫，就连卫家的远亲旁友也分享到了浩荡的皇恩，过起了优裕的生活。"生女当如卫子夫"的俗语传遍了当时的长安城。岁月无情，卫皇后年老色衰，对汉武帝渐渐地没有吸引力了。

皇太子刘据一天天长大，他仁慈敦厚、温柔谨慎，在他身上体现出其祖父和曾祖父的一些影子。汉武帝却认为他不够凌厉，缺少魄力，不像自己的性格。因而，对于卫皇后和刘据的宠爱热度一天天降了下来。卫子夫和刘据母子二人日益感到不安。

汉武帝也察觉到卫子夫母子的惊恐，当时大将军卫青还健在，汉武帝就找个机会对他说："因为国家刚刚建立六七十年时间，一切都没有定型。加上四面外族侵略不已，朕不得不改变传统的无为而治政策。如果不出动军队平定四夷的话，大汉朝就不能得到安宁。为了这些原因，所以不得不使天下人受劳受苦。"

卫青听了之后表示理解，他回答说："陛下四面兴师，开拓疆域，也是为了江山社稷的长治久安。臣民有所劳苦，那也是义不容辞的事。"

汉武帝止住了卫青的话头，说道："假定后世都像朕这样去做，那必定要走上秦王朝亡国的老路。太子刘据稳重安详，必定能够使天下太平，所以不让朕担虑。如果要找一个守成的人主，有谁能比太子刘据更贤明呢？朕听说太子和皇后他们母子心情不安，认为朕不再宠爱他们了，其实哪有这回事？你将朕的意思晓谕皇后和太子吧。"

卫青听了半天，才明白过来是为了宫中储位的事。他马上叩头谢恩，答应回去转谕太子和皇后二人。卫子夫皇后听到卫青转告的话，也为自己的不当疑惧而惭愧，和太子刘据一起向汉武帝请罪，双方消除了隔阂。

汉武帝执行酷吏政治，刑罚严苛，因而制造了不少冤狱，株连许多无辜。刘据看不惯父皇的做法，常常趁着与父皇见面的机会，劝告父亲不要重用酷吏，应该施行德教。卫子夫为太子担心，告诫他少过问朝政，以免引起父皇的反感，影响到储位，又怕酷吏们报复，给太子构陷罪名。但刘据偏偏是个倔脾气，不仅不改，还添了新毛病。每当军队准备出动时，刘据总是向汉武帝提出劝阻，让他不要征讨四夷兴师动众、劳民伤财。汉武帝不愿和他辩论，只是笑着拍一拍他的肩头说："由朕来承担艰苦，将来由你来享福，难道不好吗？"

公元前 118 年（元狩五年），霍去病英年早逝。公元前 106 年（元封五年）卫青也辞世而去，汉武帝少了两员大将，而卫皇后和刘据则失去了两个主要支柱。

最初，政府官员中宽厚仁慈的人都依附刘据。而那些用法残苛的酷吏，则对刘据百般诋毁。宽厚仁慈的官员们畏惧权势，怕自身难保，因此不敢出头露面，而残苛的酷吏们却结成一党。于是刘据在舆论上是毁多誉少。等到卫青一死，那些酷吏们不再顾虑皇亲的报复，共同对付太子刘据。

汉武帝向来与皇子们十分疏远，贵为皇后的卫子夫自从失宠之后，也很难见到他。汉武帝与皇后和太子之间的隔膜，为一些人搬弄是非创造了可乘之机。

有一天，刘据进宫探望母亲卫皇后。母子二人谈得高兴，不觉已到日暮。太子一看时辰不早，忙匆匆起身告辞，这事让黄门苏文看在眼里。第二天，黄门苏文就向汉武帝报告说："太子昨天在皇后宫里很久才出来，可能与宫女们有奸情。"汉武帝不置可否，只是下令将太子宫中的宫女增加到二百人。太子刘据觉得不对劲，忙托人打听，这才知道是苏文进谗所致。刘据对苏文恨之入骨，自己办事更加谨小慎微。

苏文和小黄门常融、王弼等人都是汉武帝的贴身宦官，一直侦察刘据的过失，动不动就向汉武帝告密。卫子夫知道这件事之后，切齿痛恨，屡次劝刘据向汉武帝说明冤枉，请将这些谗言小人处死。刘据生性谦和，唯恐父皇烦扰，因此不想追究这些事。他对母后说："只要儿无过错，何惧苏文进谗，父皇睿智，不会轻信谗言的，母后不必担心。"谁知苏文等人仍不知悔改，仍想加害太子。汉武帝曾害过一场小病，在宫中卧床休养，他派常融去召唤太子刘据过来。常融领命出宫，在外面与苏文一阵嘀咕，然后才去太子宫中召太子速去拜见。常融先行回来，按苏文的指示编了个谎言对汉武帝说："太子听了陛下害病的消息，面有喜色。"汉武帝黯然不语。

不一会儿，刘据到宫中给父皇请安。汉武帝看到太子的脸上泪痕未干，心里也就明白了几分。刘据为了让父皇高兴，却假装有说有笑，汉武帝看了心中全明白了。他详细盘问太子和常融，让他们对质，探听出真情，立即令人诛杀了常融。

苏文不仅阴谋未曾得逞，反而断送了帮手常融的性命，不禁惧愤交加，他又开始设计新的毒计要加害太子。为了达到这个目的，他又想到了另一个现成的帮凶，那就是与刘据结怨的江充。

江充，字次倩，是赵国邯郸人，本名江齐。为了自己能发迹，他先将自己能歌善舞的妹妹嫁给了赵王的太子刘丹，又借着这层裙带关系成了赵国的权贵。由于江充欲壑难填，总是向妹夫刘丹要这要那，刘丹不胜其烦，两人反目相对。刘丹气急之下欲置江充于死地，江充逃到了长安。

江充恶人先告状，上书汉武帝一口咬定刘丹和姐妹相奸，淫乱不法。刘丹因此被捕下狱。后来虽然赶上大赦留了一条性命，但刘丹已被剥夺了嗣立为赵王的权力。

汉武帝召见了江充，见他容貌壮伟，风度翩翩，心里很喜欢，就拜他为绣衣直指。绣衣，表示地位尊贵；直指，意思为处事无私，是皇帝特派官员的称谓。武帝派江充专门督察皇亲国戚与亲近臣僚们的不法行为，随时弹劾。江充做事之前先揣摩汉武帝的心思，所以他每次做的事都是汉武帝想做的。江充见库府空虚，就迫令犯法的贵戚近臣充戍到北方。贵戚们入阙哀求，情愿出钱赎罪，汉武帝故意拈须盘算后同意了这些人的请求，一下就得到了赎罪钱数千万缗。汉武帝因此认为江充很忠心。

有一次，江充曾经跟随汉武帝去甘泉宫。江充在前面开道，正碰上刘据派往宫中的使者坐车在驰道上奔驰。江充一见二话不说，令人将车马扣留，并将太子的使者逮捕，准备交付审判。刘据得到这消息之后大惊失色，他急忙亲自去向江充谢说："我不是爱惜我的手下，只是请不要让皇上知道，认为我平时对手下管束不严，因此，敬请先生手下留情，饶过这一回。"

江充对太子的苦苦请求置之不理，把这事报告了汉武帝。汉武帝夸奖他说："当臣僚的就应当如此。"他提拔江充为水衡都尉，对他更加信任。

江充和苏文这些人为什么敢公开和太子刘据作对呢？原来，这里面自有奥妙。

之前，汉武帝爱上了一个河间姓赵的民间女子。这个赵家少女艳丽绝伦，但两手却有些毛病，总是捏成拳头不能张开。当时汉武帝听说了，马上驾临河间观看，果如所言。汉武帝命从人将赵氏女的拳头掰开，可是谁也没能如愿。汉武帝看得不耐烦了，他亲自出手，等他的手刚一碰上赵氏女的手时，赵氏女的双手自然舒展开来。汉武帝定睛一看，赵氏女的掌中有一只小玉钩，不觉心中惊异。于是载入后车，带入宫中。

新入宫中立即得到武帝宠幸。汉武帝单为赵氏女设了一宫，封为钩弋宫，赵氏女也因此得号为"钩弋夫人"，背地里有人也称她为"拳夫人"。

公元前94年（太始三年），汉武帝已经64岁了，钩弋夫人又给他生了个儿子，起名叫刘弗陵。汉武帝晚年得子，对钩弋夫人更加宠爱，晋封她为婕妤，其位置仅次于皇后卫子夫。

据说，钩弋夫人怀胎14个月才生下刘弗陵。汉武帝认为这个儿子将来准了不起。他说："听说，从前帝尧是14个月才生的，现在朕这个儿子也是14个月才生，可见得钩弋夫人也比得上帝尧的母亲了。"他心血来潮，就把钩弋夫人居住的那座钩弋宫的大门起名叫"尧母门"。

那些专门揣摩汉武帝心思的人嗅出了味道。他们看到皇后卫子夫和太子刘据都安然健在，但汉武帝竟然把赵婕妤比成尧母，得出的唯一结论是汉武帝心爱幼子。现在的太子刘据早晚要被废去。正是有了这种结论，所以江充他们就毫无顾虑了。

苏文为了陷害太子，就去找江充商量。两人商量了半天也没个计划，只好等待机会。

汉武帝本来体质强壮，但因为纵欲过度，伤及身体，征和元年（前92年）以后，就开始病魔缠身，耳目不灵，精神俱敝。

这时候，方士和女巫之类经常出入宫中贵戚之门，传播歪门邪道，神秘兮兮，妖言惑众。而宫廷中更是女巫经常出没的地方。她们教嫔妃们如何争宠和避灾求福，几乎每个宫殿里都埋有木头人。一旦相互之间反目成仇，嫔妃们就互相告发，指控对方在诅咒皇帝，大逆不道。长安城就此陷于巫蛊案造成的恐怖气氛之中。

宫中互相指控诅咒皇帝是一项有效的恶毒攻击手段，它能使汉武帝霎时疯狂、大肆屠杀。嫔妃和宫女以及被牵连进去的官员每次处死的就有几百人。

有一天，汉武帝刚吃完午饭，想好好休息一下，迷迷糊糊中看见有数千个小木头人，个个手提棍棒，一窝蜂地向汉武帝没头没脑地打来。汉武帝大叫一声惊醒，才知道是个噩梦。他脑袋疼得厉害，心惊肉跳，就此病倒。正好江充进来问安，汉武帝与他谈及梦状，江充一口咬定说："陛下的病，一定是巫蛊在作祟。" 汉武帝多日患病，一听江充的话当然深信不疑。他派江充担任特使，专门负责处理巫蛊案件。

江充决心乘这个机会，利用巫蛊来完成他的庞大阴谋，除掉刘据。他率领胡巫到处挖坑掘洞，搜取埋在地下的木偶，逮捕涉嫌放蛊之人以及在夜间祭祀的人等。汉武帝又派案道侯韩说、御史章赣作为江充的助手，另外黄门苏文以及胡巫檀何也在搜蛊的领导行列之中。

这些人沆瀣一气，胡作非为。为了达到他们的目的而不择手段，预先把木头人埋到某人家的附近，上面洒上家畜的血。到时，由自称能看见鬼迹的女巫察看血迹，随即将木头人挖出，马上对附近居民大肆逮捕，并对被捕的人苦刑拷打，如果有人不承认，只要江充一声吆喝，手下人就对其动用酷刑，哀声哭号。因此，被捕的人全部承认了强加的罪名，并且供出江充等人指定的"同党"。利用这种手段，江充"发现"了大批大逆不道的"刁民"，从京城长安和三辅地区一直到各郡各封国，在这次巫蛊大屠杀中丧命的有数万人。

公元前90年（征和三年），已经67岁的汉武帝总是疑心左右亲近用"巫蛊"诅咒害他。他看到江充等人揪出了这么多的危险分子，心中更加肯定自己的想法。江充看透了汉武帝的心思，他就教唆他的心腹胡巫檀何对汉武帝说："臣在外面望气的时候，只见宫城上面鬼气沉沉。宫里面肯定埋有不少的木头人。要是宫里的鬼气不消除的话，皇上的病是没有办法治好的。"汉武帝深以为然，再次让江充带领原班人马进入宫中搜蛊。

江充对付的主要目标是刘据，但他并不敢肆无忌惮地拿太子先动刀，而是领着他的捕蛊队伍先从嫔妃中不太受宠的那些人开始着手，卫皇后和刘据的宫室放在最后搜查。

到搜卫皇后和刘据宫室时，江充搜得特别仔细，每寸泥土都翻了出来。遍地泥土，皇后和太子宫中果真搜出了很多木头人。尤其是太子宫中的木头人身上还缠有帛书，上面写的都是些悖逆犯上的语句。江充得意扬扬地去秉奏武帝。这边刘据知道自己根本就没有埋藏过什么木头人，现在凭空被人家挖出这么多罪证，肯定是遭人陷害。他急忙找老师石德商量。石德是万石君石奋的孙子，一直以谨小慎微而著称。听了太子的话也气愤不已。他向太子献计说："前丞相公孙贺父子、两位公主和卫伉等人，都因为巫蛊之祸而丢了性命。现在江充和女巫手持诏旨，到东宫挖出这么多木头人，这分明是他们想栽赃陷害。这要是报告到皇上那儿去，恐怕你有口说不清。"

刘据急忙拉着石德的胳膊急切地问道："那我该怎么办呢？"

石德说："我倒有个主意，可以假传圣旨，先把这些人抓住，查出其中的奸谋。而且皇上远在甘泉宫休病，皇后和你派出的使者从未见过他的面。皇上是死是活，我们一点也不清楚，怎能知道其中不会有诈？"

刘据听了之后愕然回答说："江充系奉父皇诏旨前来，又怎么能擅自对他们进行逮捕和讯问呢？"

石德阴沉着脸说："奸臣嚣张狂妄到了何等地步了。你要再不火速动手，恐怕又会重蹈扶苏的覆辙。"

刘据还是不敢擅自诛杀，他想前往甘泉宫晋见老父，希望能当面说清，或许能侥幸脱难。刘据刚想动身，听说江充已派人飞马前去甘泉宫奏报去了。刘据手足无措，只好接纳了石德的建议。他即刻假传圣旨，征调武士，前去抓拿江充一伙人。江充没想到太子竟敢以武力相逼，而且来得这么快，一点防备也没有，就被捆了起来，胡巫檀何也被军士堵个正着。只有案道侯韩说是个军伍出身，有把子力气，他怀疑诏书是假的，因而拔剑和武士们格斗起来，但到底寡不敌众，伤重而亡。趁着刀光剑影厮杀混乱之机，苏文和章赣乘机逃了出来，一路奔向甘泉宫向汉武帝报告去了。

刘据见了江充，气得眼中冒火，他指着江充的鼻子大骂道："你这个赵国的囚徒，你把赵太子害得不浅，还不满足，又想要挑拨我父子关系吗？"江充直哆嗦，说不出话来。刘据越瞧越生气，喝令手下将江充立刻斩首，又将胡巫檀何拉到上林苑中用火活活烧死。做完这些，刘据只是图眼前痛快，但他并没有从江充口中得到供词，所以汉武帝追查起来终归无法解释。

杀掉江充和檀何之后，刘据派舍人无且持节，乘夜色来到未央宫长秋殿殿门，请长御倚华报告卫皇后。同时，刘据征发中厩的车马载运长乐宫的卫士，并打开军械库，分发兵器，让他们守备宫门。

苏文、章赣已经逃入甘泉宫，见到武帝后声称太子造反，擅自捕拿江充。汉武帝对平素一向谨慎的太子刘据很放心，听了苏文的报告，只是淡淡地说：“太子因为宫中掘出木头人，定然迁怒于江充，因为这个才会生变。朕当召太子前来问明情况就是了。”他打发内侍去召太子前来。那内侍出去的时候，苏文向他递了个眼色，好像打了个冷战似的摇了摇头。那内侍心中早已明白七八分了。再说他也害怕太子像对待苏文那样对待他，所以更不敢去见太子了。想来想去，这内侍径自到别的地方躲了一会儿，然后回来报告说：“太子已经造反了。他不肯来，还要杀臣，臣只好逃回来了。”

汉武帝这才信以为真。正好在长安城的丞相刘屈氂听说太子造反，吓得拔腿就逃，派长史赶到甘泉宫汇报。

汉武帝责问丞相长史道：“丞相现在干什么呢？”

长史战战兢兢地回奏道：“丞相在封锁消息，不敢擅自采取行动。”

汉武帝吼叫着说：“事情已经闹大了，整个长安城都在哄传，还有什么好保密的？丞相独没有听说过周公大义灭亲，诛杀管叔和蔡叔这件事吗？”

汉武帝担心局势恶化，就用正式诏书，命令刘屈氂说："捕斩谋反者的人自有重赏！应用牛车堵住街道，避免短兵相接式的肉搏，以免滥杀无辜。关闭所有的城门，不要让造反者漏网。"刘屈氂正在惶恐不安，接到汉武帝的诏书，胆子就大了几分，令人先将诏书颁示出去。不久，汉武帝又下令凡是三辅地区以及附近县的士卒，全都划归刘屈氂调遣。一朝权在手，便把令来行。刘屈氂当时调集人马，将内城团团围住，一心要捕拿太子。

刘据听了这个消息，慌不择路，他又假传圣旨，尽赦都中的囚徒，分给他们兵器，派少傅石德和门客张光分别率领。接着，他又宣告百官，说皇上病危，奸臣作乱，大家应当共诛逆贼云云。百官也是毫无头绪，分不清丞相和太子谁真谁假。刘据和刘屈氂各自督兵交战，杀了三天三夜还是胜负不分。

到了第四日，有人传来消息，说汉武帝仍然健在，现已移驾建章宫。这时长安城中才知太子矫诏谋反，于是太子的部下军心涣散，胆大的反而助丞相反戈一击，就连民间也知道太子刘据造反，没人敢去帮他。刘据见寡不敌众，先派长安囚徒如侯持节前去征调长水和宣曲两地的胡人骑兵，正好这时汉武帝的侍郎马通知道了这个消息追上如侯，将其杀掉，反而率领两地胡人骑兵前往长安帮助刘屈氂。刘屈氂的部下越战越多，而太子刘据手下越战越少。

刘据日暮途穷，亲自乘车到北军营外，召来护军使者任安，给他符节，命他速速发兵相助。任安先是恭敬地接过符节，回到营中却下令紧闭营门，不许手下介入其中。刘据无可奈何退回去，集合了数万人，在长乐宫西门与刘屈氂的军队展开血战，双方死伤数万人。

七月十七日，刘据的军队被瓦解了。刘据抛开手下，领着两个儿子和一些贴身随从向南面的覆盎门落荒败逃。把守覆盎门的是司直田仁，他看到刘据父子惶恐悲哀的样子，认为他们到底是皇帝的亲生骨肉，而且又是受了冤屈，不忍阻拦，就打开城门放太子一行人逃出长安。刘屈氂率追兵赶到后，见司直田仁放跑了太子，当时就要处决司直田仁。这时，随同在丞相身边的御史暴胜之为了救田仁一命，急忙对刘屈氂说："司直是两千石的高级官员，即使有罪该杀，也应向皇上奏明才对，又怎么可以随意杀戮呢？"刘屈氂立即把这事先禀报到汉武帝那儿。汉武帝怒不可遏,派法吏责问暴胜之说:"司直放走逆贼,丞相杀他,这是法律。你为什么要袒护田仁?"暴胜之心里明白已经得罪了汉武帝,为了免得连累家人,只好自杀谢罪。

紧接着,汉武帝派宗正刘长、执金吾刘敢前往皇宫收缴卫子夫的皇后印信。卫子夫把玺绶交出,大哭一场,悬梁自尽。她临死前叹惜道:"早知今日,还不如当初回到平阳公主府做歌女快活自在。"

护军使者任安见武帝获胜,立即前来迎驾,汉武帝冷笑一声,喝令手下将任安捆上,定了个怀有二心、首鼠两端的罪名,与放走太子的司直田仁一起腰斩。

对于参加叛乱的人,汉武帝更是毫不客气,下令凡是刘据的门客而且出入过宫门的,一律诛杀;凡是跟从太子作战的人,不管是否是被胁迫,全家都要被放逐到敦煌去;大批和太子有牵连的人倒在了屠刀之下,诸大臣也是惊惧交加,不知道该怎么办才好,不敢进谏,唯独壶关三老令狐茂给汉武帝上书,替太子刘据分辩。

令狐茂写道:

"臣闻父者如天,母者犹地,而儿子好比是天地之间的万物。所以天平地安,万物才茂盛。父慈母爱,儿子才会孝顺。而今皇太子为汉家社稷的正式继承人,将承受万世的基业,担负祖宗们的重托,而且他又是皇上的嫡长子。江充,只不过是一介布衣,穷乡僻壤出来的无赖,陛下使他显贵,给他高官大权,而他竟迫害太子,栽赃陷害。而且这些邪佞之人把事情搞得一团糟,太子进则不能见到皇上,退则被那些乱臣贼子所围攻,他蒙受了冤屈却无法奏告,所以郁积愤怒之情到了无法控制的地步,这才杀了江充。他心怀恐惧,所以子盗父兵,用以救难自保罢了。臣窃以为太子并无谋反之心。

《诗经》上有一首《小雅·青蝇》是这样写的:

营营青蝇,止于樊。

恺悌君子,无信谗言?

从前江充陷害赵国太子刘丹,天下人有目共睹。现在江充又谗言挑拨皇上和太子的关系,激怒皇上。皇上偶尔疏忽,过度责备太子刘据以致派大兵围攻,由三公亲自指挥作战。智者不敢言,辩者不敢说,臣感到无限痛惜。

愿陛下放宽心怀,慰平怒气。对亲人不要过于苛求,不必担心太子的错误,应迅速解除这么多守兵,别让太子在外面长时间流亡,以致再误入奸人诡计。臣一片忠心,谨在建章宫阙外待罪,昧死上闻。"

汉武帝看了令狐茂的上书之后,稍稍感悟过来。不过,他不愿意直接承认行为过火,所以并没有下明令赦免太子,刘据因此在重金悬赏之下一路向东逃到了湖县境内,躲藏在泉鸠里,身边只有他的两个儿子跟随着他。

收留刘据的人家境贫寒,怜惜太子的遭遇,但家境贫寒,只有督促家眷,昼夜织履,卖钱供给这几个人的生活费用。久而久之,刘据觉得过意不去,想起在湖县有一个以前的朋友,家道殷实,就亲自提笔写了一封求助信,差人前往投送。不料这中间环节太多,竟然走漏了风声,消息很快地传到了地方官吏的耳中。

新安县令李寿闻风而动,为了得到重赏,连夜率领精干的吏役前往泉鸠里捕拿刘据。刘据一看逃生无望，自缢而死。

收留刘据的那家男主人为了保护刘据，在门外与吏役们展开格斗，被乱刀砍死。刘据的两个儿子也为保护父亲，抵抗吏役，同样死在乱刀之下。至此，刘据父子三人全都命归黄泉。

汉武帝看到太子刘据的尸体被运到京城，头脑清醒过来，开始调查宫中挖掘木头人的内幕。各方面的调查结果呈送上来，汉武帝一眼就明白了，卫皇后和太子宫里根本就没埋过什么木头人，原来都是江充他们从中捣鬼，陷害太子和卫皇后。汉武帝也逐渐了解到太子刘据确是被江充一伙人所逼迫，在不得已的情况下才铤而走险，丝毫没有谋反之意。明白了真相的汉武帝懊丧不已，后悔冒失不察，无辜断送了子孙三人性命。

后来，管理高祖庙的郎官田千秋送来紧急奏章。汉武帝打开一看，原来是为太子刘据鸣冤的。

田千秋在奏章中写道："儿子玩弄父亲的刀兵，应当受到责打；天帝的儿子错杀了人，该怎么定罪？这是我做梦的时候，一位白发老翁教我这么说的。"

汉武帝这时完全明白过来了，召见了田千秋，听田千秋一字一泪地述说太子的冤枉。汉武帝十分感动，对田千秋说："父子之间，外人难以插话。先生你却能阐明得这样简单透彻，这准是高皇帝托梦给先生，让先生来指教朕。先生应当担任朕的辅佐大臣。"当即拜田千秋为负责藩属事务的大鸿胪一职。随后，武帝又下诏灭掉江充全家；苏文被捆绑到黄门外的横桥柱上活活烧死。

尽管处死了罪魁祸首，但汉武帝心中的郁闷并没有解除。他特地在太子刘据殉难处建立了一座思子宫，又在其中建有"归来望思台"。武帝时常到思子宫里住上两天，思念自己的大儿子。

最初，刘据的姬妾中有位来自鲁国的史氏，封为良娣，生子刘进，当时称史皇孙。刘进又娶涿郡（今河北涿州市）的美女王翁须，生下一子，名叫刘病已，又称"皇曾孙"。刘病已生下才几个月，巫蛊案爆发，刘据和他的三个儿子、一个女儿以及所有的姬妾都被诛杀。只剩下才几个月大的刘病已被收押到大鸿胪所辖下的郡邸狱中。

当时，担任廷尉监的丙吉奉诏主办巫蛊案件。丙吉知道刘据冤枉，又哀怜刘病已的身世悲惨，特地将刘病已留下没有杀掉，还让性情谨慎、为人忠厚的女犯人给刘病已做奶妈，又把刘病已搬到地势较高、较干燥清洁的囚室，每隔一天都要前往探视一番。

巫蛊案一拖数年，不能结束。后来汉武帝患病，轮流住在长杨、五柞两宫中。这时方士们又风闻太子的后人尚在京城狱中，就诡称说："长安狱中有天子气。"篡位夺权是汉武帝最为忌讳的，他听了方士们的胡话大为震恐，因而下令：长安城所有监狱里的囚犯，无论定案与否，无论罪行轻重，一律诛杀。丙吉见情况危急，就拒绝给郭穰开门，说："任何一个没有死罪的人，都不应该处死，何况此狱中还有皇上的亲曾孙呢？"武帝得到报告，蓦然惊觉，立即大赦天下。苦命的刘病已虽然留下一条小命，却没能被接回皇宫。无奈之下，丙吉又让女犯人将刘病已抱回狱中抚养。

刘病已在狱中度过了他的童年，由于营养不足，他身体孱弱，有几次都差点死掉，幸亏丙吉督责乳母小心照料护理，才从死亡线上被抢救回来。后来，丙吉听说刘病已的外祖母以及舅舅还在人间，就雇了一辆小车，将刘病已送到外祖母家抚养。数年后，这个身世坎坷、几次险丧性命的刘病已时来运转了。

原来，汉昭帝——也就是钩弋夫人所生的刘弗陵——在汉武帝之后登基，没有留下子嗣就死了，大臣们只能从近支亲王中挑选一位新的君主。昌邑王刘贺先被大臣们推为继嗣者，不料此人行为乖张，不守法规，荒淫无耻，被霍光等大臣联合剥夺了继嗣的权力。刘病已由于他是戾太子刘据的亲孙子，童年历经坎坷，为人恭谨，体恤下情，成为刘家子孙中较为贤明的一位，于是被百官推举为皇帝，是为汉宣帝。他从一个绝望又卑微的一介小民猛然间高坐人间至尊之位，在他悲剧的人生中留下了一个喜剧的结局。

将军国舅降敌，太监国舅遭殃

在对匈奴采取的保卫战争中，出现了许多名将，如李广、卫青、霍去病等，在战史上写下了光辉的篇章。但是也出现了李广利这样的庸才，在战史上留下了黯淡的一页。

李广利本是个庸劣之辈，为什么雄才大略的汉武帝会任命他为统率十万雄师的将军进行征伐呢？这得从李广利的进身之阶——他的妹妹李夫人说起。

李夫人有两个哥哥，大哥李广利，另外一个哥哥，叫李延年，西汉时期的音乐家。后来因为犯法，李延年受了腐刑，便到皇宫中去做养狗的太监，有时也在宫中表演歌舞及谱新曲。李夫人原本是卖艺的舞女，能谱曲弹奏，又会唱歌跳舞。有一次，李延年创作了一曲新的歌舞，表演给汉武帝欣赏。歌词为：北方有佳人，绝世而独立，一顾倾人城，再顾倾人国。宁不知倾城与倾国，佳人难再得！

汉武帝为这曲歌词中所描写的绝色美女的形象所感动，慨叹说："歌词写得真好呀！世间真有如这歌词所描写的美女吗？" 汉武帝的姐姐平阳公主也在场观赏李延年的表演，听见武帝的感叹，便小声对武帝说："李延年有个妹妹，确实生得不错，有倾城倾国之貌。"武帝很吃惊，立即召李延年的妹妹进宫，一见果然生得十分美貌，目如一泓盈盈的秋水、眉似一弯纤纤的新月，面若盛开带雨的桃花，唇像初绽含露的红梅，粉白黛黑，自然天成，真是绝世而独立。而李氏又善舞蹈，舞起来长袖随弦韵而飘动，似流风回雪，弱步依节拍而进退，如飞燕凌虚。武帝为其美貌倾倒，娶为妾，称为李夫人，对她的宠爱超过所有的嫔妃。一年有余，李夫人生下一个男孩，名叫刘髆，被封为昌邑王。

可惜红颜薄命，正春风得意的李夫人染病不起，无药可医。武帝亲临病榻前问候，李夫人却用被子蒙住脸，感谢武帝的深厚恩情，说："我长久卧床不起，病魔已夺走了我美丽的容颜，再不是过去的美艳绝世了，因此无面目再见皇上。我将皇儿和兄弟托付给皇上，希望皇上好好照顾。这是我唯一的愿望，若皇上不弃，也不枉我服侍皇上这些年了。"武帝却说："夫人病很沉重，也许再也起不来。若能让我看到，当着我的面托付王儿及你的兄弟，岂不是使我感到愉快，比蒙住面托付更好吗？"李夫人继续蒙着被子说："妇人家的容貌不经过整理修饰，不能够会见国君及父母。我不敢以未经严妆而以慵懒的容貌拜见皇上。"武帝再次恳请说："假若夫人能让我见一面，我将赐你千金，任命你兄弟作尊贵的官员。"李夫人仍用被蒙面说："是否给我兄弟尊贵的官爵，全在皇上的恩赐，不再让皇上见我一面。"武帝再提出要求，一定要亲眼见一面。李夫人把身子转向里面，背对武帝，呜咽哭泣。武帝不忍，只得离开卧室。

当武帝离开后，在一旁服侍李夫人的姊妹们责备李夫人说："你为什么这样固执，不让皇上见一面，当着皇上的面托付兄弟们的事？"李夫人说："之所以不愿意让皇上见一面，正是为了更好地向皇上托付兄弟们的事。我是凭借容貌的美丽，才得以由一个被世人所瞧不起的微贱低下的卖艺女子成为皇上宠爱的夫人。用美丽的容颜去侍候别人的人，一旦美丽容颜衰退，来自对方的爱也就消失了。随着爱的消失，将要加给的恩惠也就断绝。皇上之所以对我深深眷恋，是以为我仍然还保有过去美丽的容颜。若是见到我现在如幽灵一样不堪入目的病容，完全不是过去如花似玉的清秀艳丽，必然会感到害怕，恶心呕吐，产生厌弃。这样一来，我还能希望皇上因对我的思念而赐给我兄弟们官爵吗？"

不久，李夫人病逝，而武帝留在记忆中的仍然是李夫人未病前那副天仙般的美貌，因此十分怀念。尽管后宫佳丽成百上千，但没有任何一个人可以取代李夫人在汉武帝心中所占据的位置。武帝只好令画师画了一张李夫人的图像，悬挂在甘泉宫内日日观看。

由于汉武帝对李夫人的夭亡思念不已，便想到李夫人临终前的嘱托。于是，武帝便任命李延年为协律都尉，李广利为将军，不久又以李广利破大宛有功而封李广利为海西侯，以表彰其功勋。

武帝为讨伐大宛，几乎倾全国之力，卫青、霍去病远征匈奴也没有获得武帝这么大的支持，而李广利却没能攻破大宛国都内城，可见李广利缺乏智谋，指挥才能平庸。而许多士卒因将吏贪暴致死，又可见李广利品质的卑下低劣。将一个没有才能的人放在需要才能的位置上，最终获得的只能是失败。武帝却没有意识到这一点。

公元前90年（征和三年），匈奴死灰复燃，入侵五原、酒泉，掠杀边民。两地守军出战不利，领兵的都尉大都战死了。武帝便命李广利率大军出击匈奴。李广利离开京城时，丞相刘屈氂为李广利饯行。李广利的女儿是刘屈氂的儿媳，两人是儿女亲家。恰好此时刘据被人诬陷而自杀，又未立新太子，李广利便想乘机将他妹妹李夫人所生的儿子刘髆立为太子，如此一来，自己以后就是堂堂国舅爷了。而刘屈氂不仅身为丞相，又是武帝的侄儿，颇得武帝的信任，李广利于饯行告别时就对刘屈氂说："希望你在皇上面前建议，立昌邑王为太子。昌邑王能够被立为太子，将来做皇帝，你的相位也就可长保无忧了。"在这个问题上，二人利益完全一致，刘屈氂自然满口应承，答应寻找机会，向武帝建言。李广利率领7万大军从五原出发，向匈奴挺进。另外汉武帝命御史大夫商丘成率3万余人从西河出发，莽通率骑兵4万人从酒泉出发，同时向匈奴挺进，作为李广利的左右翼，从东西两面进行策应。

匈奴君长单于得知汉朝派出大军进袭，便将所有辎重撤至郅居水沿岸囤积，将人民迁至余吾水以北安置。单于本人则率精兵在姑且水列阵以待。李广利率大军出塞，进入匈奴境内。匈奴派5000骑兵进行阻击。李广利派2000骑兵接战。大败匈奴兵，杀死数百人。李广利挥军乘胜追击，匈奴兵不敢抵敌，四散逃奔。汉军直追到范夫人城。

正在这时，京城长安发生了一件事——汉武帝生病了。他认为这还是有人受了巫师的指使诅咒他早死的缘故，为此专门派人查访。有个叫郭穰的出来密告，说丞相刘屈氂的妻子因为刘屈氂多次遭皇上责备，便对皇上不满，诅咒皇上早死；同时密告刘屈氂与李广利共同向神祝祷,希望昌邑哀王刘髆将来做皇帝。武帝认为刘屈氂大逆不道,处以腰斩,并用车装着尸体在街上游行示众;将刘屈氂的妻儿在长安华阳街斩首;将李广利的妻儿们逮捕囚禁。

正在指挥大军对匈奴作战的李广利听到家中妻儿因巫蛊被捕收监的消息,如五雷轰顶,既忧虑,又害怕,不知所措。有一个部下劝他投降匈奴。李广利觉得若投降匈奴,家中妻儿老小就会被杀,不如立功赎罪,也许还能有一线希望。为此,本来就不是打仗的料的李广利完全不懂战略战术,他以数万汉军的生命为赌注,盲目进军,侥幸获得战功。他挥师深入匈奴,直至郅居水。此时,匈奴军队早已离去,李广利又派负责主管军中监察的护军率领2000骑兵,渡过郅居水,继续向北挺进,与匈奴左贤王的军队相遇,两军接战。汉军大胜,杀死匈奴左大将及众多的士卒。

随军长史看出李广利想牺牲全军以求立功,便暗中策划将李广利扣押起来,以阻止其盲目冒险。李广利觉察了长史的策划,将其斩首,为稳定军心,率军由郅居水向南撤至燕然山。单于得知汉军往返行军近千里,已很疲劳,亲自率领5万骑兵袭击汉军,汉军死亡甚众。李广利遭此大败,心情更加沉重,完全失去了警觉。匈奴趁汉军不备,在夜间于汉军营前悄悄挖掘了一条壕沟,并在清晨从后面对汉军发起突然袭击。汉军遭袭,想退后列阵,却发现被深沟堵住,进退不得,一时间军心大乱,遭到惨败。李广利顺势投降匈奴,7万汉军全部葬送。

李广利投降匈奴,换来了一时的富贵。但好景不长,有个叫卫律的汉籍匈奴人原本在朝廷做官,当时正好出使匈奴,因怕被巫蛊案牵连，先李广利一步投降了匈奴。他见李广利投降在自己之后，待遇却在自己之上，心生忌妒，趁单于母亲生病时买通巫师，让巫师谎称病因是由于去世的单于在发怒。因为去世的单于过去出兵伐汉时曾发誓要捉住李广利用来祭神，现在李广利已在匈奴，单于却不杀他祭神，老单于发怒，单于的母亲才生了病。单于对巫师的话信以为真，便将李广利杀掉祭神。

李广利原以为屈膝投降可以苟安于世，结果却仍然难逃一死，追悔莫及，临死前大喊了一句："我死必灭匈奴！"这句豪言壮语颇具气势，可惜喊得晚了。

李广利投降匈奴不要紧，汉武帝得了消息，把他一家子全杀了。李延年原本很得武帝的信任，挺招武帝喜欢，谁料想被李广利连累，也被武帝绝情地处死了。

第六章
曲终人散,极盛之世走到了尽头

汉武帝神志还很清醒，他对霍光说："你难道没有看出前些日子朕送给你的那幅画中的意思吗？"

霍光只是落泪，他摇摇头说："臣愚昧，不能体察圣意，请陛下明谕。"

汉武帝支起身子坐在榻上，他喘了几口气后才说："朕已决定立少子刘弗陵为储君，由你来担任周公的角色，辅佐幼主。"

马何罗行刺惊醒了老糊涂

汉武帝的晚年在痛苦的思过中煎熬。他的思绪经常处于自怨自艾的忏悔状态之中,沉痛地自责不已,自责自己造成巫蛊之祸这样的严重恶果,自责儿子刘据冤死,许多士大夫也受到牵连。他心中惭愧,心情沮丧,饮食减少,连寻求长生都懒的做了。

由于汉武帝心情沉痛抑郁,饮食减少,所以他晚年多病,因而他不得不认真考虑立储的问题。另有一次惊险的经历迫使汉武帝下定了立储的决心。

那时,大臣们看到汉武帝成天郁郁寡欢,担心会伤及他的身体,就想方设法让汉武帝能宽心舒怀。大臣田千秋想召开一次寿宴让汉武帝高兴,又因汉武帝不肯出席而宣告落空。转眼又到了一个炎热的夏季,大臣们就请汉武帝移驾到甘泉宫避暑,他们希望汉武帝到新环境中之后,能忘记一些忧伤。

一天清晨,汉武帝还在睡觉,忽听一声异响从外室传来。他从睡梦中惊醒,急忙跳下榻来,披衣到外室看个究竟。

只见外室里有两个人打成一团，汉武帝定睛一看，一个是侍中驸马都尉金日䃅，另一个是侍中仆射马何罗。此时，金日䃅正拦腰抱着马何罗不放，马何罗还在死命挣扎。看到汉武帝从内室出来，金日䃅大声喊道："马何罗要行刺。"汉武帝听了这一句，吓得睡意皆消。金日䃅一面喊，一面死死抱住了马何罗。他用尽全身力气将马何罗扳倒，狠狠地摔到殿下去了。

殿前值班的宿卫听到异响，也都围绕过来，一拥而上将马何罗生擒活捉。

马何罗是重合侯马通的长兄，与江充最为知心，狼狈为奸。巫蛊之祸发生后，太子刘据斩杀江充起兵，马何罗和他的弟弟马通一起出力死战，成了平叛的英雄。汉武帝将马何罗和马通兄弟二人一同封侯。

不久，刘据被追捕的人逼得上吊而死。在田千秋的主持之下，巫蛊冤案逐渐真相大白。汉武帝心中感悟，痛恨自己逼死了儿孙，就将江充的全族杀绝，又将苏文在横桥上活活烧死，江充的党羽、帮凶也遭到灭顶之灾。

汉武帝的愤怒使得曾经与江充亲善又曾围攻过刘据的马何罗兄弟十分惊恐。他们恐怕这事终有一天会株连到他们兄弟，因此决定先发制人，将汉武帝除掉再说。

担任侍中驸马都尉的金日䃅是个细心人，他观察到马何罗兄弟经常在甘泉宫附近徘徊，而且神色慌张，不禁起了疑心，在暗中注意马氏兄弟的行踪，有时故意和他们一起出入宫禁。

说到这个金日䃅，可是个大有来历的人物。在西汉出击匈奴的时候，由于休屠王中途反悔拒不降汉，浑邪王杀了休屠王，把休屠王太子日䃅和休屠王妻阏氏以及休屠王的弟弟伦全部交给汉武帝处理。汉武帝罚他们为官家奴婢，日䃅被派到负责宫廷供应的少府中给汉武帝养马。

有一天，汉武帝欢宴之余忽然心血来潮，要去看看自己苑中的马匹，就带着成群的美貌宫女姬妾来到御苑。日䃅等数十名养马的奴仆牵着马走过殿下，面对满堂的美色，别人都偷偷地往殿上看几眼，只有日䃅不为所动，目不斜视。日䃅那年只有十几岁，但身材高大，容貌庄严。他养的马膘肥体壮，汉武帝见了大为惊异，便把日䃅召到殿上询问。日䃅把自己的身世做了报告，一举一动、一言一语都很得体。汉武帝十分欣赏这位异国的少年王子，就令手下人取来官服官帽赐给他，除去他的奴籍，任命他为负责苑马场的马监。不久又擢升他为侍中，后来擢升为驸马都尉和光禄大夫。

汉武帝把日䃅当作自己人看待。日䃅虽然受到宠爱，却从不敢有半点过失。汉武帝更加信任他，前后赏赐有1000金之多。汉武帝让日䃅在身边伺候，有时还带他一同出去，让他赶车。皇亲国戚们很是眼红，纷纷议论，认为皇上不应该这样信任一个俘虏。汉武帝听了这些话不为所动，反而更加优待日䃅。因为日䃅的父亲休屠王曾用金人来祭祀天上的神仙，汉武帝就赐日䃅姓金。从此他就叫金日䃅，成了汉武帝的心腹。

金日䃅对汉武帝的恩宠十分感激，尽心报答汉武帝的知遇之恩。现在，他见马何罗兄弟行为反常，自然十分留意。马何罗兄弟也觉得金日䃅的行动有些异常，他们警觉到金日䃅已经有所戒备，因而一直不敢轻举妄动。

正好有一天，金日磾得了一场病，卧床休息。马氏兄弟一看有机可乘，立刻加紧了叛乱的步伐。马何罗、马通和他们的小弟马安成假传圣旨，乘夜出宫，击斩武库守官，夺得了武器。第二天一早，汉武帝还在睡梦之中的时候，马何罗已经领着矫诏召来的士卒包围了甘泉宫。

马氏兄弟本想趁着黑夜起事，但因殿内宿卫防守严密，所以一直没敢直接冲进去。好不容易等到清晨，这时值班宿卫刚刚撤走，换班宿卫还没来到的这个短短的空隙中，马何罗让马通和马安成在宫外策应，自己身怀一把利刃从外面急急进入宫内，准备趁宿卫交接班之机刺杀武帝。

可巧，金日磾休息一夜之后，病好了一些，早上起来去厕所，看到外面没有宿卫，知道这是换班时间，脑子里忽然想到已经有一天没有见到马何罗了，心中不由得紧张起来，便反身向武帝寝殿走去。

金日磾在汉武帝的寝殿外刚站住脚，隐隐约约看见马何罗从东厢房冒出来，身子贴着墙壁悄悄地向殿门这边溜过来。

马何罗再次回过头来时，看到了守在武帝寝殿门口的金日磾，吓了一大跳，顿时呆在那里。

见此情景，金日磾心中已经明白几分，他故意问马何罗前来做甚。马何罗惊恐失色，想到已经是骑虎难下，也不理睬金日磾的问话，急步冲进寝殿大门。由于他手忙脚乱，正好碰到了挂在墙上的宝瑟。"咣"的一声，那宝瑟落到地上，叮叮咚咚响个不停，马何罗自己也吓了一跳。他正想把弦摁住，却被金日磾从后面死死地抱住。在挣扎之中，那把利刃当啷一声掉在地上。

汉武帝讯问马何罗后，没用多长时间就把马何罗的意图查问出来。他急忙派使者去令奉车都尉霍光和骑都尉上官桀前来保驾，捉拿叛臣。

马通和马安成还在翘首以待的时候，忽听得远处人喊马嘶，大队汉军将他们团团围住，领兵的正是奉车都尉霍光和骑都尉上官桀。马通和马安成欲逃无路，只好束手就擒，被霍光和上官桀送交廷尉讯问查办。这件案子是图谋刺杀当今皇上，廷尉依照谋反律治罪，将马氏三兄弟一并斩首，马氏家族也被杀了个精光。

遭到这意外的惊吓，汉武帝愈觉心绪不宁。他心中明白自己终有辞世的那一天。尽管他为了求长生花去了大笔的钱财，受尽了方士的愚弄，但他最终清楚地认识到，死亡必然是自己唯一的归宿。他心想，自从太子刘据死后，一直没定下来把江山传给哪个儿子，要是自己有个意外突然辞世，那么将是何人即位呢？自从马何罗行刺之后，汉武帝开始了他的立储计划。

杀妻立子，武皇帝果然心狠手辣

汉武帝一共生有六个儿子，其中太子刘据是卫子夫皇后所生。另外五子是：王美人生子齐王刘闳；李姬生燕王刘旦和广陵王刘胥；李夫人生昌邑王刘髆；最后一个就是钩弋夫人即赵婕妤所生的刘弗陵。

汉武帝后宫嫔妃上千，后代中却也只有六个儿子，其中齐王刘闳早早就死了，太子刘据又被巫蛊之祸逼死，所以第二次储位的竞争者实际上只剩下了四位。

燕王刘旦是这几个人中年龄最大的。按照汉朝以前的定例，他是新太子的必然人选。但汉武帝并不喜欢这个儿子。

燕王刘旦有辩略，博学各种经书杂说，喜爱星历数术，对倡优和射猎也有着浓厚的兴趣。他借着皇子的招牌，广泛招致各地游士，各种活动能力都很强，基本上与汉武帝属于同类型的多欲人物。汉武帝自己一生好大喜功、内心多欲，但现在已经彻底认识到多欲政治的弊端，与以前的政策彻底决裂，所以并不想再立一个跟自己相似的人。他对刘旦的不满意也主要是因为刘旦的性格太像自己了。他担心刘旦即位后再行多欲政治的话，将无疑重蹈自己覆辙，因此一开始就把燕王刘旦排除在新太子的候选圈外。

燕王刘旦不知其中奥妙，常常以未来皇储的身份自居，得意之情溢于言表。为了防备万一，燕王刘旦先上书汉武帝要求入宫作为宿卫，这是以前历代太子应做的事。刘旦希望通过这种方式明确自己的皇储地位，在宫中随时处在有利的位置，应付各种篡夺皇权的企图。

汉武帝看到刘旦的上书之后勃然大怒，喝令手下将燕国上书的使者拿下，推出未央宫北阙下斩首。汉武帝这招杀鸡给猴看的把戏，真把燕王刘旦给吓糊涂了，刘旦感觉到自己像是掉进了冰窟窿里，心一下子全凉了。谁知祸不单行，燕王刘旦失宠之后，有人落井下石，告发他藏匿政府通缉的逃犯。汉武帝马上做出处理决定，削去燕王刘旦辖境内的良乡（今北京房山区）、安次（今河北廊坊市安次区）和文安（今河北安次县）等三县作为惩罚。燕王刘旦争储不成，反而连遭羞辱，又气又急，大病了一场。

刘旦的弟弟广陵王刘胥是个纯粹的花花公子，他最喜欢的事就是成天和倡优泡在一起，有时也带着一些狐朋狗友到外面闲逛，胡作非为一番，缺点很明显。由于刘胥过失太多，汉武帝压根儿没看中他。

征和年间，昌邑王刘髆还活着，其舅舅李广利和丞相刘屈氂之间达成默契，密定推他为皇储。后来巫蛊余波涉及刘屈氂，因而他和李广利之间的阴谋也被拆穿。这在当时属于大逆不道的罪行，刘屈氂一家被杀，李广利投降了匈奴，家族同样遭到屠戮。这件事不能不对刘髆登上储位产生冲击。汉武帝又看到昌邑王刘髆自幼身体不好，成天病恹恹的，也担心他没有处理国家大事的精力，因而也把刘髆剔除了储位候选人的行列。

果不出汉武帝所料，昌邑王刘髆在公元前87年（后元二年）就死了。汉武帝也是在这年驾崩，他的死和刘髆的死基本上没差多少时间。

汉武帝最为中意的就是钩弋夫人所生的小儿子刘弗陵了。他早就有立刘弗陵为新太子的想法，但他忌讳钩弋夫人的年轻，心中一直犹豫不决。

公元前88年（后元元年），刘弗陵才六七岁，身体长得十分壮实，又非常聪明，汉武帝当时已是个70岁左右的老翁了，老年得了这样一个儿子，自然是十分宠爱。他常对左右说这孩子特别像他自己，因此有意立他为太子，做他的接班人。但考虑到刘弗陵年纪太小，他决定找一个忠实可靠的大臣辅佐幼主。选来选去，汉武帝觉得在所有高级官员之中，只有奉车都尉光禄大夫霍光是最为理想的人选，因为霍光忠实厚道，可以托付大事而不必担心。

在当时立幼废长是有悖于传统惯例的，汉武帝也不想招来更多的物议，就令宫中黄门画了一张"周公背成王朝见诸侯图"，赐给霍光。霍光是一个老实人，他收到这张图之后，只觉得画得挺好，并没有去感悟其中的含义，令家人在堂中供挂起来。

霍光可以做周公，弗陵可以做成王，可是刘弗陵还很小，钩弋夫人一定会代他临朝。万一她像吕后那样抓住大权，杀戮刘家的人，夺取刘家的天下，那可怎么办呢？汉武帝想来想去，没有两全其美的办法，最后他把心一横，决定先杀了钩弋夫人，清除太后专权的可能性，然后正式确立刘弗陵为太子。

欲加之罪，何患无辞？有一天，汉武帝找了一个理由，当即与钩弋夫人翻脸。钩弋夫人也知道了她的儿子刘弗陵将做太子的消息，心中无比高兴，更加疼爱这个宝贝心肝。这时，面对大发雷霆的汉武帝，钩弋夫人陷入一阵恐惧之中，她怎么也没想到为了一点小事，一向对她百般恩爱的老丈夫会变得如此凶悍。钩弋夫人急忙摘下自己头上的首饰，趴在地上向汉武帝请求宽恕。她绝对没有想到汉武帝对她早有杀机，自己的儿子被立为太子的喜悦淡化了她对危险的嗅觉，直到汉武帝吩咐左右说："将她拉出去，关进宫中监狱。"钩弋夫人才感到了事态的严重和潜在的危险，心中很后悔。

左右侍从将钩弋夫人从地上架起来向殿门外拖去，钩弋夫人一声不吱，只是用两只泪汪汪的眼睛死死地盯着汉武帝，汉武帝只觉得钩弋夫人泪汪汪的眼睛好像两把尖刀扎在他的心上。他何尝不怜爱这个娇美的女人呢？但为了刘家的江山，他又不得不这样做。他板着可怕的面孔对钩弋夫人说："快走！快走！反正不能再让你活下去了。"就这样，钩弋夫人在武帝的命令下，上吊自杀了。

这件事轰动了朝野，成为长安市民茶余饭后的谈资。很多人谈到钩弋夫人的屈死，无不摇头叹息。外面的纷纷议论偶尔也传入汉武帝的耳朵里。汉武帝赐死钩弋夫人之后也曾惶惶不安了一些日子。他也听到一些议论，就问左右的人说："外人对钩弋夫人的死有什么不同的议论吗？"

左右随从不敢把底下大骂汉武帝薄情寡义的话说出来，只是含糊地说："人们感到奇怪的是，为什么要杀钩弋夫人呢？众人百思不得其解，故而有些议论。"

汉武帝也知道自己这次残酷的行为必然会引起一些震动，他正想通过周围人之口进行一番辩解。汉武帝说:"朕所做的,你们这些晚辈是不会懂得其中的道理的。"

左右侍从吓得不吭一声,汉武帝看了他们一眼之后接着说:"自古以来,国家之所以混乱,都是由于君主年纪太小,而母后却青春正盛。这年轻的女人一旦大权在握,她就可以做她想做的任何事。她正值青春旺盛之时,定会骄傲不驯,做出淫乱的事来,没有人可以去束缚她。难道你们没有听说吕后擅权的事吗?所以,朕这才不得不先下手把钩弋夫人除掉,好避免这种事情发生。"

左右侍从听得目瞪口呆,他们觉得汉武帝的话很有道理,从此以后再也不敢乱发议论了。

遗诏托孤，一代骄子在悔恨中死去

转眼又过一年，春暖花开，万物生机勃勃。汉武帝的精神因春天的景色而有了一点点起色，他知道春光难留，又闲暇无事，就令移驾五柞宫去游览一番，感受一下春天里大自然的气息。

五柞宫附近有五棵大柞树，树木都郁郁葱葱，覆盖了数亩土地。因为五棵柞树的缘故，因而得名五柞宫，是汉武帝的离宫之一。五柞宫的两边有青梧观，三棵梧桐树下，立有两个 石麒麟。这是个游春的绝好去处。

汉武帝到了五柞宫游览，他流连在春天的景色中，在五柞宫一住就是几天。他本来年事已高，且连日游览，觉得有些疲乏，就在五柞宫又休息了一日，准备第二天回宫。

当时正值初春，尽管天气越来越暖，但夜晚时天气还是很凉。汉武帝禁不住夜来风寒，旧病复发，以至病入膏肓。他这次真的病倒了，在五柞宫长卧不起，再没力气返回皇宫了。

看到汉武帝一病不起，随行的大臣们也明白这次汉武帝可能大限已到，不久于人世了。当时随侍在左右的霍光和金日磾前来给汉武帝请安。霍光看到汉武帝病入膏肓的样子，不禁悲从心头起，他跪在榻前流着眼泪开口问道："陛下一旦有不讳，究竟准备立谁作为太子接位呢？"

汉武帝神志还很清醒，他对霍光说："你难道没有看出前些日子朕送给你的那幅画中的意思吗？"

霍光只是落泪，他摇摇头说："臣愚昧，不能体察圣意，请陛下明谕。"

汉武帝支起身子坐在榻上，他喘了几口气后才说："朕已决定立少子刘弗陵为储君，由你来担任周公的角色，辅佐幼主。"

霍光又顿首说："臣少才阙德，恐难承担此重任。辅佐幼主臣自觉不如金日磾，请陛下三思。"

金日磾也侍立在旁，他马上也跪下说道："臣是个外族人，承蒙皇上不弃之恩，方才有今日。臣的能力不如霍光，而且如果由臣辅佐幼主处理国政的话，必然招致匈奴人的耻笑，使他们轻视汉朝朝中无人。"

汉武帝并不直接回答他们两人的话，只是慢慢地说："你们两人素来忠心耿耿，心中没有半点杂念，这些都是朕早已了解的事。朕之所以选你们辅佐幼主，也是朕多年的考虑。现在你们是责无旁贷，一起听候朕的安排，不要推脱了。"

霍光和金日磾见汉武帝主意已定，心中不禁都有一种沉甸甸的责任感。他们劝慰汉武帝一定要好好休息，这才慢慢从汉武帝的寝殿中退出。

二人退出之后，汉武帝又把朝中大臣挨个地在脑中过了一遍，他觉得除霍光和金日䃅两个是自己的心腹顾命大臣之外，丞相田千秋、御史大夫桑弘羊和太仆上官桀也是忠信之臣，可以让他们共同辅佐幼主刘弗陵。汉武帝想到这里，心中稍觉安慰。

第二天，汉武帝命侍臣起草诏书，立刘弗陵为太子，迁霍光为大司马大将军，金日䃅为车骑将军，上官桀为左将军，让他们和丞相田千秋、御史大夫桑弘羊一同辅佐皇太子。诏令即日向外颁出。

霍光和金日䃅等五人奉诏入见汉武帝，他们到御榻前下拜。这时汉武帝已进入垂危阶段，不能太多地说话，只是对这些人点点头算是作答。汉武帝让他们同心同德辅佐幼主，保证刘氏江山不失。然后下令让他们从即刻起办理一切国家大事。五位顾命大臣含泪跪在汉武帝榻前，拜受遗诏。

汉武帝的遗诏说：

制诏：皇太子，朕体不安，已无痊愈希望，即将永诀。望辅臣们谨视皇太子，要比朕在的时候还要尽心竭力。制告皇太子善待百姓，轻赋敛，近圣贤，信谋臣，以身奉行名教和祖宗法制。遵循朕的告诫，才有资格君临天下。要牢记秦二世灭亡的教训，终生不得疏忽。

苍苍之天不可得久视，堂堂之地不可得久履，就此永别了。告诫后世子孙，兢兢业业，不要辜负天覆地载的恩德！

汉武帝之死及立嗣的事处理得很秘密和急促。弥留之际匆忙安排继承人，托孤给顾命大臣，汉武帝的沉重心情在遗诏中表达得很充分。

当时刘弗陵的身份和地位微弱不足道，并未得到朝野的共认。汉武帝在遗诏中表达了深切的不安和担心，因而他不管刘弗陵懂不懂他的告诫，还是反复叮嘱，让他做一个体恤百姓的好君主。

一世英名的汉武帝，在遗诏中也流露出他对生的无限眷恋之情。

五位顾命大臣之中，汉武帝最为宠信的是霍光、金日䃅和上官桀这三个人，所以汉武帝临终前特别指定这三人照顾后事。

霍光是骠骑将军霍去病的异母弟。霍仲孺与卫少儿私通后生下了霍去病，后来霍仲孺又娶一妻，生下了霍光。卫少儿的妹妹卫子夫被汉武帝立为皇后之后，霍去病以外戚的身份得到了显贵的地位。霍去病把霍光带入宫中，被拜为郎官。霍去病死后，霍光为奉常都尉，光禄大夫。

霍光从十几岁入宫到如今，在皇宫已生活了20多年。他出宫则陪同汉武帝乘车，入宫则侍奉在汉武帝左右，小心谨慎，从来没有犯过什么过失。他为人沉静安详，他的谨小慎微在宫中传为美谈。宫中的郎和仆射发现他就连每次出宫入宫、上下殿门，都从不随意左顾右盼。他们曾从旁偷看，发现霍光每天上下台阶的地方都不差尺寸。霍光在汉武帝身边勤勤恳恳侍奉了20多年，他的忠厚给汉武帝留下了深刻的印象，所以汉武帝指名叫霍光做周公，可见汉武帝对他的信任。

金日䃅在汉武帝左右侍奉也已有20多年了，他在宫中目不斜视，品行端正，很得汉武帝的敬重。汉武帝觉得金日䃅的母亲阏氏教子有方，平时总是赞赏他。金日䃅的母亲阏氏不幸病逝之后，汉武帝觉得惋惜，令人将金日䃅母亲的形象画下来，奉挂在甘泉宫中，画上的标题署着休屠王阏氏。这说明汉武帝并没有将金日䃅母子当作奴婢看待，而是给予了他们极高的荣誉和地位。金日䃅对汉武帝感恩不尽，他每次到甘泉宫办事时，总要在母亲像前焚香祝祷，心中不胜感慨。为了报答汉武帝的大恩大德，金日䃅更加专心地侍奉在汉武帝的周围。

金日䃅生有两个儿子。最初这两个小男孩束发垂髫，伶俐活泼，楚楚可爱，成为汉武帝的弄儿。

有一次，金日䃅的大儿子又在汉武帝身边玩耍，他跑到汉武帝身后，伸手戏弄汉武帝的脖子。汉武帝感到乐不可支。

恰好，金日䃅也在旁边侍立，他看大儿子实在不像话，心里非常生气。但当着汉武帝的面又不好发火，所以他就瞪目怒视其子。

金日䃅这一吓果真有效，他的大儿子一边走一边哭着说："我爹恨我。"汉武帝觉得被扫了兴致，就问金日䃅说："你为什么要恶狠狠地盯着他？"金日䃅不好说什么，只好拜谢退出，心中却为大儿子的将来担忧。

果不出金日䃅所料，他的大儿子长大之后，行为便不如其父那样拘谨了，他借出入宫禁之便，在殿下调戏宫人。金日䃅正好看到这一情景，心中怒不可遏，回到家中之后，就把大儿子杀了。

汉武帝得知自己的宠儿被杀，心中很恼怒，他马上派人将金日䃅叫来质问，金日䃅低头请罪，把杀子的缘故一一报告给汉武帝听。汉武帝听完之后，转怒为哀，流下了眼泪。至此之后，他对金日䃅更是由衷的敬佩。

金日䃅每日侍奉在汉武帝左右，从未斜视宫人。汉武帝为表彰他的恭谨，有时就赐宫女给金日䃅为妾。金日䃅不便推迟，但为了表示对皇帝的尊敬，他从不敢接近汉武帝赐给他的宫人。

金日䃅还有一个女儿，汉武帝想把她接到宫中去做嫔妃，金日䃅婉言谢绝了。金日䃅所做的事，都是诚实笃信的举动，因而得到汉武帝的信任。

这次金日䃅在粉碎马何罗行刺的行动中立下汗马功劳。是他第一个发现了刺客，并将刺客抱摔擒获，因而更加得到汉武帝的青睐和赏识。

金日䃅自知是匈奴后人，所以一直不敢承担辅佐汉朝幼主的重任，他最后作为霍光的副手，担起了顾命大臣的重担。

上官桀是这五位顾命大臣中资历最浅的一位。他的高升主要是由于一次偶然的机遇和他善于见风使舵的本领。

上官桀年轻的时候，担任羽林禁卫官。一次他护卫汉武帝前往甘泉宫，这时正值夏天，漫长的路程之中，天气发生了急剧变化。车队正在行进中，迎面刮来了猛烈的大风。狂风卷起的黄沙隔断了人们的视线，威严的皇帝车队也发生了一阵骚动。车队在大风中不得不停了下来。这时上官桀在队伍中看到汉武帝的黄绫伞盖在大风中摇摇欲坠，他急忙冲上前去，双手握住了伞盖的支把。上官桀臂力强壮，虽然在狂风之中仍然能高举黄绫伞盖，不离汉武帝御车。汉武帝对这个随从的勇力留下深刻的印象。上官桀由于勇力受到汉武帝的宠爱，回头汉武帝就提拔他为未央宫厩令。汉武帝酷爱马匹，所以宫中养有不少的马匹，他时常到马厩里去看看马的情况。上官桀揣摩到汉武帝的心思，就想从马上做文章。他格外留意马的情况，勤加喂养，因此每次都能得到汉武帝的表扬。有一次，汉武帝患病，休息了几天，没有来看马。

上官桀便借这个机会偷懒，对马的照料也松懈下去了。谁知，汉武帝刚一病愈，就前往马厩视察，他看到几天不见，马匹肥少瘦多，不禁火冒三丈。他暴怒地对上官桀说："你是不是以为朕再也见不到马匹了？"汉武帝怒气冲冲，他准备将上官桀送到监狱里法办。上官桀不承想汉武帝这么快就来看马，心中惊恐异常，他看到汉武帝大发脾气，知道自己要吃苦头。但他到底精明，马上扑通一声跪在汉武帝面前，又编出一段鬼话来。上官桀低头说："臣听说圣上龙体欠安，所以日夜为皇上忧心上火，根本没有心思来喂马，乞请陛下恕罪。"

汉武帝一听，怒火一下子全没了，心里还十分感动，认为上官桀真是忧虑自己，便道他忠诚可靠。汉武帝不但将他免罪不问，还特地将他擢升为骑都尉。从此之后，汉武帝把这个狡猾的上官桀当作了自己的亲信大臣，令他作为侍中随行左右。稍后，汉武帝又将上官桀擢升为太仆，主管宫中有关交通事宜。

镇压马何罗叛乱时，上官桀又立一功，成为最受汉武帝宠信的臣宦之一，因而他也成为汉武帝特别指定的顾命大臣。

且说汉武帝已经传授顾命，册立幼子，遗诏辅臣，而他也进入了弥留阶段。公元前87年（后元二年）二月十四日，汉武帝刘彻在五柞宫溘然长逝，一颗雄君的心脏停止了跳动。

汉武帝刚驾崩，霍光等顾命大臣立即采取紧急措施，他们刀剑出鞘地加强了皇宫的戒备。第二天，就把8岁的刘弗陵扶上皇帝的宝座，以断绝刘弗陵几个皇兄的幻想，是为汉昭帝。

紧接着，霍光等人用汉昭帝的名义，为汉武帝发丧致哀，举行陵重的仪礼，将汉武帝的遗体从五柞宫运回到长安城，在未央宫前殿入殓。

霍光辅佐年幼的汉昭帝刘弗陵，他的命令就等于是皇帝的命令，国内一切大政方针都由他决定。他把刘弗陵的姐姐鄂邑公主接回到皇宫与汉昭帝同住，负责抚养幼帝。霍光、金日䃅和上官桀辅政，同时领尚书事，但大权集中在霍光一人手中，天下都想一睹这个"周公"的风采。刚刚把一切事情料理出个头绪，霍光正想好好休息一个晚上。不想半夜有人来报，说是殿中有怪。霍光和衣而睡，听到报告，马上跃起，当他看到宫中一片混乱时，心中不禁大吃一惊。霍光恐怕有人乘乱生事，他紧急召见尚符玺郎，令他交出皇上的御玺。尚符玺郎视御玺如命，不肯交付。霍光心中焦急，他没工夫与他争辩，看见尚符玺郎手中执着御玺，就想上前去夺取。那郎官却按佩剑厉声说道："臣头可得，御玺不可夺。"霍光为尚符玺郎的勇气所慑服。他传令殿中宿卫，不得喧哗，违命即斩，宫中的局势才安定下来。到了天明，一切安静如常，霍光感到虚惊一场。即日，霍光以汉昭帝的名义下诏擢升尚符玺郎俸禄二等，臣民开始信服霍光为人公正，可以作为国家的栋梁。霍光还追尊钩弋夫人为皇太后，同时下令大赦天下，国内局势逐渐稳定下来。

茂陵，千古一帝的最后归宿

公元前87年（后元二年）三月二十二日，汉武帝的灵柩车队在悲伤的人群护送下出了长安城，向陕西的兴平县汉武帝的最后归宿之处——雄伟的茂陵——进发。

汉武帝16岁即位，70岁时驾崩，一共在位54年之久。他的陵墓的兴建与他的生活齐头并行，茂陵的营建整整持续了53年的时间。因为汉武帝享年长久，所以最早种植的小树都已长成合围大树，茂陵才派上了用场。

最初兴建茂陵时，正值汉武帝刚即位第二年，西汉处在强盛富足的时期，因而茂陵的资金投入充足。据《晋书》记载：汉武帝即位第二年开始营建自己的陵墓，当时天下的贡赋，三分之一用于供应宗庙，三分之一用于供应宾客，另外三分之一就是陵墓建设资金。尽管这种说法不免有所夸大，但茂陵庞大的规模和丰厚的殉葬品又使人不得不信。

汉武帝在长安之西的槐里县茂乡修建茂陵。茂陵在今西安附近的兴平县东北的南位乡茂陵村，距西安约80里。

在西汉的十一座皇陵中，茂陵是最高大的一座，每边长240米，高46.5米，它和别的汉代皇陵一样，地面封土四周略呈方形，平顶，作覆斗状，故汉代称为"方上"或"方中"。陵址的周围有三里路长，比其他皇帝的陵墓规模上要高出近10米，高20余米。陵墓的北面有李夫人墓，东北边有霍去病墓和卫青墓。东南边有霍光墓。除了霍光墓是汉武帝死后埋葬的以外，其他三人的坟墓都是汉武帝生前安排在那里的。那里还有16000户汉武帝生前为了繁荣当地而迁来的人家。

茂陵的陵园分为内城和外城，内外城四周都有城门，内城东、西、北三门的遗址至今仍清晰可辨。在茂陵旁立有祭庙，陵园有寝殿和便殿，按时日祭祀。

茂陵的管理机构也很庞大，设有主管陵令一人，属官各一人，寝庙令一人，园长一人，守门属吏33人，侯四人，而守陵的士兵、溉树的奴仆、扫除的杂工加起来竟多达5000多人。

茂陵内的随葬品十分丰富和奢侈，多藏有金钱财物、鸟兽鱼鳖、牛马虎豹、生禽。相传还有外国赠送的玉箱、玉杖以及汉武帝生前经常阅读的杂经30余卷也一同埋在墓中。

汉代葬制，皇帝崩后，皆穿珠襦玉衣入葬。玉衣形如铠甲，由上千块小玉片用金质丝线连在一起，称金缕玉衣。汉武帝的玉片上皆缕成蛟龙鸾凤龟鳞的图案，世人称之为蛟龙玉衣。汉代中山王刘胜的金缕玉衣一共用玉2498片，金丝约1100克，汉代要制作这样一件玉衣，约需一名玉工10余年的时间。一个诸侯王的金缕玉衣已是如此精致和奢侈，可以想见，汉武帝死时所穿的蛟龙玉衣又该是何等的考究。

总而言之，厚葬的典型还得数汉武帝的茂陵。在中国历史上，这座规模浩大的皇陵只有秦始皇的骊山墓才能与之相提并论。一直到公元前72年（宣帝本始二年五月）的时候，汉宣帝刘病已下诏说："孝武皇帝躬行仁义，武威远播，功勋与品德，都已臻于极盛。"命臣下给汉武帝确定一个尊号。大臣们根据汉武帝一生的主要活动业绩，给他定下谥号叫"武"。同年六月，尊孝武庙为世宗庙。

图书在版编目(CIP)数据

盛世中国.第1卷,汉武盛世/窦学欣著.—北京:
中国华侨出版社,2015.8
　ISBN 978-7-5113-5623-9

　Ⅰ.①盛… Ⅱ.①窦… Ⅲ.①中国历史-汉代-通俗读物
Ⅳ.①K209

中国版本图书馆CIP数据核字(2015)第192369号

盛世中国.第1卷,汉武盛世

著　　　者 / 窦学欣
责任编辑 / 文　喆
责任校对 / 孙　丽
经　　　销 / 新华书店
开　　　本 / 670毫米×960毫米　1/16　印张/18　字数/280千字
印　　　刷 / 北京建泰印刷有限公司
版　　　次 / 2016年2月第1版　2016年2月第1次印刷
书　　　号 / ISBN 978-7-5113-5623-9
定　　　价 / 33.00元

中国华侨出版社　北京市朝阳区静安里26号通成达大厦3层　邮编：100028
法律顾问：陈鹰律师事务所
编辑部：(010)64443056　　64443979
发行部：(010)64443051　　传真：(010)64439708
网址：www.oveaschin.com
E-mail：oveaschin@sina.com